# Währungszerfall und Währungsstabilisierung

Von

**Dr. Paul Beusch** †
Ministerialdirektor a. D. im Reichsfinanzministerium

Herausgegeben von

**Dr. G. Briefs**
o. Professor an der Technischen Hochschule Berlin

und

**Dr. C. A. Fischer**
Privatdozent an der Technischen Hochschule Berlin

Mit 28 Anlagen



Berlin
Verlag von Julius Springer
1928

ISBN-13: 978-3-642-98823-3 e-ISBN-13: 978-3-642-99638-2
DOI: 10.1007/978-3-642-99638-2

# Vorwort der Herausgeber.

Im Einvernehmen mit Frau Ministerialdirektor Beusch übergeben wir hiermit eine unvollendet nachgelassene Handschrift über Währungsverfall und Währungsstabilisierung der Öffentlichkeit. Die Publikation des Nachlasses rechtfertigt sich dadurch, daß sie über die bisher erschienenen Behandlungen des Themas hinaus neues Licht in die Vorgeschichte der Währungsbefestigung bringt. Ministerialdirektor Beusch befand sich seit 1921 in dienstlichen Stellungen, die ihn die Vorgänge aus der nächsten Nähe beobachten ließen; seine stärksten persönlichen Bemühungen waren darauf gerichtet, den Währungsverfall aufzuhalten und die Währungsfestigung in die Wege zu leiten. Programmatische Entwürfe und Gutachten, die nach dieser Richtung zielen, befinden sich in seinem Nachlaß; alles, was auf die Stabilisierung Bezug hatte und ihm erreichbar war, sammelte er systematisch für den Zweck der späteren geschichtlichen Darstellung, zu der er, wenn wir recht berichtet sind, dienstlichen Auftrag erhalten hatte.

Mit einer seltenen Verbindung aller Voraussetzungen kam Beusch in das politische Leben. Unterfranke von Geburt, vereinigte er die Zähigkeit und konservative Denkart seines Landes mit der geistigen Beweglichkeit seines engeren Volksstammes. Die Geschlossenheit seiner Persönlichkeit wahrte er sich in der sozialen Arbeit im westdeutschen Industriegebiet wie später als Beamter im Reichsdienst. Eine unerhörte Arbeitskraft und Arbeitsfreudigkeit war in ihm gepaart mit einem feinen Unterscheidungsgefühl für den Wert der Arbeitsziele und mit einer großen Leidenschaft für die einmal aufgegriffene Arbeitsaufgabe. Die elementare Kraft dieser Persönlichkeit war gehalten und veredelt durch eine tiefe Kultur des Herzens und des Geistes.

Sein Bildungsgang war recht merkwürdig. Nach Absolvierung des Würzburger Gymnasiums bezog er 1903 die Universität Würzburg und immatrikulierte sich in der theologischen Fakultät. Schon in den ersten Semestern belegte er neben den üblichen Vorlesungen seiner Matrikel solche über Geschichte, Schiffs- und Tropenhygiene, asiatische Religionen usw.; im dritten Semester interessierte er sich für deutsche Rechtsgeschichte. Im vierten Semester erscheint der Bruch mit der Theologie vollzogen; nationalökonomische und juristische Vorlesungen überwiegen bei weitem. Später ging Beusch nach München, geriet in den Bannkreis Brentanos und promovierte mit einer Dissertation:

„Essfeld, eine fränkische Bauerngemeinde. Ein Beitrag zur Kenntnis der historischen, wirtschaftlichen und sozialen Verhältnisse des fränkischen Bauernstandes.“ (1. Teil, Würzburg 1907; der 2. Teil ist ungedruckt und liegt als abgeschlossene Handschrift vor.) Sorgfältige statistische und historische Studien, wie auch Kenntnis der alten Rechtsverhältnisse und tiefe Einfühlung in den Geist einer solchen Dorfgemeinde charakterisieren diese Arbeit. Es ist psychologisch verständlich, daß bei seiner Veranlagung und bei dieser Vorbildung die Arbeit auf einem sozialpolitischen Boden ihn anzog. So kam er an die Zentrale des Volksvereins nach München-Gladbach. Sein besonderes Dezernat war hier die Finanzpolitik, aber die große Reihe seiner Veröffentlichungen beweist, daß sein Interesse nicht minder stark auf die Sozialpolitik zielte. Aus der Fülle seiner herausgegebenen Schriften nennen wir folgende:

Die Reichsfinanzen und die Steuerreform von 1909, München-Gladbach 1909.

Allgemeine Steuerlehre, München-Gladbach 1911.

Das Geld, München-Gladbach 1913.

Bankwesen, München-Gladbach 1914.

Unser Steuerwesen im Reich, München-Gladbach 1914.

Deutschlands Stellung in der Weltwirtschaft vor und nach dem Kriege, München-Gladbach 1915.

Wanderungen und Stadtkultur, eine Bevölkerungs- und sozialethische Studie, München-Gladbach 1916.

Besitzsteuergesetz und Kriegssteuergesetz, München-Gladbach 1917.

Das Staatsschuldenwesen, München-Gladbach 1919.

Steuerarten und Steuersystem, München-Gladbach 1919.

Die Neuordnung des Finanzwesens, München-Gladbach 1919.

Staatsbetrieb oder Privatbetrieb, München-Gladbach 1919.

Das Reichsnotopfer, München-Gladbach 1920.

Kriegsabgabe für 1919 und Abgabe vom Vermögenszuwachs, München-Gladbach 1920.

Diese Veröffentlichungen — sie sind hier nicht vollständig aufgezählt; noch weniger war es möglich, die zahlreichen Zeitungs- und Zeitschriftenaufsätze hier zu vermerken — entstanden neben einer umfassenden Tätigkeit auf Vortragsreisen und in Kursen. Bei aller Einfachheit der Darstellung haben diese Arbeiten Niveau behalten; sie sind gründlich und wohldurchdacht. In den sozialpolitischen Schriften insbesondere spricht ein Mensch, der die Not seiner Zeit wohl verstanden hat. Der Mann, der aus einem unterfränkischen Dorfe stammte, ist in die soziale Problematik der Großstadt und des Industriereviers mit tiefem Verständnis eingedrungen. Er sieht in dem „Urbanisierungsprozeß" keine bloße Angelegenheit der Städte; dieser Prozeß prägt das flache Land, die ganze Nation mit. Darum hängt nichts weniger als die Zukunft des Volkes an der Art, wie die höchsten sittlichen und geistigen Güter des Menschen in der Stadt ihre Pflege finden. Auch die wirtschafts- und finanzpolitischen Studien haben bei aller strengen Sachlichkeit einen starken Einschlag sozialpolitischer Erwägung.

Im Jahre 1919 wurde Beusch ins Reichsfinanzministerium berufen, im folgenden Jahre wurde er Ministerialrat, im Jahre 1921 Ministerialdirektor. Die Steuerreform des Reiches und die Fragen der Reparationen und in ihrem Zusammenhang Währungsfragen, später die Einführung der fiskalischen Buchprüfung, waren seine Arbeitsgebiete. Eine Fülle von Denkschriften, Aufsätzen und Aufzeichnungen, die sich in seinem Nachlaß befand, bezeugt den Eifer und das Verantwortungsgefühl, mit dem Beusch seine Arbeit aufgriff, seinen Reichtum an Ideen und seine ganz ungewöhnliche Arbeitskraft. Von vornherein leitet ihn beim Reparationsproblem die Erwägung, die Frage müsse frei von allen politischen Nebenzwecken behandelt werden; sie könne auch nur auf der Basis der grundsätzlichen Leistungswilligkeit des deutschen Volkes bereinigt werden; sie verlange Vertrauen des Gegners in die deutsche Zahlungsbereitschaft; der Ansatz der Leistungen sei aber nur in einer solchen Höhe möglich und erträglich, die dem deutschen Volke die Aussicht gäbe, in absehbarer Zeit die völlige Handlungsfreiheit zurückzugewinnen. Es kam ihm darauf an, „Zahlungsmöglichkeiten zu suchen und zu finden, die uns vor weiteren Eingriffen in unser nationales Leben und unsere nationale Selbständigkeit schützen". Als solcher Weg — den er aber ausdrücklich nicht als „mein Ideal" bezeichnet — schien ihm die 30—33 proz. Beteiligung der Entente an unserer Industrie. „Dies wäre nicht nur Schadloshaltung, dies wäre Zahlung und zugleich die beste Kontrolle. Dazu gehörte eine völlige Umgestaltung unseres gesamten Aktienwesens und des Vergesellschaftungswesens. Selbstverständlich müßten wir stets die Majorität im Aufsichtsrat besitzen, damit unsere Industrie zum größten Teile noch national verbleibt...." Von dieser Lösung versprach sich Beusch eine große Steigerung der Ausfuhrmöglichkeit. „Es gäbe keinen Unterschied zwischen englischem, französischem und deutschem Ausfuhrmarkt, denn tatsächlich würden die drei Staaten in dem Falle einen Industriekonzern bilden, und zwar den mächtigsten der Welt... Wenn wir unter der gleichen Handelsflagge arbeiten, werden sich nach und nach die Gegensätze abschleifen, die heute uns noch unausgleichbar dünken." Auf diesem Wege der „Vertrustung" würden die fremden Staaten den deutschen Konkurrenzdruck nicht zu fürchten brauchen und würden überhaupt erst Zahlungsmöglichkeiten vorhanden sein — Beusch hielt es für unmöglich, daß wir 3 Milliarden jährlich — das letzte Simonssche Angebot — leisten könnten.

Fällt an diesem Vorschlag — wenigstens heute, in jenen Jahren gab es noch viel kühnere Pläne — die Kühnheit der Konzeption auf, so noch mehr in einem anderen Entwurf, den Beusch als Gutachten zur Erfüllung des Londoner Abkommens vom Mai 1921 ausarbeitete. Er entwickelte hier Pläne für die technische Erfassung der Devisen und der deutschen Auslandswerte, für die Schaffung eines Reservefonds und für die Bereitstellung der jährlichen fixen Annuitäten, die stärkste Eingriffe in die Privatwirtschaft bedeuteten und vor dem Kohlenhandelsmonopol des Staates (bei Zwangssyndizierung der Kohlenproduzenten und Erhöhung des Kohlenpreises an der Grube auf Weltmarktpreis) nicht zurückschreckten. Die 26 proz. Ausfuhrabgabe wollte er durch Steuersyndikate aufgebracht und möglichst aus der Differenz zwischen innerer und äußerer Kaufkraft der Mark gezahlt sehen. Hinter dieser Rücksichtslosigkeit des Eingriffes stand die Überzeugung, daß das Reich keine Wechsel unterzeichnen dürfe, von denen es schon bei der Unterschrift wisse, es könne sie nicht einlösen. Aus der Gewißheit, daß „unsere Zeit eine solche ist, in der Palliativmittel nichts nutzen, nur radikale Kuren helfen", stammt ein weiterer Vorschlag, den Beusch selbst als eine „kühne Idee" bezeichnet hat. Er will auf alle deutschen Immobilien eine 10 proz. Nothypothek eintragen, die gerechtfertigt sei durch die Entwertung der Althypotheken, er errechnete daraus einen Sicherheitsfond von 20 Milliarden Mark, aus dem jährlich zu Zwecken der Reparationszahlung bei $3^1/_2$ proz. Verzinsung rund 700 Millionen Mark flüssig zu machen wären; außerdem will er ein „Notstandsprozent" von allen nichtindustriellen Rentenpapieren bzw. Obligationen und eine Belastung des Wertes der Industrieanlagen zu einem Drittel für die Zwecke der Reparation durchführen. Auf diese Weise sei ein Sicherheitsfond geschaffen, der in Verbindung mit den Mehreinnahmen der Industrie („die ganz selbstverständlich sind, wenn Frankreich, England und die anderen Ententestaaten ein finanzielles Interesse an der Vermehrung des Absatzes der deutschen Waren haben") die Ententeforderungen jährlich deckt, um so eher, als bei diesem Abkommen der valutarische Wert der Mark steigen müsse und schon dadurch unsere Zahlungsverpflichtungen leichter zu erfüllen wären. Und nun die „kühne Idee": Der gegenwärtigen Papiermark fehle die entsprechende Edelmetallsicherung, es muß aber ein Ersatz dafür gesucht werden; „ich bin überzeugt, daß man in späterer Zeit eine neue Weltvaluta schaffen wird, deren Grundwert eine Ware ist, die Weltmarktpreis hat, also etwa Weizen oder Reis. Das kommt für heute für uns nicht in Betracht. Wir müssen zunächst eine Auslandsvaluta schaffen, d. h. eine Mark drucken, mit der wir das Ausland bezahlen, die ganz andere Sicherungen hat wie die Inlandsmark und daher auch einen anderen Kurswert besitzt". Durch die obenerwähnten Sicherungen ständen dem Reiche schätzungsweise 32 Goldmilliarden zur Verfügung. „Auf Grund dieser Sicherheitssumme können wir Auslandsmark drucken, d. h. wir hätten eine Reichsschuldennotenbank zu errichten, deren Kapital in der 10 proz. Notstandshypothek auf alle Immobilien, in dem Drittel des Wertes unserer Industrie und als Aushilfe in den Anspruch auf 1 vH Zinsen aus allen nichtindustriellen Papieren oder Obligationen besteht. Dieses ungeheure Kapital dient zur Sicherheit des Papieres. Eine größere Sicherheit ist niemals auf dem Finanzamt geboten worden". Auf dieser Hinterlage könnte die Reichsschuldennotenbank den dreifachen Notenbetrag ausgeben; sie stände ergänzend zur Verfügung, soweit das Reich seine Schulden an die fremden Gläubiger nicht durch Arbeitsleistungen oder Ausfuhr von Waren decken könne. Hätte man auf diese Weise die Auslandsverpflichtungen geregelt und gesichert, so würde die Währung frei werden von dem Druck, der auf ihr ruht, die Papiermark könnte auf 25 vH oder auch noch höher steigen, „und es wäre dann an der Zeit, eine einheitliche Währung wieder einzuführen und auf je 3 Inlandsmark eine Auslandsmark zu geben".

Für Art und Charakter der programmatischen Äußerungen und Anregungen Beuschs zur Reparationsfrage möge das Erwähnte genügen. Seine kritische Begabung, der Reichtum und die Eigenart seiner Ideen und seine Zähigkeit in der Zielverfolgung mögen ihn nicht immer zu einem geschmeidigen Mitarbeiter gemacht haben. Ihm fehlten jene Eigenschaften des „Beamten", die in jenen turbulenten Jahren in den maßgebenden Dienststellen vielleicht am meisten entbehrt werden konnten. Andererseits ist für ihn bezeichnend die Neigung, die Staatsaufgaben auszudehnen und die Eignung des Staates zur Wirtschaftsführung höher zu veranschlagen, als herkömmlich üblich ist. Das tat er nicht etwa im Sinne eines grundsätzlichen Staatssozialismus, aber im Sinne einer Abwägung der Vorteile von Staatsbetrieb und Privatbetrieb auf den einzelnen Wirtschaftsgebieten. Sein fiskalisches Denken mag ihm eine gewisse Neigung für staatliche Monopole eingeimpft haben. Auch seine Scheu vor staatlicher Wirtschaftskontrolle war nicht übermäßig groß. Eine bleibende Einrichtung ist mit auf seine Anregung und Vorbereitung zurückzuführen: Plan und Einrichtung des staatlichen Buchprüfungswesens.

Unter dem 15. August 1922 unterbreitete Beusch dem damaligen Reichsfinanzminister Hermes ein neues Gutachten. Das Ziel war, die Reparationsfrage zu einer definitiven Lösung zu bringen, die wirtschaftlich tragbar und finanztechnisch durchführbar sei. Der herrschende Zustand — fortschreitende Entwertung der Währung, Substanzverluste durch Schleuderausfuhr, derangiertes Finanzwesen, drohende politische Verwicklungen — sei schlimmer als eine vernünftige Reparation. Man müsse Ordnung in die deutschen Finanzen bringen und dann brauchbare Reparationsvorschläge aufstellen; Richtlinien für die letzteren seien Aufbauarbeiten im Kriegsgebiet, Sachlieferungen, Heranziehung deutscher Auslandsguthaben und eine Auslandsanleihe, die durch Besteuerung der Sachwerte und durch teilweise Überweisung der Eisenbahneinkünfte in eine bestimmte Reparationskasse zu sichern seien. Voraussetzung der Reparationspolitik sei die Stabilisierung der Währung; die einfachste und sicherste Form der Neuordnung der Währung sei die Stellung der Währung auf Goldbasis durch Devalvation unter Zugrundelegung einer neuen Münzeinheit, des Goldtalers; als dessen Basis sei die Dollarparität zu nehmen. Parallel der Währungsstabilisierung habe die Neuordnung des Finanzwesens zu verlaufen. Eine erste Maßnahme dazu sieht er in der Besteuerung der Sachwerte an der Quelle in Gestalt einer Realbelastung von 20 vH auf die betreffenden Objekte zugunsten des Reiches; diese Realbelastung sei mit 5 vH zu verzinsen und mit 1 vH zu tilgen. Es sei nicht notwendig, diese Reallast zu mobilisieren, aber man könne es, indem man in dem entsprechenden Betrage Rententitel ausgebe. Der Dienst der Reparation müsse durch diese Realwertbesteuerung sichergestellt werden. Daneben bleibe der innere Bedarf des Reiches zu decken. Dafür ständen zur Verfügung die Einkommens- und Körperschaftssteuern, die Erbschaftssteuern, die Realsteuern für Länder und Gemeinden und die indirekten Steuern, eventuell noch eine Vermögenszuwachssteuer. Zur Ergänzung dieser Maßnahmen wären wirtschaftspolitische Mittel anzusetzen: eine Neuregelung der Zollpolitik mit dem Ziel eines möglichsten Ausschlusses aller entbehrlichen Genußgüter und des Schutzes der nationalen Produktion, ferner eine scharfe Diskontpolitik der Reichsbank und eine aktive Produktionspolitik mit dem Streben, unabhängig von der ausländischen Lebensmitteleinfuhr zu werden. Für notwendig hält er gleichzeitig eine gewisse Stabilisierung der Preise des notwendigen Lebensbedarfs und eine Festlegung der Löhne; „auch der Frage des schematischen Achtstundentages müßte gerade aus sozialer Gesinnung mit Ernst nahegetreten werden“. Um die Entente geneigt zu machen, auf diese Vorschläge einzugehen, sollten einige wichtige Verbrauchssteuern geradezu als Reparationssteuern aufgezogen werden. Ihre Sätze könnten nach Maßgabe des inneren Defizits zu Zwecken der Budgetbalancierung beweglich gestaltet werden.

Als das Werk der Stabilisierung in Angriff genommen wurde, war Beusch bereits bei Gelegenheit des Beamtenabbaus aus dem aktiven Dienst geschieden. Mit welch lebhaftem Interesse er aber die Vorgänge der Stabilisierung verfolgte, sieht man aus dem Nachlaß, den wir hiermit der Öffentlichkeit vorlegen. Bald nach seinem Ausscheiden aus dem Reichsfinanzministerium übernahm er ein Reichstagsmandat; während der kurzen Zeit, die ihm in der Volksvertretung zu wirken vergönnt war, stellte er sein erstaunliches Wissen und Können in den Dienst der brennendsten Lebensfragen, die die Nation damals bewegten. Ein Jahr später, am 15. August 1925, erlag er jenem tückischen Leiden, das ihn schon jahrelang quälte, aber nicht vermocht hatte, die Lebenskraft und Arbeitsenergie dieses Mannes zu lähmen.

Trotzdem in den letzten Jahren eine Reihe von Arbeiten über die Stabilisierung der deutschen Währung erschienen sind, glauben wir doch, daß die vorliegende Arbeit als eine Bereicherung dieser Literatur angesprochen werden kann. In ihr legt Verfasser auf Grund seiner eigenen Mitarbeit an verantwortungsreicher Stelle sowie der ihm zur Verfügung stehenden Unterlagen eine Menge von bisher der Öffentlichkeit nicht übergebenem Material nieder, das für eine Beurteilung der damaligen Entwicklung von großem Werte ist. Von der ausgezeichneten Schachtschen Darstellung der Stabilisierung der Mark[1] unterscheidet sich die vorliegende Arbeit einmal durch ein stärkeres Eingehen auf Einzelheiten aus der Vorgeschichte der Stabilisierung unter weitgehender Belegung durch Aktenmaterial, darüber hinaus, abgesehen von einer abweichenden Beurteilung der Lage, durch die engere Begrenzung des behandelten Zeitraumes. Diese findet ihre Begründung darin, daß der plötzliche Tod des Verfassers der beabsichtigten Weiterbehandlung ein jähes Ende bereitete. Da uns bei der Herausgabe jedoch die erforderlichen Unterlagen über die Weiterentwicklung nicht in einem solchen Ausmaße zur Verfügung standen, wie es erforderlich gewesen wäre, um den Beuschschen Ausführungen etwas gleichwertiges Neues zur Seite zu stellen, da ferner die Zeit seit Anfang 1924 aus berufenerer Feder (Dalberg[2] und Schacht) auf Mitschaffen begründete Darlegungen gefunden hat, glauben wir im Interesse des Verfassers zu handeln, wenn wir uns hinsichtlich der Weiterentwicklung kurz fassen und lediglich auf Wiedergabe einiges bereits bekannten Tatsachenmaterials beschränken.

Eine stärkere Überschneidung findet allenfalls statt mit der vor wenigen Wochen erschienenen Albersschen Entstehungsgeschichte der Rentenmark[3], die auf ausgiebigen Aktenstudien beruht. Mit den zahlreichen anderen Schilderungen, unter denen insbesondere die Schriften

[1] Schacht, Hjalmar: Die Stabilisierung der Mark. Berlin 1927.

[2] Dalberg, Rudolf: Deutsche Währungs- und Kreditpolitik 1923—1926. Berlin 1926.

[3] Albers, Edgar; Die Entstehungsgeschichte und der Streit um den wirtschaftlichen Charakter der deutschen Rentenmarkwährung. Berlin 1928.

Hirschs[1], Luthers[2], Prions[3], Ramhorsts[4] sowie Schoenthals[5] hervorgehoben seien, liegen nur vereinzelte Berührungspunkte vor. Hingewiesen sei in diesem Zusammenhang noch auf einen kurzen Überblick über die Währungsentwicklung 1914/24 von Bente[6], die eine wertvolle Zusammenstellung der auf diesem Gebiet getroffenen Gesetzesmaßnahmen enthält.

Bei Durchsicht des Beuschschen Werkes zwecks Herausgabe haben sich im Hinblick auf die zahlreichen Wiederholungen wesentliche Kürzungen nicht umgehen lassen. Die geschichtlichen Einzelheiten sowie die vom Verfasser zum Ausdruck gebrachten Ansichten sind dagegen durchweg in der vorliegenden Fassung enthalten. Dort, wo wir hinsichtlich wichtiger Grundfragen gänzlich abweichender Meinung waren, ist dieses durch Anmerkungen und besonders kenntlich gemachte Stellen im Kontext zum Ausdruck gebracht worden[7].

Herrn Dr. R. Dalberg danken wir auch an dieser Stelle verbindlichst für die uns bei der Herausgabe freundlichst gegebenen Anregungen. — Fräulein Dr. M. Hasbach sind wir für die Durchsicht der Korrekturen verbunden.

Berlin, im Juni 1928. Prof. Dr. **G. Briefs**,
Privatdozent Dr. **C. A. Fischer**.

---

[1] Hirsch, Julius: Die deutsche Währungsfrage. Jena 1924.

[2] Luther, Hans: Feste Mark, solide Wirtschaft. Berlin 1924.

[3] Prion, W.: Kreditpolitik. Berlin 1926.

[4] Ramhorst, Friedrich: Die Entstehung der deutschen Rentenbank. Berlin 1924.

[5] Schoenthal, Justus: Deutsche Währungs- und Kreditpolitik seit Währungsfestigung. Berlin 1924. — Mit den Darlegungen Schoenthals, soweit sie sich mit der Beurteilung der einzelnen Schritte und der Frage deren Urheberschaft befassen, können wir uns nicht befreunden.

[6] Bente, Hermann: „Die deutsche Währungspolitik von 1914—1924“ in „Weltwirtschaftliches Archiv“, 23. Bd., Heft 1. Jena 1924, Chronik und Archivalien, S. 117ff.

[7] Die Ergänzungen im Kontext mit Ausnahme der Ausführungen ab S. 81 sind in Kleindruck wiedergegeben, die Hinzufügungen in den Anmerkungen durch eckige Umklammerungen hervorgehoben. Eingeklammertes Hinzusetzen des Namens des Verfassers im Text sowie auch von Frage und Ausrufungszeichen soll gleichfalls auf Abweichungen der Auffassungen des Verfassers und jener der Herausgeber hindeuten.

# Inhaltsverzeichnis.

## A. Der Währungszerfall



## B. Die Währungsstabilisierung



## Anlagen.

# A. Der Währungszerfall.

## 1. Finanzlage und Währungszerfall in den Jahren 1922/23.

Zu Beginn des Rechnungsjahres 1922/23 hatte sich die Lage der Reichsfinanzen wesentlich gebessert. Die Steuerquellen, die durch die Gesetzgebung von 1919 bis 1921 erschlossen worden waren, lieferten zwar noch nicht ihren vollen Ertrag, zumal die wirtschaftliche Erholung von den außerordentlichen Schäden des Krieges erst begonnen hatte. — Erfahrungsgemäß währte es schon vor dem Kriege mehrere Jahre, bis neueingeführte oder erhöhte Steuern ihren Dauerertrag brachten. Die Überleitung des Steuersystems der Nachkriegszeit zum Beharrungszustande war wesentlich schwieriger, weil die Wirtschaft selbst noch keinerlei Beharrungstendenzen aufwies, die Geldentwertung ihre Rückwirkungen auf die Finanzen ausübte und zugleich mit der Durchführung der neuen Steuergesetze eine Umgestaltung der Finanzverwaltung vorgenommen worden war. Dennoch waren die Einnahmen des Reiches im Rechnungsjahre 1921 bereits so, daß die fortdauernden Ausgaben ohne jene für den Friedensvertrag gedeckt werden konnten. Anfang 1922 waren sie nicht nur nominell, sondern auch ihrem Goldwerte nach gestiegen. Ihnen gegenüber stand eine starke Beschränkung der Ausgaben. Im ersten Viertel des neuen Rechnungsjahres konnte Deutschland allein durch seine ordentlichen Einnahmen nicht nur seinen gesamten inneren ordentlichen und außerordentlichen Bedarf einschließlich der Zuschüsse zu den Betriebsverwaltungen und des Bedarfs für den inneren Anleihedienst decken, sondern es stand aus ihnen noch eine erhebliche Summe für die Ausführung des Friedensvertrages zur Verfügung[1].

Für die nächsten Monate versprach man sich eine weitere Besserung der Reichsfinanzen einmal als Auswirkung der im Frühjahr 1922 geschaffenen Finanzreform, die neben der Vermögensbesteuerung vor allem auch eine nicht unwesentliche Umgestaltung der indirekten Steuern gebracht hatte, dann aber auch als Ergebnis der in die Wege geleiteten Kontrollmaßnahmen.

Die günstige Finanzlage spiegelte sich in der Währungsgestaltung wider. Obwohl noch bedeutende Summen für die Zahlungen in ausländischer Währung in Ausführung des Friedensvertrages benötigt wurden (vom 1. April bis zum 30. Juni 22,5 Milliarden Papiermark), hatte

[1] Annähernd 23 Milliarden Mark, mit anderen Worten, etwa 50 vH der für diese Zwecke in jenen Monaten getätigten Effektivausgaben.

sich der Wert der Mark nicht übermäßig verschoben. Der durchschnittliche Dollarkurs stellte sich im April 1922 auf durchschnittlich 291,6; im Mai auf 290,1 und im Juni auf 312,4. Wenn trotz alledem in den kommenden Monaten gewissermaßen ein neuer Akt in der Tragödie der Markvernichtung einsetzte[1], so waren hieran nicht so sehr finanzielle und wirtschaftliche, als vielmehr innen- und außenpolitische Gründe schuld [*Beusch*].

Die Rückwirkung der neuen Entwicklung der Währung auf die Reichsfinanzen trat sofort in verhängnisvoller Weise in Erscheinung[2]. Zwar wies der Monat Juli, wenn man den Reparationsetat ausscheidet, noch einen kleinen Überschuß auf. Dann begann auch unter Nichtberücksichtigung der Ausgaben für den Friedensvertrag[3] ein rasches Anschwellen des monatlichen Fehlbetrages. Im Dezember war das innere Defizit der Reichsfinanzen bereits auf 469 Milliarden angewachsen!

Von Juli bis Dezember waren die Monatseinnahmen auf das 10fache, die Ausgaben aber auf das 32fache gestiegen, hatten sich also rund dreimal so rasch vermehrt wie jene. Mit derartig geschwächten Finanzen mußte das Reich in den Ruhrkampf eintreten, in einen Kampf, dessen Entscheidung nach der materiellen Seite ganz und gar bedingt war durch die Möglichkeit des finanziellen und wirtschaftlichen Durchhaltens.

---

[1] Nach der Berechnung des Statistischen Reichsamts stellten sich durchschnittlich:

| im Monat | der Dollarkurs auf | die Dollarmeßziffer auf | des Großhandelsindex auf | der Lebenshaltungsindex auf |
|---|---|---|---|---|
| Juli | 493 | 117,5 | 100,6 | 53,9 |
| August | 1135 | 270,3 | 192 | 77,6 |
| September | 1466 | 349,2 | 287 | 133,2 |
| Oktober | 3181 | 757,7 | 566 | 220,7 |
| November | 7183 | 1711 | 1151 | 446,1 |
| Dezember | 7589 | 1808 | 1475 | 685,1 |

[2] Es betrugen in Milliarden:

| Monat | Ausgaben für die allgemeine Reichsverwaltung | Zuschuß- u. Anleihebedarf der Betriebsverwaltgn. | zusammen innere Ausgaben des Reichs | davon waren gedeckt durch ordentliche Einnahmen | davon waren gedeckt durch außerordentl. Einnahmen. | Einnahmen zusammen | ohne die Ausgaben aus dem Friedensvertrag ergibt sich + oder − |
|---|---|---|---|---|---|---|---|
| Juli | 20,4 | 1,9 | 22,3 | 21,5 | 4,6 | 26,1 | + 3,8 |
| August | 34,4 | 12,0 | 46,4 | 31,2 | 10,8 | 42,0 | − 6,3 |
| September | 96,0 | 42,5 | 138,5 | 31,7 | 12,7 | 44,4 | − 94,7 |
| Oktober | 100,4 | 71,1 | 171,5 | 50,2 | 17,7 | 67,9 | − 103,9 |
| November | 163,2 | 78,9 | 242,1 | 103,6 | 41,3 | 144,9 | − 97,3 |
| Dezember | 441,7 | 257,3 | 699,0 | 132,6 | 98,4 | 231,0 | − 468,9 |

[3] Diese stellten sich im Juli auf 16,6, im August auf 19,1, im September auf 25,5, im Oktober auf 49,1, im November auf 138,1 und im Dezember auf 187 Milliarden Mark.

War schon im Sommer 1922 die Entwertung der Mark ausschließlich durch psychologische Momente begründet worden, durch die wachsenden inner- und außenpolitischen Schwierigkeiten, so zeigte sich zu Beginn des Jahres 1923 die Einwirkung der politischen Verhältnisse auf die Gestaltung der deutschen Währung in noch weit erschreckenderer Weise.

Am 10. Januar, dem Vorabend des Ruhreinmarsches, überschritt der Dollarkurs die 10000-Markgrenze; am letzten Tage des Monats wurde er mit 49000 notiert. Diese Entwicklung trug alle Anzeichen einer Panikstimmung in sich. Energische Maßnahmen mußten ergriffen werden, um diese Bewegung abzudämmen, weil sonst von vornherein der Ruhrkampf aussichtslos gewesen wäre. Ende Januar 1923 beschloß die Reichsregierung gemeinsam mit der Reichsbank die Durchführung der Markstützung. Dem Reiche standen damals auf den bei der Reichsbank geführten Konten zur Ansammlung von Devisen für Reparationszwecke nur 10 Millionen Goldmark und auf dem Sicherheitskonto zur Beschaffung der belgischen Wechsel 104 Millionen Goldmark, also zusammen 114 Millionen zur Verfügung. Daß diese Beträge und die noch zu erwartenden Eingänge an Exportdevisen neben der Befriedigung des laufenden Bedarfs und der Bezahlung der belgischen Wechsel nicht im entferntesten zur Deckung der für die Stützungsaktion nötigen Devisensummen ausreichen würden, war klar. Die Reichsbank erklärte sich daher bereit, aus eigenen Mitteln, unter Rückgriff auf ihren Goldbestand, die zur Durchführung der geplanten Maßnahmen erforderlichen Devisen vorzuschießen. Die ihr während der Stützungsaktion wieder zufließenden Valuten wurden, soweit sie nicht zur Befriedigung der übrigen Devisenbedürfnisse des Reichs Verwendung fanden, zur Abdeckung seiner Devisenschuld[1] gegenüber der Reichsbank herangezogen.

Die Kursregulierung setzte Anfang Februar ein und hatte den Erfolg, daß der Dollarkurs an der Berliner Börse im Verlaufe von 14 Tagen auf rund 19500 Mark, d. i. etwa $^2/_5$ des Kurses von Ende Januar, herabgedrückt wurde. Dieses Ergebnis wurde mit einem Aufwand von 105 Millionen Goldmark erzielt. Es trat dann die sogenannte Stabilisierungsperiode ein, die vom 14. Februar bis zum 18. April währte. In dieser Zeit bewegte sich der Dollarkurs um 21000 in verhältnismäßig geringen Schwankungen. Ein weiteres Herunterdrücken erwies sich mit

[1] Diese belief sich:

| | | | | | |
|---|---|---|---|---|---|
| am | 28. 2. | 1923 | auf | 25 625 000 | Goldmark |
| „ | 14. 3. | „ | „ | 22 659 000 | „ |
| „ | 29. 3. | „ | „ | 87 319 000 | „ |
| „ | 18. 4. | „ | „ | 195 298 000 | „ |
| „ | 30. 4. | „ | „ | 245 851 000 | „ |
| „ | 15. 5. | „ | „ | 268 362 000 | „ |
| „ | 30. 5. | „ | „ | 268 175 000 | „ |
| „ | 12. 6. | „ | „ | 272 668 000 | „ |

Rücksicht auf die Ausfuhrmöglichkeiten als nicht angängig. — Um den Kurs auf dieser Höhe zu halten, mußte die Reichsbank 460 Millionen Goldmark aufwenden[1]. Nicht berücksichtigt sind in diesen Ziffern die während der Intervention wieder aufgenommenen freien Devisen, deren Gesamtbetrag in der angegebenen Zeit sich auf etwa 72 Millionen Goldmark belief und die vom vorgenannten Betrag in Abzug zu bringen sind. Die Stützungsaktion der Reichsbank wurde in Berlin, in New York, Amsterdam und London durchgeführt. Dabei verfolgte die Reichsbank das Verfahren, sich nach und nach auf die Pfunddevisen zu konzentrieren. Durch das Vorgehen an den ausländischen Börsen wurden die schwimmenden Markbeträge mehr und mehr aufgesogen, so daß der Einfluß der ausländischen Spekulation im wesentlichen ausgeschaltet wurde und die Reichsbank im Auslande nur verhältnismäßig geringe Devisenabgaben vornehmen mußte.

Die Intervention stand unter dem Druck politischer Verhältnisse. Die Verschärfung der militärischen Maßnahmen, die Verhängung der Verkehrssperre, sowie die Besetzung von Offenburg und Appenweiler führten zu einer wachsenden pessimistischen Stimmung gegenüber der Mark. Die täglichen Devisenabgaben wuchsen schnell an und betrugen am 20. Februar nicht weniger als 31 Millionen Goldmark. Ein Umschwung zugunsten der Bewertung der Mark trat ein, als bekannt wurde, daß die Regierung die Auflegung einer deutschen Goldanleihe plane. Erleichternd wirkten zudem die damals auftauchenden Gerüchte über eine Vermittlung der Vereinigten Staaten im Ruhrkonflikt. Zugleich setzte eine scharfe Kreditrestriktion der Reichsbank ein, um das Durchhalten der privaten Devisenbestände zu erschweren und ihre Besitzer zum Verkauf zu nötigen. In nicht unbedeutendem Ausmaße kamen damals unproduktive Devisenbestände an den Markt. Die Folge war, daß die täglichen Devisenabgaben der Reichsbank sich einen ganzen Monat lang in mäßigen Grenzen bewegten und nur an wenigen Tagen über 6 Millionen Goldmark hinausgingen. Die Rückflüsse erreichten am 7. März den Betrag von 25 Millionen Goldmark. Die Interventionstätigkeit mußte aber allmählich wieder schwieriger und schwieriger werden. Die wirtschaftlichen Folgen der Ruhrbesetzung begannen sich in immer stärkerem Maße bemerkbar zu machen. Das Bild des Außenhandels mußte sich von Woche zu Woche verschieben, da das wichtigste Produktionszentrum Deutschlands durch die Besetzung lahmgelegt war. Die Passivität der Handelsbilanz wuchs. Dies konnte nicht ohne Einfluß auf die weitere Gestaltung der Stützungsaktion bleiben. Dazu kamen dann eine Reihe von ungünstigen politischen Momenten, welche die pessimistische

[1] Hjalmar Schacht: Die Stabilisierung der Mark, Berlin 1927, schätzt den durch die Stützungsaktion der Reichsbank entzogenen Betrag auf über 300 Mill. Goldmark (S. 43).

Stimmung gegenüber der Mark vertieften. Die politische Lage verschärfte sich. Das Ergebnis der Goldanleihe wurde durch den Einspruch der französischen Abordnung der Reparationskommission am 17. März in ungünstiger Weise beeinflußt. Die Folge dieser Tatsache war, daß die Devisenabgaben der Reichsbank außerordentlich anschwollen. Am 29. März mußte sie 40 Millionen Goldmark für die Durchhaltung der Intervention aufwenden. Auch die Verschlechterung der Lage der Reichsfinanzen trug dazu bei, daß die Bewertung der Mark außerordentlich litt und die Devisenabgaben eine auf längere Zeit untragbare Höhe erreichten. Am 18. April mußte das Noteninstitut den Kurs springen lassen. Die Front der Stützungsaktion war durchbrochen. An die Stelle des starren Festhaltens an einem Stabilisierungskurs trat nun die Taktik des sogenannten beweglichen Widerstandes, der darauf gerichtet war, Kursausschreitungen nach Möglichkeit zu bekämpfen. Damit war die eigentliche Stabilisierungsperiode beendet. Der Zerfall der Mark setzte von neuem ein.

Am 1. Mai betrug der Kurs des Dollars rund 31700, am 31. Mai war er nahe an die 70000-Markgrenze herangerückt. Dabei war es in dieser Zeit nur durch das wiederholte Eingreifen der Reichsbank möglich geworden, einen noch rascheren Zusammenbruch der Mark zu vermeiden [*Beusch*]. So mußten allein am 2. Mai 26 Millionen Goldmark an Devisen auf den Markt geworfen werden. —

Trotz der vorübergehenden Stabilisierung verschlechterte sich die Lage der Reichsfinanzen von Monat zu Monat. Die Ruhrausgaben kamen als verhängnisvolles Moment in der Ausgabenwirtschaft[1] des Reichs zur Geltung. Im März waren die Ausgaben für die allgemeine Reichsverwaltung fast sechsmal so hoch wie im Januar. Immer stärker schwoll die Zuschußwirtschaft bei den Betriebsverwaltungen an. Denn deren Tarife waren dem stabilisierten Kurse nicht angepaßt worden. Zudem machte sich bei ihnen der Ausfall der Einnahmen aus dem wichtigsten Eisenbahngebiet Deutschlands, aus dem Eisenbahnnetz an Ruhr und Rhein, besonders bemerkbar. — Obwohl die Ausgaben aus dem Friedensvertrag zu ihrem überwiegenden Teile suspendiert waren, nahmen somit die Gesamtausgaben während der Stabilisierungszeit eine außerordentliche Höhe an.

[1] Es wurden benötigt in Milliarden Mark:

| Monat | Für die allgemeine Reichsverwaltung | Für die Betriebsverwaltungen (Zuschuß und Anleihe) | Für die Ausführung des Friedensvertrages | Zusammen |
|---|---|---|---|---|
| Januar . | 301,5 | 195,0 | 450,7 | 947,2 |
| Februar. | 872,5 | 735,8 | 423,9 | 2032,2 |
| März . . | 1747,2 | 1304,1 | 756,3 | 3807,6 |
| April . . | 1499,0 | 935,6 | 414,3 | 2848,9 |
| Mai . . | 1598,4 | 1474,3 | 861,9 | 3934,6 |

Mit ihnen hielten die Einnahmen[1] aus Steuern, Zöllen und sonstigen Abgaben nicht im entferntesten Schritt. Von ihrem Gesamtertrag von 3,4 Billionen Mark entfielen nicht weniger als $^9/_{10}$ auf die Einkommen-, Umsatz-, Kohlen- und Tabaksteuer, sowie auf die Zölle und Ausfuhrabgaben[2]. Der Goldwert dieses Steueraufkommens stellt sich, über den Ernährungsindex berechnet, auf 1016,5 Millionen Goldmark.

Die Wirkungen der Geldentwertung auf die steuerlichen Einnahmen des Reiches waren um so verhängnisvoller, als das hierdurch bedingte rasche Anwachsen der schwebenden Schuld selbst wieder einer der Hauptgründe für den Markzusammenbruch war. Diese hatte Anfang November 1922 606 Milliarden betragen. Am 15. Dezember war die Billionengrenze überschritten. Zu Beginn des Jahres 1923 belief sie sich auf rund 1500 Milliarden. Am 31. Mai erreichte sie eine Höhe von 10,3 Billionen. — Der Goldwert dieser Zunahme der schwebenden Schuld ist sehr schwer festzustellen. Bei einer Umrechnung über den Lebenshaltungsindex ergibt sich für die ersten fünf Monate des Jahres eine Steigerung um 3250 Millionen Goldmark, eine Summe, die den Steuereinnahmen des Reiches, der Länder und Gemeinden im Jahre 1907 entsprach. —

Schon zu Beginn des Jahres 1923 war es klar, daß das bestehende Steuersystem, das unter ganz anderen Geldwertverhältnissen aufgebaut worden war, der zerrütteten Währungslage nicht mehr entsprach. Bei einer Reihe von Steuern fehlte es an der nötigen Elastizität. Bei den direkten Steuern wurde der Veranlagung ein ganz anderer Markwert zugrunde gelegt, als er in dem Zeitpunkte herrschte, in welchem Veranlagung und Zahlung erfolgten. Ihre Erträge blieben daher entsprechend den inzwischen eingetretenen Entwertungsverhältnissen der Währung hinter der eigentlichen Steuerzahlung zurück. Nur bei der Lohnsteuer war, da sie verhältnismäßig rasch hereinkam, eine wenn auch beschränkte

[1] Sie betrugen in Milliarden Mark:

| Monat | Ordentliche Einnahmen | Außerordentliche Einnahmen | Zusammen |
|---|---|---|---|
| Januar | 281,9 | 78,6 | 360,5 |
| Februar | 337,8 | 187,8 | 525,6 |
| März | 506,3 | 288,4 | 794,7 |
| April | 877,2 | 130,7 | 1007,9 |
| Mai | 1399,7 | 702,2 | 2101,9 |

[2] Steuererträge in Milliarden Mark:

| | | |
|---|---|---|
| Einkommensteuer | 1145 | Mill. Mark |
| davon Lohnsteuer | 845 | „ „ |
| Umsatzsteuer (allgemeine und erhöhte) | 748 | „ „ |
| Kohlensteuer | 490 | „ „ |
| Zölle | 301 | „ „ |
| Tabaksteuer | 140 | „ „ |
| Ausfuhrabgabe | 197 | „ „ |

Anpassung an die Geldentwicklung gegeben. Bei den indirekten Steuern waren die mit fixen Sätzen ausgestatteten absolut unbrauchbar geworden. Aber auch jene, welche sich in ihren Tarifen an die Verkaufswerte anschlossen, wiesen keine hinreichende Elastizität auf.

Ein zweites wichtiges Moment, das infolge der Geldentwertung das ganze Steuersystem irritierte, war die Unmöglichkeit, eine richtige gleichmäßige Bewertungsgrundlage zu finden. Die Kaufkraft der Mark im Inland war bei den einzelnen wirtschaftlichen Güterkomplexen außerordentlich verschieden. Die Waren des Großhandels orientierten sich im allgemeinen nach dem Außenwert der Mark, die Waren des Kleinhandels hatten einen anderen Index, und die Preise für Immobilien hatten wiederum eine vollkommen andere Richtung genommen. Infolgedessen fehlte die Grundlage für eine einheitliche Bewertung. Zur Abstellung dieser außerordentlichen Mängel, die sich für die Einnahmen des Reiches usw. aus der anhaltenden Geldwerteinbuse ergaben, wurde Mitte Januar 1923 von der Reichsregierung ein Gesetzentwurf über die Berücksichtigung der Geldentwertung in den Steuergesetzen vorgelegt.

Nach seiner Begründung waren hierzu zwei Möglichkeiten gegeben. So könne man auf der einen Seite von Zeit zu Zeit in den einzelnen Steuergesetzen Tarifveränderungen vornehmen, die der seit der letzten Tarifaufstellung eingetretenen Geldentwertung Rechnung trügen. Der andere Weg bestünde darin, die Einkommen- und Vermögenssteuertarife auf Goldmark oder eine andere feste Werteinheit zu stellen. Zur Ermittlung des in Frage kommenden Tarifsatzes seien alsdann die in Papiermark ausgedrückten Einkommen und Vermögen entsprechend umzurechnen. Auf diese Weise würde eine automatische Anpassung der Tarife an die Geldentwertung herbeigeführt.

Letzterer Weg war bereits im zuständigen Ausschuß des Reichstages gelegentlich der Erörterungen über die Vermögenssteuer im Frühjahr 1922 vorgeschlagen worden. Der Reichstag hatte damals angeregt, die Steuern unter Einführung von Goldtarifen wertbeständig zu gestalten. Demgegenüber war aber von Vertretern der Reichsfinanzverwaltung die Unmöglichkeit eines richtigen Umrechnungsfaktores betont worden. An diesem Standpunkt hielt die Reichsregierung auch bei ihrer Vorlage fest. Sie wollte vielmehr den ersten Weg beschreiten. Diese grundlegende Konstruktion des Gesetzes mußte natürlich zur Folge haben, daß nur eine teilweise, gewissermaßen ruckartige Anpassung der Steuerschuld an die Geldentwertung geschaffen werden konnte. — Erst gegen Ende des Jahres 1923 verließ man diesen Grundsatz, nachdem sich seine Durchführbarkeit als unmöglich erwiesen hatte. Damals war aber das Chaos schon so groß, daß die entsprechenden Gesetzesmaßnahmen nicht mehr ihre volle Auswirkung finden konnten.

Außer durch die verfehlte Konstruktion wurde der Erfolg des erwähnten Geldentwertungsgesetzes dadurch stark beeinträchtigt, daß dasselbe erst nach langen Beratungen am 20. März 1923 in Kraft trat. Bevor es durchgeführt werden konnte, brach die Markstützungsaktion zusammen. Die Grundlage, auf welcher der Entwurf aufgebaut worden war, war damit verschwunden. Auch die sonstigen Maßnahmen, die in dieser Zeit getroffen wurden, reichten nicht aus, um der Geldentwertung auf steuerlichem Gebiet auch nur ein annäherndes Gegengewicht entgegenzustellen. Die Folge mußte sein, daß die irreguläre Belastung der Wirtschaft durch die Notenausgabe immer größeren Umfang annahm. Auf dem Umwege über letztere wurden der Volkswirtschaft, wenn auch unter wesentlich anderer Verteilung, doch die entsprechenden Lasten auferlegt.

## 2. Die währungspolitische Lage im Sommer 1923.

Die Verschärfung der außenpolitischen Lage Deutschlands, die durch die ablehnende Haltung der Siegerstaaten gegenüber den Vorschlägen der deutschen Reichsregierung vom 2. Mai zum Reparationsproblem eingetreten war, mußte zusammen mit den übrigen Tatsachen wirtschaftlicher, finanz- und währungspolitischer Natur eine rasche weitere Verschlechterung der Mark bedingen. Am 14. Juni 1923 hatte der Dollarkurs die 100000-Mark-Grenze überschritten. Bis zum 16. Juni bewegte er sich in ständiger Aufwärtsentwicklung zwischen 100000 und 200000 Mark. Von da ab aber beschleunigte sich der Fall der Mark in außerordentlicher Weise. Schon am 30. Juli war die Millionengrenze übersprungen. Die Einführung des Einheitskurses durch die Verordnung vom 22. Juni hatte diese Entwicklung nur kurze Zeit zu hemmen vermocht. Die Flucht aus der Mark wurde stärker und stärker. Die deutsche Währung, die schon seit langem ihre Funktion als Werterhaltungsmittel und als Wertmaßstab eingebüßt hatte, begann nunmehr auch als Zahlungsmittel zu versagen. Die Loslösung von der Markwährung kam in breitesten Fluß. Die Überfremdung der heimischen Währung mit ausländischen Zahlungsmitteln machte allerwärts Fortschritte. Dollar, Pfund, Gulden, Schweizer Franken usw. wurden nicht nur rechnungsmäßig im Wirtschaftsverkehr zugrunde gelegt, es mehrte sich auch die Menge der im Umlauf sich befindenden Geldzeichen. Im August wurde ihre Summe auf 2 bis 3 Milliarden Goldmark geschätzt. Trifft dieses zu, so war der Wert der Devisen im deutschen Wirtschaftsverkehr fast zehnmal so groß, als der der umlaufenden Papiermarknoten. An der Peripherie des Wirtschaftslebens hatte die Bewegung eingesetzt, und zwar in doppelter Hinsicht, in räumlicher wie in handelspolitischer. Was jene anbetrifft, so war die Überfremdung am ersten und stärksten eingetreten in den Landesteilen, welche an mehr oder weniger festvalutarische Staaten grenzten. Im Westen kam die Wirkung der Besetzung hinzu. In handelspolitischer Hinsicht nahm die Währungsüberfremdung ihren Ausgang vom Außenhandel, hatte dessen Nach- und Vorgeschäfte erfaßt und war von da weiter gedrungen in die übrigen Kreise des Großhandels und der Industrie. Auch der Kleinhandel strebte in einzelnen Teilen Deutschlands, besonders in den Grenzgebieten, in die Devise. Im allgemeinen war ihm aber die Beschaffung von Devisen unmöglich wegen der bestehenden gesetzlichen Verbote. Die Folge war, daß beim Kleinhandel die Loslösung von der Mark auf eine andere Weise vonstatten ging. Entweder suchte er seine Warenbestände zu halten oder die Goldrechnung durch Umrechnung der Preise über den Dollarkurs einzuführen. Dazu kam das möglichst rasche Abstoßen der Papiermarkbeträge in allen Kreisen der Bevölkerung.

In der Landwirtschaft war gleichfalls die Umschaltung auf ausländische Zahlungsmittel nicht möglich. Nur in den Grenzbezirken setzte eine derartige illegale Bewegung im Hochsommer ein. Im allgemeinen wurde jedoch ein anderer Weg gewählt, um sich gegen die Substanzverluste zu schützen. Die Landwirtschaft befand sich insofern in einer besonders mißlichen Lage, als sie beim Verkauf von Waren nicht imstande war, die erhaltene Geldsumme noch am gleichen Tage oder wenigstens in ganz kurzer Frist für Kaufzwecke oder zur Bezahlung von Schulden zu benutzen. Diese und andere Gründe führten dazu, daß gerade die Landbevölkerung, die noch wenige Jahre vorher das Papiergeld aufgespeichert hatte, die Geldnoten als wertlos betrachtete. Soweit nicht wertbeständige Anleihen von ihr gekauft wurden, suchte sie das Prinzip der Substanzerhaltung ebenfalls durch Zurückhaltung von Waren durchzuführen und trug so indirekt zur Verschlechterung der valutarischen Lage bei. Das Getreide diente jedoch nicht nur als Wertaufbewahrungsmittel, vielmehr war seit längerer Zeit vor allem Roggen auch als Wertmaßstab und als Tauschmittel eingeführt worden. Immer häufiger wurden die Fälle, in welchen Gebrauchsgegenstände der Landwirtschaft in den benachbarten Städten gegen Getreide und andere landwirtschaftliche Erzeugnisse in natura gekauft wurden. Die Pachtpreise waren auf Getreidewert gestellt worden. Selbst bei der Vereinbarung von Löhnen war der Roggen als Wertmaßstab eingeführt worden. Die Landwirtschaft hatte also die Loslösung vom Währungsgelde im wesentlichen auf der Roggenbasis vollzogen. Damit hatte das Getreide in diesen Kreisen plötzlich neben seiner naturgegebenen Funktion eine neue Bestimmung erhalten: es war zum Geldersatzmittel geworden. Diese eigentümliche Tatsache war mit ein Grund, weshalb das Getreide in immer geringerem Maße den Bedarfszentren zuströmte. Auf diese Art und Weise mußte sich die Ernährungslage immer weiter zuspitzen.

Der Drang nach Wertbeständigkeit beherrschte alle Wirtschaftskreise der Bevölkerung. Selbst der Kleinhandwerker richtete seit den Sommermonaten seine Preise nach dem Dollarstand, wobei das Überschneiden der Weltmarktpreise nur allzu häufig erfolgte. Die Warenpreisbewegung war besonders seit Juli vollkommen aus ihren naturgemäßen Bedingungen herausgerissen, die normalen Preisbildungsfaktoren waren über den Haufen geworfen [*Beusch*]. Die Teuerungswellen schlugen in wildem Durcheinander empor, die Ware wurde mehr und mehr unbeweglich, weil das Bewußtsein der Substanzverminderung bis in die letzten Kreise der Bevölkerung vorgedrungen war.

Bei einer solchen Entwicklung konnte es nicht ausbleiben, daß auch der Ruf nach wertbeständigen Löhnen immer dringender und unabweisbarer erfolgte. Die Verhandlungen über diese Frage füllten den Juli und setzten sich auch in den folgenden Monaten fort. Im allgemeinen war Ende Juli das Prinzip der Wertbeständigkeit der Löhne anerkannt. Dadurch, daß man letztere ständig an die Währungsverschlechterung anpassen mußte, erfolgte im Wirtschaftsprozeß die Zwischenschiebung von ungeheurer Leerlaufarbeit.

Die rasche Abstoßung der Markbeträge durch die Lohn- und Gehaltsempfänger unmittelbar nach Erhalt wirkte weiter im Sinne einer Verschlechterung des Markkurses. Die Warenpreise stiegen an den Lohnzahltagen ruckweise in die Höhe. Dieses sprunghafte Vorwärtsschnellen hatte zur Folge, daß an einzelnen Stellen ihr Goldwert über den Durchschnitt hinauseilte [*Beusch*]. Auch das trug zur Verungünstigung der Dinge bei.

Die wirtschaftlichen Verhältnisse waren im Laufe des Juli außerordentlich bedrohlich geworden. Schon begannen sich die Rückwirkungen auf die innere Lage im Reiche bemerkbar zu machen. Die ersten Teuerungsunruhen brachen in verschiedenen Städten aus. Sie waren Warnungszeichen für die ganze drohende Entwicklung der Folgezeit. Die täglich steigende Not der Bevölkerung wurde von den extrem gerichteten politischen Kreisen ausgenutzt. Die gesamte Nervosität, die wachsende Unzufriedenheit mit der Lage und das Unvermögen der Bevölkerung, die Gründe des Währungszerfalls richtig zu würdigen, schufen eine außerordentlich hoch gespannte Erregung und bereiteten den Boden vor für gewaltsame Entladungen. Die Gefahr von Putschversuchen von links und rechts war schon damals in unmittelbare Nähe gerückt.

Die finanzielle und währungspolitische Lage verschärfte sich von Tag zu Tag. Immer größer wurde die Nachfrage nach ausländischen Zahlungsmitteln. Am 19. Juli belief sich diese auf den Gegenwert von 20 Billionen Papiermark oder 400 Millionen Goldmark. Wenn auch diese ungeheueren übersteigerten Forderungen mit Rücksicht auf die Repartierung erhoben wurden, so zeigte sich doch in diesen Anmeldungen ein gewaltiger Hunger nach fremder Währung, der weit über das wirtschaftlich notwendige Maß hinausging. —

Die naturgegebene Folge dieses Währungszerfalls war das immer mächtigere Anschwellen der Inflationswelle, das seinerseits wieder zur Verschärfung des ersteren beitrug. Die Summe der umlaufenden Noten stieg von Tag zu Tag um Hunderte von Milliarden. Wesentlich trug dazu die Lage der Reichsfinanzen bei[1].

Das Steueraufkommen war, umgerechnet über den Ernährungsindex, vom Juni zum Juli von 133,2 auf 87,3 Millionen Goldmark gesunken. Über den Dollarwert umgerechnet, beliefen sich die Steuereinnahmen in beiden Monaten bloß auf 48, im August betrugen sie 129 bzw. 76,8 Millionen Goldmark.

Die schwebenden Schulden des Reiches wuchsen vom 1. Juni bis 31. August von 10,5 auf etwa 1196,3 Billionen Mark an. Am ersten Tage dieses Monats hatten sie etwa 58 Billionen Mark betragen.

Angesichts der außerordentlich bedrohlichen Entwicklung der Finanzen sowie der gesamten politischen Lage wurden schon im Juli verschiedene Maßnahmen ergriffen, welche eine gewisse Korrektur des Geldentwertungsgesetzes bringen sollten. Doch blieben all diese Schritte unzureichend. Die Einführung neuer Steuern sollte helfen. Vorgesehen wurden u. a. ein einmaliges großes Opfer für Rhein und Ruhr. Zugleich sollten die Steuereingänge stärker an die Geldentwertung angeglichen werden. Auch wurden Maßnahmen währungspolitischer Art in ihren Umrissen entworfen. Gegen Ende Juli war das neue Programm fertig. Am 11. August gelangten die entsprechenden Steuergesetze[2] im Reichstage zur Annahme.

Am gleichen Tage wurde die Regierung gestürzt. Das Kabinett Cuno wurde durch das Ministerium Stresemann abgelehnt.

---

[1] Auf ihren Stand in den Monaten Juni/August wirft die nachfolgende Aufstellung ein krasses Licht:

| Es betrugen in Billionen: | Juni | Juli | August |
|---|---|---|---|
| die Ausgaben für die allgemeine Reichsverwaltung nach Abzug der Verwaltungseinnahmen | 7,7 | 25,9 | 941,3 |
| der Zuschuß zu den Betriebsverwaltungen | 5,1 | 13,4 | 435,7 |
| Ausführung des Friedensvertrages | 1,7 | 4,3 | 48,2 |
| Zusammen | 14,5 | 43,6 | 1425,2 |
| Die ordentlichen Einnahmen | 1,3 | 4,1 | 86,6 |
| Die außerordentlichen Einnahmen | 1,5 | 3,7 | 200,3 |
| Einnahmen zusammen | 2,8 | 7,8 | 286,9 |
| Die Zunahme der schwebenden Schuld | 11,7 | 35,8 | 1138,4 |

[2] 1. Das Gesetz über die Besteuerung der Betriebe, 2. das Gesetz über die Änderung einzelner Verbrauchssteuergesetze, 3. das Gesetz über Vorauszahlungen auf die Einkommen-, Körperschafts- und Umsatzsteuer, 4. das Steuerzinsgesetz und 5. das Gesetz über die Erhebung einer außerordentlichen Abgabe aus Anlaß der Ruhrbesetzung (Rhein-Ruhr-Abgabe).

# B. Die Währungsstabilisierung.

## I. Bis zur Einführung der Rentenmark.

### 1. Währungspolitische Versuche seit Mitte 1922.

Will man die Vorgänge, die sich im Sommer und Herbst 1923 auf währungspolitischem Gebiete abgespielt haben und schließlich in der Einführung der Rentenmark gipfelten, nach ihren verschiedenen Tendenzen richtig erfassen, so ist es unbedingt notwendig, die Zusammenhänge etwas weiter zurück zu verfolgen.

Als nach Rathenaus Tod der erste Akt des katastrophalen Währungszerfalles einsetzte, entstand im Reichswirtschaftsministerium ein Plan zur Stützung des Markkurses, über den im Spätsommer die Entscheidung fiel. Das Programm, an dem besonders der damalige Staatssekretär Hirsch und Ministerialdirektor Dalberg beteiligt waren, läßt sich, wie folgt, zusammenfassen[1]:

1. Es sollte eine äußere Anleihe zur Stützung des Markkurses auf Grund des Goldbestandes der Reichsbank aufgenommen werden.

2. Neben diese äußere sollte eine innere Goldanleihe treten, um dem Publikum eine wertbeständige Anlagemöglichkeit zu schaffen und auf diese Art und Weise der damals bereits einsetzenden Flucht in die Devisen entgegenzuwirken. Letztere erfolgte unmittelbar durch Valuten-, mittelbar durch übermäßigen Warenkauf zwecks Verwendung als wertbeständige Kapitalsanlage. Infolgedessen wurden nämlich mehr Waren eingeführt, als nach Lage der Volkswirtschaft notwendig gewesen wäre, und andererseits Inlandsprodukte, die an sich zur Ausfuhr benutzt werden konnten, über den Rahmen des Notwendigen hinaus gekauft. Durch die innere Goldanleihe sollte die Kapitalsbildung wieder angekurbelt und der durch die übermäßige Nachfrage nach Devisen außerordentlich geförderten Entwertung der Mark entgegengewirkt werden.

3. Darüber hinaus sollte der Kauf von Devisen zu nicht geschäftlichen Zwecken gesetzlich verboten werden.

4. Zur Stützung dieser währungspolitischen Maßnahmen war eine starke Behinderung der Luxuseinfuhr vorgesehen.

5. Für die Zeit etwaigen weiteren Marksturzes wurde eine Erhöhung der Ausfuhrabgabe vorgeschlagen.

---

[1] Vgl. Hirsch, Julius: Die deutsche Währungsfrage. Jena 1924, insbesondere S. 19ff.

6. Die genannten Schritte sollten begleitet sein von einer scharfen Diskonterhöhung, um der später in verhältnismäßig umfangreicher Weise eingetretenen Bewegung vorzubeugen, gegen Geld, das man bei der Reichsbank lieh, Devisen oder Auslandswaren in wirtschaftlich nicht notwendiger Menge einzukaufen.

7. wurde die Wiedereinführung von Überschichten als notwendig bezeichnet.

Dieser Komplex von Maßnahmen, welcher seine Ergänzung finden sollte in einer Umstellung der Steuern auf Wertbeständigkeit, war als einheitliches zusammengehöriges Ganzes gedacht mit dem Ziel, auf diese Weise der weiteren Entwertung der Mark energisch entgegenzuwirken. Durch die Einführung der inneren Goldanleihe sollte der Weg frei gemacht werden für eine scharfe Durchführung eines Verbotes des Kaufes von Devisen zu nicht geschäftlichen Zwecken. Es stand zu erwarten, daß das Interesse der nicht in der Außenhandelswirtschaft engagierten Bevölkerungskreise an den Valuten sofort nachlassen würde, wenn umgehend ein entsprechendes und notwendiges Korrelat, nämlich eben die Möglichkeit wertbeständiger Anlage von Kapital in anderer Form als in Devisen geschaffen würde. Außerdem war mit einer erheblichen Einschränkung der gegen die Mark gerichteten Baissespekulation zu rechnen. Solange diese sich bewußt war, daß neben der natürlichen Nachfrage nach Devisen eine künstliche Nachfrage infolge des Strebens nach Substanzerhaltung bestand, war sie eine Selbstverständlichkeit. Fiel dieser Gesichtspunkt fort, so erhöhte sich ihr Risiko.—Die Einschränkung der Luxuseinfuhr hatte den Zweck, die Handelsbilanz günstiger zu gestalten. — Die Erhöhung der Ausfuhrabgaben für die Zeit eines weiteren Abgleitens der Mark war sowohl eine finanz- als auch eine wirtschaftspolitische Maßnahme. Als erstere hätte sie eine automatisch steigende Erhöhung der Reichseinnahmen und damit eine Entlastung der Notenpresse erwirkt. Nach der wirtschaftspolitischen Seite hin bedeutete sie eine Zwischenschaltung wachsender Ausfuhrabgaben im Falle des Sinkens des Außenwertes der Mark, so daß ihre innere Kaufkraft stabiler blieb und nicht so rasch dem Außenwert nacheilte. Für die Festigung der Währung war aber die innere Kaufkraft der Mark von größter Bedeutung.

Dieses Markstützungsprogramm konnte seine Wirkung nur dann ausüben, wenn die innerlich einander bedingenden und stützenden Maßnahmen insgesamt durchgeführt wurden. Der Devisenverordnung vom 12. Oktober 1922[1] mußte jedoch der Erfolg versagt bleiben, weil die Frage der Einführung einer inneren Goldanleihe negativ entschieden worden war. Zwar hatte das Reichskabinett am 10. Oktober 1922 neben der Devisenverordnung auch die Herausgabe von Reichsschatzanwei-

---

[1] RGBl. I/795.

sungen beschlossen. Gegen diese wurde jedoch von der Reichsbank geltend gemacht, daß das Reich bei fortschreitendem Zerfall der Mark das Risiko bei der Rückzahlung zu tragen hätte. Bei dieser würde mit Wahrscheinlichkeit eine erhebliche Papierinflation eintreten. Der nachträgliche Hinweis, daß tatsächlich nach sechs Monaten der Kurs der Mark bedeutend niedriger gestanden hat als im Oktober 1922, ist allerdings kein Beweis für die Richtigkeit dieser Annahme. Denn es wird hier die nicht beweisbare und auch unwahrscheinliche Annahme substituiert, daß bei Durchführung des gesamten Stützungsprogramms eine gleich starke Geldentwertung eingetreten wäre, wie sie ohne dieselbe kam; im übrigen aber wäre es möglich gewesen, die Goldschatzanweisungen auf eine längere Frist, beispielsweise auf ein oder drei Jahre abzustellen und dadurch der Gefahr einer wachsenden Inflation vorzubeugen bzw. sie einzuschränken. Auch ist zu bedenken, daß selbst bei sechsmonatiger Laufzeit der Goldschatzanweisungen eine Inflation nicht absolut eintreten mußte, weil gerade infolge des Strebens der ganzen Wirtschaft nach Wertbeständigkeit bei der Einlösung der Goldschatzanweisungen wieder neue Goldschatzanweisungen ausgegeben werden konnten.

Am 12. Oktober war das Schicksal der inneren Goldanleihe in negativem Sinne entschieden. Soweit die Gründe, die gegen die Devisenverordnung insbesondere seitens weiter Wirtschaftskreise geltend gemacht wurden, berechtigt waren, wären dieselben bei Vorhandensein eines Substanzerhaltungsmittels — zum größten Teil — hinfällig geworden.

Was die Einschränkung der Luxuseinfuhr anlangt, so wurde ein Versuch gemacht auf dem Gebiete des Tabaks. Dieser stieß aber auf heftige Gegenwirkung der Interessentenkreise und wurde deswegen wieder fallen gelassen.

Von dem ganzen Programm wurde also im wesentlichen nur die Devisenverordnung durchgeführt. Diese allein konnte aber die Währung nicht vor dem weiteren Zerfall schützen, besonders, da so außerordentlich starke außenpolitische Momente auf ihr anhaltendes Abgleiten hinwirkten[1].

---

[1] Die Devisenverordnung vom 12. Oktober 1922 kann mehr oder weniger als der Auftakt zu einer endlosen Anzahl von gesetzgeberischen Maßnahmen bezüglich des Valutahandels angesehen werden, die der praktischen Währungspolitik bis spät in die Stabilisierungszeit hinein ihren Stempel aufdrücken. Sie alle hatten als ein wesentliches Ziel die Beschränkung des Erwerbes von ausländischen Zahlungsmitteln auf jene für produktive Zwecke im Auge. Durchweg aber litten sie bis zur endgültigen Einführung der Rentenmark an demselben Mangel, der schon das vorerwähnte Gesetz als halbe Maßnahme charakterisiert: an dem Fehlen einer genügend breiten Basis für wertbeständige Anlagemöglichkeiten im Inlande. —

Eine obrigkeitliche Regelung des Valutenmarktes war bereits im Kriege durch

Gleichzeitig mit dieser Neuregelung des Devisenhandels suchte die Regierung auf dem Gebiet der Friedensvertragsverpflichtungen die Voraussetzung für eine Stabilisierung zu schaffen. Seit Beginn 1922 liefen ihre diesbezüglichen — nur teilweise von Erfolg gekrönten — Bemühungen auf die Erlangung eines großen Moratoriums hinaus, um womöglich zu einer brauchbaren Gesamtlösung zu kommen. Insbesondere seit Mitte 1922 werden immer wiederholte Anstrengungen in dieser Richtung gemacht. In jene Zeit fällt auch der Vorschlag Bradburys an die Reparationskommission, der in der Gewährung einer fünfjährigen Atempause an Deutschland gipfelte. Dadurch sollte sich für dieses die Möglichkeit zur Kreditaufnahme ergeben. Weiter sollte die Reichsbank die Berechtigung erhalten, Papiermark gegen Gold zu kaufen. Schließlich sollte der Wiederherstellungsausschuß umgestaltet und sein Sitz nach Berlin verlegt werden.

Mitte Oktober 1922 erteilte dann die deutsche Regierung den in Frage kommenden Auslandsvertretungen den Auftrag, mit internationalen Sachverständigen in Verbindung zu treten, um sie für eine Währungskonferenz in Berlin zu gewinnen. Dieser wurden unter Bezugnahme auf das Gutachten der Konferenz von Genua[1] insbesondere die Fragen vorgelegt, ob unter den gegebenen Umständen eine Stabilisierung der Mark möglich wäre, welche Voraussetzungen verneinendenfalls geschaffen werden müßten, um zu diesem Ziel zu gelangen, sowie welche Maßnahmen zu treffen wären, sobald die entsprechenden Voraussetzungen vorlägen.

Das Ergebnis der Konferenz, die übrigens nicht zu einer völligen

---

die Devisenordnungen von 1916 und 1917 erfolgt. Die insbesondere durch die letztere herbeigeführten weitgehenden Beschränkungen wurden mit wenigen in das Kapitalfluchtgesetz übernommenen Ausnahmen im September 1919 wieder aufgehoben. Erst Anfang 1922 trat im Hinblick auf die immer stärker um sich greifenden spekulativen Auswüchse wieder eine Verschärfung der Bestimmungen ein. Dieser folgten im Oktober die vorstehend zur Sprache gebrachte „Verordnung gegen die Spekulation in ausländischen Zahlungsmitteln". Auf weitere Maßnahmen wird in der vorliegenden Abhandlung noch des öfteren zurückgekommen werden. Im übrigen sei auf den in Anlage 1 enthaltenen Überblick über die Gesetzesarbeit auf diesem Gebiete verwiesen.

[1] Vgl. die amtliche Denkschrift: „Material über die Konferenz von Genua", Berlin 1922, S. 83ff. — In einer Begrüßungsansprache hob der Reichskanzler Dr. Wirth vor allem auf die Stelle der in Frage stehenden Anlage ab, welche sich mit der auswärtigen Verschuldung eines Landes befaßt. „Wenn die äußere Schuldenlast eines Landes seine Zahlungsfähigkeit übersteigt, und wenn dieses Land nicht durch äußere Anleihen Hilfe erhalten kann, so müssen die Anstrengungen, diese Verpflichtung zu erfüllen, notwendig zur Folge haben, daß einmal die Märkte in anderen Ländern gestört werden, und daß weiter eine fortgesetzte Entwertung der Währung des Schuldnerlandes eintritt, die das Schuldnerland vollständig hindert, irgendeinen Anlauf in der Richtung der Stabilisierung der Währung zu nehmen" (ebenda S. 85).

Übereinstimmung der Auffassung ihrer Teilnehmer führte, wurde in einer amtlichen Denkschrift festgelegt[1] und am 8. und 14. November mit einem Begleitschreiben[2] des Reichskanzlers der Reparationskommission übersandt. Die Regierung wiederholte in Anlehnung an das Gutachten von Brand, Dubois und Vissering ihren bereits einige Tage vorher (am 4. November) gemachten Vorschlag[3] der Bildung eines internationalen Banksyndikats unter Mitwirkung der Reichsbank. Im einzelnen lief ihr Plan auf folgende Regelung hinaus:

„1. Eine endgültige Stabilisierung der Mark kann erst eintreten, wenn die Reparationsfrage entsprechend der Leistungsfähigkeit Deutschlands endgültig geregelt ist. Da aber angesichts der in letzter Zeit eingetretenen Zerrüttung der Mark auf eine solche Regelung nicht mehr gewartet werden kann, so ist sofort eine vorläufige Aktion zu ihrer Hebung und Stützung notwendig.

2. Eine solche vorläufige Aktion kann, wie die bisherigen Erfahrungen gezeigt haben, nicht allein mit deutschen Kräften geschehen. Um das verlorengegangene Vertrauen zur Mark wiederherzustellen, ist eine Mitwirkung des Auslandes notwendig.

3. Die deutsche Reichsbank hat sich bereit erklärt, einen Betrag von 500 Millionen Goldmark in Gold oder Devisen für die Stützungsaktion zur Verfügung zu stellen.

4. Die Inangriffnahme der Stützungsaktion erfordert folgende Voraussetzungen:

a) Deutschland wird für 3 bis 4 Jahre von allen Bar- und Sachleistungen aus dem Vertrage von Versailles befreit. Sachlieferungen für den Wiederaufbau der zerstörten Gebiete gehen weiter, soweit sie ohne Vermehrung der schwebenden Schuld, d. h. aus laufenden Einnahmen oder inneren Anleihen bestritten werden können.

b) Deutschland erhält für die Stützungsaktion von ausländischen Banken einen gesicherten Kredit von mindestens 500 Millionen Goldmark, so daß für die Stützungsaktion insgesamt ein Betrag von mindestens 1 Milliarde Goldmark zur Verfügung steht.

5. Die vorstehenden Voraussetzungen sind auch von der Reichsbank für die Bereitstellung von 500 Millionen Goldmark unter Inanspruchnahme ihres Goldbestandes aufgestellt worden. Eine Haftung oder Garantie für den ausländischen Bankkredit vermag die Reichsbank daneben jedoch nicht zu übernehmen. Die für die Kreditgeber erforder-

---

[1] Auswärtiges Amt: Gutachten der internationalen Finanzsachverständigen über die Stabilisierung. Berlin 1922.

[2] Schreiben vom 4. November 1922, abgedruckt in dem Weißbuch des Auswärtigen Amtes vom 28. Juli 1923: „Die den Alliierten seit Waffenstillstand übermittelten deutschen Angebote und Vorschläge zur Lösung der Reparations- und Wiederaufbaufrage", S. 54ff. u. 66ff.

[3] Ebenda S. 53.

lichen Sicherheiten werden unter Genehmigung der Reparationskommission vom Reiche zu stellen sein.

6. Die von den ausländischen Banken und der Reichsbank bereitgestellten Mittel werden unter Benutzung der Organisation der Reichsbank von einer unabhängigen Stelle verwaltet, die aus Vertretern der ausländischen kreditgebenden Bankgruppen, der Reichsbank und der Reichsfinanzverwaltung gebildet wird.

7. Diese Stelle wird zugunsten des Kurses der Reichsmark intervenieren. Sie wird in erster Linie im Auslande (New York, London, Amsterdam, Zürich usw.) das verfügbare Material an Reichsmark für Rechnung des Reiches aufzunehmen suchen, was gleichzeitig zu einem Rückgang der Devisenkurse führen wird. Im übrigen wird sie durch An- und Verkauf von Devisen im In- und Ausland den Kurs der Mark zu regulieren suchen.

8. Sobald durch die Stützungsaktion der Kurs der Mark so weit gebessert ist, daß das innere Vertrauen wieder hergestellt ist, wird die deutsche Regierung eine innere Goldanleihe unter entsprechenden Bedingungen auflegen. Die deutsche Regierung ist ferner bereit, auswärtige Anleihen aufzulegen, die zu angemessenen Bedingungen erhältlich sind. Schon während der Dauer der in 4a genannten Periode wird der Ertrag der inneren Anleihe zur Hälfte, derjenige der äußeren Anleihen in voller Höhe zur Abdeckung von Bar- und Sachleistungen aus dem Vertrage von Versailles verwendet. Die andere Hälfte des Ertrages der inneren Anleihe dient dem Bedarf des eigenen Haushalts Deutschlands, insbesondere zur Rückzahlung des Stützungskredites.

9. Durch die vorstehenden Maßnahmen wird Deutschland in die Lage versetzt, das Gleichgewicht in seinem Haushalt herzustellen, das Anwachsen der schwebenden Schuld aufzuhalten und die Diskontierung von Schatzanweisungen bei der Reichsbank in absehbarer Zeit einzustellen. Sobald der Haushalt im Gleichgewicht ist, werden Anleihen nur noch für werbende Zwecke zu begeben und schwebende Schulden nur als vorläufige Geldbeschaffung bis zur Auflegung der betreffenden Anleihe aufzunehmen sein. Die Ursachen der Inflation fallen damit fort. Durch innere Reformen wird Deutschland seine Ausgaben einschränken und seine Einnahmen erhöhen. In dieser Richtung ist insbesondere ins Auge gefaßt:

Aufhebung entbehrlich werdender Behörden,

Verminderung der Zahl der Angestellten und Beamten,

Vermeidung unproduktiver Ausgaben,

Beschränkung der gesetzgeberischen Maßnahmen, die neue Ausgaben verursachen, auf die dringlichsten Erfordernisse,

Produktive Gestaltung der Reichsbetriebe zur Erzielung ihrer Rentabilität.

10. Deutschland wird alle erforderlichen und geeigneten Maßnahmen ergreifen, um insbesondere durch Erhöhung des Wirkungsgrades der Arbeit zu einer Steigerung der Produktion und damit zu einem Ausgleich der Handelsbilanz zu gelangen.

Zu diesem Zweck wird insbesondere eine Neuregelung des Arbeitszeitrechts unter Festhaltung des Achtstundentages als Normalarbeitstag und unter Zulassung gesetzlich begrenzter Ausnahmen auf tariflichem oder behördlichem Wege zur Behebung der Notlage der deutschen Wirtschaft in die Wege geleitet, werden alle Maßnahmen zur Heranbildung von Qualitätsarbeitern gefördert, Luxusverbrauch und Luxuseinfuhr gehemmt und der Alkoholverbrauch beschränkt werden. — Zwecks Steigerung der landwirtschaftlichen Produktion wird die Zwangsbewirtschaftung des Brotgetreides abgebaut werden. Bei einer Besserung der Mark fallen die wesentlichsten Gründe für die bisherige Getreidepolitik fort.

11. Bei Festigung des Markkurses werden andererseits die ausländischen Staaten diejenigen Beschränkungen der Einfuhr deutscher Waren aufheben müssen, die durch den Niedergang der deutschen Währung veranlaßt wurden. Auch im übrigen wird Deutschland die wirtschaftspolitische Gleichberechtigung in allen Beziehungen eingeräumt und die Unabhängigkeit der deutschen Wirtschaftsverwaltung im besetzten Gebiet wieder hergestellt werden müssen, um den Ausgleich der deutschen Handels- und Zahlungsbilanz zu ermöglichen.

Um den vorstehend niedergelegten Plan ausführen zu können, unterbreitet die deutsche Regierung der Reparationskommission nachstehende Anträge:

a) eine endgültige Festsetzung der Verpflichtungen Deutschlands sobald als möglich in solcher Höhe herbeizuführen, daß sie einschließlich des Dienstes der aufzunehmenden Anleihen aus dem Überschuß des Haushalts bestritten werden können;

b) zunächst für die Dauer von 3 bis 4 Jahren Deutschland von allen Bar- und Sachleistungen aus dem Vertrage von Versailles unter dem in Ziffer 4a genannten Vorbehalt für den Wiederaufbau der zerstörten Gebiete zu befreien;

c) unverzüglich eine Konferenz von internationalen Finanzleuten zum Zwecke der Beratung über einen Deutschland zu gewährenden Bankkredit einzuberufen. Die deutsche Regierung ist auch ihrerseits bereit, die Einberufung einer solchen Konferenz zu übernehmen;

d) die Anträge zu unterstützen, welche die deutsche Regierung bei den beteiligten Regierungen für die Verwirklichung der in Ziffer 11 bezeichneten Notwendigkeit stellen wird."

Mitten in diese wichtigen Arbeiten hinein fiel die Regierungskrisis; es kam der Sturz des Kabinetts Wirth. Anfang Dezember richtete Cuno an den englischen Ministerpräsidenten als Vorsitzender der in

London zusammentretenden Konferenz der alliierten Ministerpräsidenten ein Schreiben[1], in welchem er sich im wesentlichen den oben wiedergegebenen Ausführungen seines Vorgängers anschließt. Der Vorschlag vom 14. November wird ergänzt durch Anregungen bezüglich der Auflegung der Inlandanleihe, sowie der Unterbringung von etwa 3 Milliarden Mark Goldschatzanweisungen im Ausland. Diese könnten durch die deutschen Zolleinnahmen sichergestellt werden. Sie müßten die Priorität vor allen anderen Zahlungsverpflichtungen Deutschlands aus dem Vertrage von Versailles haben.

Damit war die währungspolitische Aktion des Herbstes zum Abschluß gekommen. Einen Monat später erfolgte der Ruhreinmarsch mit seinen die deutsche Währung vernichtenden Folgen.

Die weitere Entwertung der Mark brachte eine währungspolitische Bewegung in Fluß, die, jedenfalls für den Außenhandelsverkehr, schon Anfang 1922 insbesondere von Dalberg literarisch vertreten worden war[2]: die Einführung einer stabilen Rechnungseinheit, der Goldrechnung. Besonders die Kreise des Großhandels sympathisierten mit diesem Gedanken, der übrigens auch in sonstigen wirtschaftlichen sowie in wissenschaftlichen Kreisen zahlreiche Anhänger gefunden hatte. Im Wirtschaftsministerium kamen im Februar 1922 eine Reihe von Besprechungen zustande, die schließlich zur Ausarbeitung des folgenden Projektes führten[3]:

Bei den Banken sollte eine wertbeständige Kreditgewährung ermöglicht werden. Die Form der Kredithingabe sollte zweckmäßig der Wechselkredit sein, der aber auf die gewählte feste Werteinheit (Banko-Mark) lauten und am Fälligkeitstage in soviel Papiermark zurückzuzahlen sein sollte, als dann dem vorhandenen Kurse entspräche. Auch die Überleitung von Konto zu Konto sollte möglich gemacht werden, ebenso die Verfügung über das Guthaben vermittels Schecks. Theoretisch könnte eigentlich jede Bank diese Kreditgeschäfte einrichten. Doch sei ein Zentralinstitut notwendig, damit die Wechsel jeden Tag bei diesem begeben werden könnten. Die Reichsbank könne entweder ihre Organisationen dem wertbeständigen Verkehr zur Verfügung stellen oder sie könne sich mit einem Teil ihres Goldbestandes an einem solchen Kreditinstitut beteiligen. Von dem Übergang des Zentralnoteninstituts zur Diskontierung von Banko-Mark-Wechseln versprach man sich u. a. eine Vorbeugung gegen die immer mehr steigende Inflation. Auch einer durchaus im Bereiche der Möglichkeit liegenden ausländischen Be-

[1] Das Schreiben nebst Anlage ist im Wortlaut wiedergegeben in dem schon erwähnten Weißbuch, S. 99ff.

[2] Dalberg: Banko-Mark im Außenhandel? Berlin 1922.

[3] Dalberg: Deutsche Währungs- und Kreditpolitik 1923—1926, insbesondere S. 16ff.

teiligung wurde das Wort geredet, um auf diese Art und Weise einen gewissen Devisenbestand hereinzubekommen. —

Neben dem Vorschlag Dalbergs sind in den Jahren 1922/23 und teilweise auch schon früher eine ganze Reihe von Plänen aufgetaucht, die auf eine Reorganisation der Währungsverhältnisse auf dem Umwege über die Einführung partieller Goldrechnungen hinausliefen, sei es, daß in erster Linie auf dem Gebiet des Außenhandels, sei es, daß auf einzelnen inländischen Märkten ein entsprechendes Vorgehen empfohlen wurde. Insbesondere hat Mahlberg[1] dieser Frage in seinem Vorschlag betreffs Einführung eines Goldkreditverkehrs und einer Goldagionotierung große Aufmerksamkeit geschenkt. Sein Plan lief im wesentlichen auf die Basierung der Papiermarkkredite auf eine stabile (Gold-) Grundlage hinaus. Die Schätzung des jeweiligen Goldagios werde am zweckmäßigsten durch die unmittelbar beteiligten Geldgeber und Geldnehmer vorgenommen, zumal sich der Goldwert einer Papiermarkkreditsumme im Hinblick auf die entgegengesetzten Interessen von Angebot und Nachfrage durch quantitative Skontrierung mehr oder weniger mechanisch festlegen lasse. Die Errichtung eines derartigen Agiomarktes müsse von der Zentralbank ausgehen, und zwar selbst dann, wenn anfänglich Verluste einträten. Diese hält Mahlberg nicht für wahrscheinlich. Den Hauptvorteil dieser Regelung sieht er in der Verankerung des Goldagios im Inlande, durch welche der unberechtigten ausländischen Markspekulation jedweder Boden entzogen würde. Was diese Frage betrifft, so wird durch die Mahlbergschen Vorschläge in erster Linie die Kassaspekulation getroffen. Die Terminspekulation wird dagegen jedenfalls nicht unmittelbar gehemmt. — Neben einer ruhigeren Entwicklung des Geldwertes verspricht sich Mahlberg von der Durchführung seines Planes für den währungskranken Staat vor allem die Ermöglichung des Wiederanschlusses an die „Solidarität der Geldmärkte".

Die Stellungnahme zu diesen Vorschlägen war durchaus geteilt. Am wenigsten konnte sich die Reichsbank mit ihnen befreunden. Auch aus wirtschaftlichen [*sowie wissenschaftlichen* (*Helfferich*!)] Kreisen wurden erhebliche Bedenken laut. Während der Reichsverband der Deutschen Industrie und der Zentralverband des Deutschen Großhandels insbesondere dem Dalbergschen Plan sympathisch gegenüberstanden, gab u. a. die Hauptgemeinschaft des Deutschen Einzelhandels in einer Denkschrift stärksten Befürchtungen Ausdruck. Durch die Notwendigkeit der Deckung werde die Einführung der Goldbankkonten einen erheblichen Devisenbedarf verursachen. Dieser würde valutakurssteigend wirken. Zudem sei bei anhaltenden Währungsschwankungen mit starken spekulativen Überweisungen vom Mark- zum Goldkonto und umgekehrt zu rechnen. Würde man dem durch Einführung einer Kündigungsfrist zu begegnen suchen, so würde das Interesse an der Goldmark schwinden. Bei plötzlich einsetzenden Goldpreisen würde des weiteren die Kaufkraft des Publikums versagen. Der notwendige Übergang des Einzelhandels zu der neuen Rechnung würde zudem die Ein-

---

[1] Walter Mahlberg: Bilanztechnik und Bewertung bei schwankender Währung. L. 1923, 3. Aufl., insbesondere S. 62f. — Goldkreditverkehr und Goldmarkbuchführung. Berlin 1923.

führung von Goldlöhnen nach sich ziehen. Noch stärker als bisher würden die Papiermarkbesitzer die Verluste aus der Geldentwertung empfinden. Auch könnten letzten Endes währungstechnische Mittel nicht ausreichen, um die Gesundung der Wirtschaft herbeizuführen[1]. —

[1] [Diesen Einwendungen ist unseres Erachtens eine weitgehende Berechtigung nicht abzusprechen. Fast alle diesgerichteten Vorschläge schlossen die Gefahr einer immer weiteren Rückdrängung der Mark von ihren Funktionen als Rechnungseinheit und damit die zunehmende Beschränkung auf diejenige des Zahlungsmittels in sich. Daraus konnte die Gefahr eines zunehmenden Absackens des Wertes der heimischen Währung erwachsen: Die Leidtragenden hätten, wie in der erwähnten Kritik richtig hervorgehoben worden ist, die Teile der Bevölkerung sein müssen, welche auf nominelle Markbezüge angewiesen waren, sowie jene, deren Einnahmen ihnen in größeren Zwischenräumen in Papier zuflossen. Das gilt um so mehr, als die Durchführung der Goldrechnung eine weitestgehende Anpassung des inländischen Preisniveaus an die Devisenkurse und deren Ausschläge nach sich gezogen hätte. Doch darf für die Gesamtbeurteilung nicht außer acht gelassen werden, daß ein derartiges Vorgehen starke Momente in entgegengesetzter Richtung auslösen kann. Erinnert sei nur an das freilich vielfach überschätzte etwaige Zurückdrängen jener Valutanachfrage, die lediglich Substanzerhaltungsinteresse hatte, ferner an das von Mahlberg besonders betonte stärkere Ausarbitrieren der Waren-, Devisen- und Kreditmärkte und schließlich an das Hemmen der Inflation durch einen auf Goldbasis eingestellten Reichshaushalt.

Eine gewisse Schwierigkeit hätte sich jedenfalls mit Wahrscheinlichkeit in der ersten Zeit nach Eröffnung eines Goldkreditmarktes aus dem möglicherweise starken Auseinanderklaffen zwischen Kreditangebot und -nachfrage ergeben müssen. Für diese mußten unter den damaligen Verhältnissen die oben hervorgehobenen Gefahrpunkte sowie andere in der Richtung der Inflation wirkende Momente zu stärkster Reserve Anlaß geben. Jenes dagegen hätte aus dem Inlande heraus eine starke Nahrung erfahren infolge des Wunsches nach wertbeständiger Unterbringung vorhandener Mittel. Hieraus hätte sich in den Augen des ausländischen Markbesitzers eine ungünstige Zinsgestaltung ergeben, so daß das Ausland als Anbieter sehr leicht von diesem Markte ferngehalten worden wäre. Und als Kreditnachfrage? — Der niedere Zins hat zweifelsfrei etwas Bestechendes für dieselbe. Es dürfte daher durchaus im Bereiche der Möglichkeit liegen, daß auf diesem Umwege sich allmählich eine Regulierung des Zinsfußes von der Nachfrageseite her in der den ausländischen Sätzen entsprechenden Richtung entwickelt haben würde. Die vorerwähnten Schwierigkeiten würden mit Wahrscheinlichkeit erheblich zurücktreten, sofern sich bei Einführung des Geschäfts tatsächlich die erhoffte Beruhigung des Kurses einstellen würde. Ob das der Fall sein, ob nicht vielleicht die ganze Sache ein Fehlschlag werden wird, läßt sich nicht mit Gewißheit voraussehen. Vorsicht bei Einführung des Geschäfts, insbesondere auch hinsichtlich des Umfanges, in welchem es aufgenommen werden soll und kann, wäre daher dringend geboten gewesen. Zu berücksichtigen ist ferner, daß sowohl die Zentralnotenbank, als auch die Privatbanken, jedenfalls solange die Gefahr heftiger Kursausschläge noch nicht behoben ist und sich der Verkehr noch nicht völlig eingebürgert hat, auf einen gewissen Ausgleich der Aktiv- und Passivseite abzuzielen haben. Zwar hätte die Reichsbank anfänglich — darin ist Mahlberg und den anderen Befürwortern zweifelsfrei recht zu geben — auch auf die Gefahr größerer Verluste hin diese

Die Bewegung nach Errichtung wertbeständiger Konten ruhte nicht. Eine besondere Unterstützung erfuhr sie durch die Sparkassen, die infolge der Geldentwertung und dem dadurch hervorgerufenen gänzlichen Erlöschen der Marktätigkeit vor dem Ruin standen. Auf der gleichen Ebene lag auch die am 23. Februar 1923 durchgeführte Wertbeständigkeit der Ruhrkredite. Kurze Zeit darauf, am 2. März, wurde das Gesetz über die Ausgabe von Dollar-Schatzanweisungen erlassen. Auch dieses entsprach dem Streben nach Wertbeständigkeit, hatte aber infolge der oben geschilderten Verhältnisse nicht den gewünschten Erfolg. Bei der später einsetzenden weiteren Markverschlechterung konnten weder die Sachwert- noch die Dollar-Anleihen dem Bedarf der Wirtschaft nach Substanzerhaltung genügen[1].

---

Geschäftsart aufnehmen können, da ja auch ihr Kampf gegen die Devisenspekulation mit hohen Kosten verbunden war, solange die Währung eine völlig einseitige Lage aufwies. Auf die Dauer müssen aber solche Verluste vermieden werden, zumal ihre Deckung durch Inflation nur zu naheliegend ist. Sofern bei weiterer Entwicklung ihr stärkere Kredite auf Goldrechenbasis zufließen als andererseits von ihr verlangt werden würden, schlug Mahlberg die Unterbringung einer Reichsgoldanleihe vor, „um die kurzfristigen Gelder ihres Passivsaldos in diese langfristige Anlage zu überführen“ („Bilanztechnik,“ S. 80). Hieraus ergebe sich ein weiteres Moment augenblicklicher Inflationshemmung, während die später fälligen Zinsen wahrscheinlich weit eher und schmerzloser als die im Augenblick fehlenden Beträge durch Steuern gedeckt werden könnten.

Grundsätzlich scheinen uns alle diese Pläne empfehlenswert als Teilmaßnahme bei Übergang zu stabilen Währungsverhältnissen. Voraussetzung ihrer erfolgreichen Durchführung ist die Möglichkeit, wenn auch unter Opfern von inflationistischen Maßnahmen in Kürze mit Bestimmtheit absehen zu können. Weiterhin dürften sie dort als zweckentsprechend anzusehen sein, wo wir nicht heftigen Abwärtsbewegungen, sondern wirklichen Schwankungen um eine zum mindesten einigermaßen stabile Linie gegenüberstehen.]

[1] Näheres siehe u. a. Dalberg, a. a. O. S. 28f. —

[Unter den wertbeständigen Anleihen haben die vom Reich ausgegebenen auf Goldmark und Dollar lautenden Anleihen nicht nur wegen ihrer Funktion als Werterhaltungsmittel und wegen ihres Umfanges, sondern vor allem auch im Hinblick auf ihre Bedeutung als Zahlungsmittel, als Notgeldunterlage (vgl. unten S. 68) u. a. m. eine große Rolle gespielt. Bei ihnen handelte es sich im wesentlichen um folgende:

1. Die vorerwähnten Dollarschatzanweisungen des Deutschen Reiches über 50 Millionen Dollar. Ihre Hauptaufgabe lag in der Devisenbeschaffung für die Reichsbank zu Interventionszwecken sowie in der Verbilligung der notwendigsten Lebensbedürfnisse. Für die Papiere, für welche als Rückzahlungstermin der 15. April 1926 vorgesehen war, übernahm die Reichsbank die selbstschuldnerische Bürgschaft.

2. Die im August 1923 ausgegebene Wertbeständige Anleihe des Deutschen Reiches über 500 Millionen Goldmark in Stückelung von $^1/_{10}$ bis 1.000 \$. Die Einlösung hat im Jahre 1935 zu erfolgen, und zwar für die etwa $^3/_5$ des Gesamtbetrages ausmachenden kleineren „zinslosen“, ab Januar 1924 in Rentenmark umtauschbaren Stücke bis 5 \$ einschließlich zum Kurse von 170 vH, die größeren

Das Reichswirtschaftsministerium ließ den Plan der Goldrechnung im Geldverkehr nicht aus dem Auge, stieß aber nach wie vor auf den Widerstand der meisten führenden Banken, einschließlich des Zentralnoteninstituts. Die beschränkte Zustimmung des letzteren zur Beteiligung an diesem Verkehr wurde erst Ende Juli erzielt, nachdem an dem Projekt des Ministeriums nicht unwesentliche Änderungen vorgenommenworden waren[1].

Diese gingen vor allem darauf hinaus, daß Goldverpflichtungen für sie in erster Linie aus Gold- und Deviseneingang (insbesondere Exportdevisen) daneben durch den Erwerb neuer Goldforderungen, etwa die Diskontierung von Handelswechseln auf Goldbasis, entstehen sollten. Die Gewährung von Papiermarkwechselkrediten sollte aufs Äußerste eingeschränkt werden.

Die im Laufe des folgenden Monats auf Grund dieser Einigung von der Reichsbank ergriffenen Maßnahmen hielten sich in verhältnismäßig engem Rahmen[2]. Im wesentlichen beschränken sie sich auf die

1. Einführung durch Festmarkwechseln nach Schaffung der entsprechenden gesetzlichen Voraussetzungen;

2. Gewährung wertbeständiger Kredite, zunächst als Lombardkredit;

3. Einführung des Goldgiroverkehrs für Banken und große Industrie- und Handelsfirmen. Dieser auf £-Basis aufgebaute Kontomarkverkehr, der später in den Dollar-Giroverkehr umgewandelt wurde, konnte infolge der hohen Mindestbeträge der Einzahlungen für weitere Kreise nicht nutzbar gemacht werden;

4. Ausgabe von Zertifikaten auf Grund von als wertbeständige Zahlungsmittel dienenden Goldkrediten.

Somit war die Goldrechnungsbewegung unter dem Druck des begin-

---

zu 6 vH verzinsbaren zum Nennwert. Durch die Anleihe sollten nicht nur Gelder für den Reichshaushalt aufgebracht, sondern vor allem auch wertbeständige Zahlungsmittel geschaffen werden. — Die größeren Papiere sind später weitgehend zur Deckung des wertbeständigen Notgeldes herangezogen worden. Zur Sicherung des Zins- und Rückzahlungsdienstes sind notfalls Zuschläge zur Vermögenssteuer zu erheben.

3. 6prozentige, lediglich als Unterlage wertbeständigen Notgeldes dienende, 1932 fällige Schatzanweisungen. Ihr Gesamtbetrag richtete sich nach der Summe des auf dieser Grundlage in den Verkehr gepumpten Notgeldes.

4. und 5. Auslosbare Schatzanweisungen zum Zwecke der Leistung von Entschädigungen auf Grund des Liquidationsschadengesetzes und der Gewaltzwangsverordnung sowie zur Erstattung der 26proz. englischen Reparationsabgabe. (Wegen Einzelheiten vgl. die amtliche Denkschrift: „Deutschlands Wirtschaft, Währung und Finanzen.“ Berlin 1924.)]

[1] Vgl. Anlage 2 und 3 sowie Dalberg, a. a. O. S. 34.

[2] Die Unzufriedenheit weiter wirtschaftlicher Kreise mit der Halbheit des Vorgehens der Bank ist aus der in der Anlage 4 abgedruckten Eingabe der Spitzenverbände von Handel und Industrie von Ende August ersichtlich.

nenden völligen Währungszerfalls aus dem Stadium des Hin und Her theoretischer Erörterungen hinausgetreten. Gerade in dieser Zeit aber setzten in Anlehnung an das Projekt Helfferich Beratungen über die Schaffung einer völlig neuen Währung ein. Das Interesse an den Problemen der Goldrechnung wurde vorläufig in den Hintergrund gedrängt. —

## 2. Beginn der aktiven Währungsumstellungspolitik.

Es ist außerordentlich schwer, eine übersichtliche Darstellung über die weitere Gestaltung der Dinge und somit den Entwicklungsgang zu geben, der letzten Endes zur Schaffung der Rentenmark geführt hat. Die Ereignisse folgen sich mit einer ungeheuren Raschheit; von Tag zu Tag änderte sich das Bild. Zudem liefen die verschiedensten Lösungsvorschläge nebeneinander her und kreuzten sich teilweise. Die volle Auflösung des Wertinhaltes der Mark, die mit jeder Stunde drohender werdende Gefahr, daß wir eben so plötzlich wie vor dem rapiden Niedergang eines Tages vor der Tatsache der völligen Repudiation und damit ohne jede innere Währung dastehen konnten, hatte alle Parteien, die Wirtschaftskreise und die Regierung mit größter Sorge erfüllt. Die Frage erhob sich: was wird an dem Tage nach dem endgültigen Verschwinden des deutschen Papiergeldes sein, wenn es nicht gelingt, vorher eine Aufnahmestellung zu schaffen? — Die Antwort war allen klar: es mußte in einem solchen Falle das Chaos eintreten auf politischem wie auf sozialem Gebiete. Der Hunger, der Stillstand der Wirtschaft, der Kampf um die nackte Lebenserhaltung und damit die soziale Revolution mit allen ihren unabsehbaren Folgen standen zu erwarten. Bei einem derartigen Zusammenbruch mußte die Reichseinheit, eine der letzten Güter, die wir aus dem zehnjährigen Kampf um die nationale Selbstbehauptung gerettet hatten, untergehen. Dieses furchtbare Bewußtsein schaffte den Antrieb für jene Bewegung, welche, in den verschiedensten Strömungen sich äußernd, auf eine rasche Änderung der Währungsverhältnisse hinsteuerte. Unter dem gewaltigen psychologischen Druck der sich am Horizont der Entwicklung abzeichnenden wirtschaftlichen, sozialen und politischen Gefahren mußten endlich alle theoretischen Bedenken zurücktreten. Unter dem unerbittlichen Zwang der Stunde wurden von den verschiedensten Seiten Pläne entworfen, die teils neu waren, teils in früherer Zeit schon gemacht worden, aber infolge theoretischer Erwägungen nicht zur Ausführung gekommen waren.

Die Durchberatung der verschiedenen Anregungen konnte natürlich nicht mit der Ruhe und Nachhaltigkeit vorgenommen werden, die man in normalen Zeiten gewöhnt war. Die Schnelligkeit der Markverschlechterung diktierte das Arbeitstempo. Die Folge ist, daß viele Verhandlungen aktenmäßig nicht festgelegt wurden. Ebenso ist es aus diesem Grunde unmöglich, alle einzelnen Vorschläge und Einflüsse, die das schließliche Zustandekommen der währungspolitischen Neueinstellung bedingt haben, darzustellen. Nur die großen Richtlinien der Entwicklung seien im folgenden aufgezeigt.

Die Mittel, die für die Ordnung der Währungsverhältnisse vorgeschlagen wurden, kann man in drei verschiedene Gruppen einteilen:

1. Die erste Gruppe von Vorschlägen lief darauf hinaus, eine Stabilisierung der Währung anzustreben, den weiteren Verfall der Papiermark abzubremsen und die Papierwährung im wesentlichen als einzige Währung bestehen zu lassen. Als Mittel für diesen Versuch waren dabei vorgesehen: Steuerpolitik, Kreditsperre und Devisenpolitik unter gleichzeitiger Durchführung der wertbeständigen Rechnung.

2. Die zweite lag in der Richtung der Einführung einer Goldwährung.

3. Die dritte bezweckte Umstellung der Währungsverhältnisse auf der Grundlage einer Deckung des Geldes durch Rentenbriefe, die auf Sachwertbelastung aufgebaut waren[1].

Im einzelnen ergaben sich bei den zahlreichen Vorschlägen noch eine Unmenge weiterer Verschiedenheiten und Nuancen. Hier trat der Gedanke der Goldrechnung als Einzelmaßnahme hervor; dort wurde er verknüpft mit jenem einer Goldkernwährung. Die einen wollten eine reine Goldwährung durchführen, andere, wie Helfferich, die Roggenwährung, eventuell verbunden mit einem Devisenfonds, um die Lücke zwischen dem inneren und dem internationalen Zahlungsverkehr auszufüllen. Einzelne Pläne waren auf eine wirkliche Währungsumstellung, andere auf eine Zwischenlösung gerichtet. Einzel-, Doppel- und Parallelwährung wurden nacheinander empfohlen. Kurz, die verschiedenen Arten von Vorschlägen kreuzten und überschnitten sich und wiesen zahlreiche währungspolitische Unterschiede auf. —

Die Regierung kann anfänglich durchaus als Anhängerin der ersten Gruppe angesehen werden. Ihre währungspolitischen Absichten knüpften an die vorausgehende, oben geschilderte Entwicklung an. Sie stützten sich auf den Gedanken, der seit 1919 bei den meisten Sachverständigenbesprechungen im Vordergrunde gestanden hatte: erst Ordnung der Steuerpolitik, dann Umstellung der Währungspolitik. Es soll hier nicht geprüft werden, inwieweit diese scheinbar elementaren Tatsache richtig war. Bei dem Zustande, in welchem sich die Finanzen des Reiches im Sommer 1923 befanden, und bei dem unaufhaltsamen Abgleiten der Währung war es jedoch aussichtslos, auf dem gewöhn-

[1] [Beusch hat diese sachliche Gruppierung nicht zum Einteilungsprinzip seiner nachfolgenden Erörterungen gemacht. Da jedoch für eine geschichtliche Darlegung der damaligen Verhältnisse die von ihm bevorzugte, unter rein chronologischen Gesichtspunkten erfolgte Aneinanderreihung der aufgetauchten Pläne und Entwürfe durchaus ihre Berechtigung hat, ist letztere beibehalten worden.]

lichen Wege sofort eine entsprechende Beseitigung des Defizits herbeizuführen. Dies galt vor allem auch im Hinblick auf die großen Ausgaben des Ruhrkampfes. Deswegen versuchte man auch die Lösung nicht mehr einseitig von der Steuerseite her, sondern durch Verbindung verschiedener Gruppen von Maßnahmen, zu denen neben der Steuerpolitik die Auflegung einer wertbeständigen Anleihe, die Erfassung von Devisen und die Einführung von Goldmarkkonten gehörten.

Diese Linie verfolgte nach dem Kabinettswechsel zunächst auch der neue Reichsfinanzminister Dr. Hilferding, der seine Auffassung in einer kurz nach Bildung des Kabinetts im Ausschuß für den Reichshaushalt gehaltenen Rede, darlegte[1]. Die erste Aufgabe erblickte er in der Wiedergewinnung der Herrschaft über den Devisenmarkt.

Zu diesem Zweck sollte eine brutale Steuerpolitik getrieben werden, ohne Rücksicht auf wirtschaftliche Bedenken und Forderungen. Auf diese Weise gedachte der Finanzminister, einmal den Zuschußbedarf des Reiches möglichst weit herabzudrücken und damit der Noteninflation zu begegnen, zum andern aber eine Verknappung der Geldmittel herbeizuführen. Letztere war das eigentliche treibende Moment in dieser ganzen Politik. Sie sollte nicht allein dadurch erreicht werden, daß die neuen Steuern auf einen Monat komprimiert werden sollten, sondern auch dadurch, daß zugleich eine wertbeständige Anleihe und eine Erfassung der Devisen durchgeführt würde. Als absoluter Anhänger der Quantitätstheorie versprach sich der Minister viel von einer automatischen Abbremsung des Markzerfalls. Die so geschaffene Lage sollte dann von selbst die Voraussetzungen schaffen für die Durchführung der wertbeständigen Rechnung.

Ähnliche Gedankengänge wurden, wenn auch nicht in dieser scharf pointierten Weise, auch von einigen Sachverständigen im Reichswirtschaftsrat vertreten.

Doch war der Verfall der Reichsfinanzen so außerordentlich stark und das Abstürzen der Währung in ein derart unaufhaltbares Tempo gekommen, daß diese Politik allein nicht zum Ziel führen konnte.

Schon nach einigen Tagen erkannte Hilferding denn auch, daß die von ihm ursprünglich geplanten Maßnahmen allein nicht mehr ausreichend sein würden. Er ging jedoch nur mit einem gewissen Zögern an die Währungsfrage selbst heran, weil er als Währungstheoretiker die Schwierigkeiten des ganzen Problems zu deutlich übersah und weil ihn vor allem die Ausgaben für den Ruhrkampf schreckten.

Trotzdem trat er noch im August der Frage der Umstellung der Währung durch eine Zwischenlösung näher, nachdem der Reichsernährungsminister Dr. Luther ihn dazu veranlaßt hatte, den Vorschlag

---

[1] Die Rede ist in Anlage 5 wiedergegeben.

Helfferich zunächst mit seinem Schöpfer selbst unter Beisein des Ernährungsministers einmal durchzusprechen. Damit war die weitere amtliche Diskussion über diesen Plan in die Wege geleitet. Das war von ausschlaggebender Bedeutung für die Weiterentwicklung der Dinge.

## 3. Das Projekt Helfferichs.

Bereits zu Anfang des Monats August war Helfferich mit einem Vorschlag zur Einführung einer neuen Währung an die Regierung Cuno herangetreten. Schon damals setzte sich vor allem der Ernährungsminister Luther, mit größtem Nachdruck für die Forderung nach Währungsumstellung ein. Gerade von der ernährungspolitischen Seite her drohte aus früher dargelegten Gründen die größte Gefahr für die Volkswohlfahrt, die soziale Lage und letzten Endes für den Bestand des Reiches. Die Versorgung der Städte mit Lebensmitteln stieß auf fast unüberwindbare Schwierigkeiten. Obwohl die neue Ernte vor der Tür stand und erhebliche Mengen von Auslandsgetreide eingeführt worden waren, gab es damals in verschiedenen Teilen von Deutschland noch bedeutende Bestände an altem Getreide, das deswegen nicht auf den Markt kam, weil die Landwirtschaft das Papiergeld bereits verschmähte. Es bestand also die höchste Gefahr, daß trotz einer ausgezeichneten Ernte eine vollkommene Unbeweglichkeit des vorhandenen Getreides eintrat. Aber selbst wenn die Landwirtschaft bereit gewesen wäre, ihre Erzeugnisse gegen Papiermark abzusetzen, so wäre dies in dem nötigen Umfange nicht möglich gewesen, da auch der Getreidehandel infolge der Geldentwertung seine volkswirtschaftliche Funktion nicht in dem früher üblichen Maße ausüben konnte.

Kurze Zeit vor dem Sturz der Regierung Cuno war auch aus den Kreisen der Deutschen Volkspartei eine Bewegung erwachsen, die auf eine Neuordnung der Währung hinzielte. Der Vorschlag des dieser Partei angehörenden Abgeordneten Dr. Albrecht gipfelte darin, daß auf der Grundlage von Sachwerten, wie Kali, Kohle usw. Geldscheine auszugeben seien, also eine durch Sachwerte gedeckte Währung eingeführt werden sollte. Gegen den in diesem Projekt vorgesehenen Aufbau der Währung auf eine ganze Reihe von verschiedenen Sachgütern wurden von vornherein wesentliche Bedenken erhoben.

Auch nach dem Regierungswechsel war es vor allem Luther, der mit aller Entschiedenheit auf die sofortige Inangriffnahme der Währungsreform drängte. Unter dem 22. August betonte er in einem Schreiben an den Reichskanzler[1] unter Hinweis auf die Ernährungslage und Unaufschiebbarkeit tiefgreifender geldpolitischer Maßnahmen, man könne die Frage der Versorgung der Bevölkerung mit Getreide und sonstigen

[1] Vgl. Anlage 6.

landwirtschaftlichen Erzeugnissen drehen und wenden, wie man wolle, es bliebe immer das gleiche Ergebnis, daß sie ohne ein wertbeständiges Zahlungsmittel nicht zu sichern sei. Der Reichsernährungsminister wies in diesem Zusammenhang auf den Entwurf Helfferichs hin und ersuchte, daß sofort in kommissarische Verhandlungen über die Einführung einer gesunden Währung eingetreten werden sollte.

Im Verfolg dieses Drängens wurde im Finanzministerium am 29. August die erste Besprechung mit Vertretern der Wirtschaft über den Helfferichschen Plan abgehalten. Dieser wich bereits damals in manchen Punkten von der ursprünglichen Ausarbeitung nicht unwesentlich ab[1].

Im Hinblick darauf, daß das Reich infolge des Währungsverfalls jedweden Kredit verloren hatte, sah das Projekt bereits in seiner ursprünglichen Aufmachung, die der nachfolgenden Inhaltsangabe zugrunde liegt, die Errichtung einer neuen Währungsbank zur Schaffung eines neuen Geldes, der Roggenmark, durch die wirtschaftlichen Berufsstände vor (I, 1)[2]. Hinsichtlich der Verwaltung, Geschäftsführung und Anstellung von Personal wurde völlige Selbständigkeit für wünschenswert erachtet. Nur die Wahl des Präsidenten unterlag der Zustimmung des Reichskanzlers, wenn auch mit der Maßgabe, daß nach Ablehnung zweier Vorschläge einem dritten die Genehmigung nicht vorenthalten werden durfte (I, 4).

Das Grundkapital sollte zu gleichen Teilen von der Landwirtschaft einerseits, von Handel und Industrie andererseits aufgebracht werden (I, 2)[3]. Der Grundbesitz der Land- und Forstwirtschaft war mit erststelligen auf Roggenwert lautenden Grundschulden in Höhe von 5 vH des Wehrbeitragswertes zu belasten (II, 2). Mit der Umlegung des gleichen Grundschuldbetrages auf Handel und Industrie sollten die zuständigen Spitzenverbände betraut werden. Bei Nichtzustandekommen einer freiwilligen Vereinbarung über die Schuldverteilung war eine Zwangsregelung durch den Reichsfinanzminister in Aussicht genommen. Die Grundschulden dieser Kreise konnten mit Zustimmung der Bank statt auf Roggenwert auf Kohlen, Kali, Gold oder sonstigen Sachwert lauten. Soweit bei den einzelnen Unternehmungen keine für solche Belastung geeigneten Werte vorhanden waren, sollten der Währungsbank auf Roggenwert lautende und in Roggenpfund zahlbare Schuldverschrei-

---

[1] Der ursprüngliche Vorschlag Helfferichs ist in der Anlage 7 dem späteren Entwurf gegenübergestellt worden.

[2] Die römischen Ziffern geben die Artikel, die arabischen die Paragraphen des Entwurfes an.

[3] Die Heranziehung von Handel und Industrie stieß übrigens wegen der dadurch befürchteten Verzögerung der Währungsumstellung verschiedentlich auf Widerstand.

bungen übereignet werden (II, 3). Für alle Belastungsarten war eine Verzinsung von 5 vH vorgesehen (II, 2, 3). Gegen diese konnte jedoch bis zur vollen Höhe ein Teil des Reingewinns (60 vH) aufgerechnet werden. Weitere 10 vH konnten entsprechend der von den zuständigen Spitzenverbänden aufzustellenden und von dem Kanzler zu genehmigenden Satzungen (I, 3) verwandt werden, also ebenfalls wohl im Interesse der Anteilseigner (VII, 1).

Der Gegenwert der einzutragenden Grundschulden und der auszufertigenden Schuldverschreibungen sollte bis zum Betrage von 1 Milliarde Roggenmark das Grundkapital der Währungsbank darstellen; der überschießende Betrag diente zur Bildung einer Grundrücklage (III, 1). Die Berufsstände sollten im Verhältnis ihrer Einbringungen am Kapital beteiligt sein. Die Anteile sollten unveräußerlich und nicht übertragbar sein; eine Ausfertigung von Anteilscheinen war nicht vorgesehen (III, 2).

Auf Grund der Belastungen sollte die Währungsbank Roggenrentenbriefe ausstellen. Soweit jene Basis auf Kohlen-, Kali- oder einen sonstigen Sachwert lautete, war eine Beschränkung des Nominalbetrages auf 70 vH desjenigen Wertes beabsichtigt, welcher zur Zeit der Ausfertigung den jeweiligen Preisen der zugrunde liegenden Sachwerte entsprach. Für die Rentenbriefe war eine 4 proz. Verzinsung vorgesehen. Erst nach fünf Jahren wären sie zum Nennwert kündbar gewesen, es sei denn, daß zu einem früheren Zeitpunkte zur Liquidation geschritten worden wäre (IV, 1).

Die Werteinheit der von dem Institut auszugebenden Geldzeichen war die Roggenmark, eingeteilt in 100 Roggenpfennige (IV, 2). Für je eine Tonne Roggenmark der Rentenbriefe sollten Geldscheine im Betrage von 200 Roggenmark ausgegeben werden (IV, 2). Es war Volldeckung sowie Einlösbarkeit der neuen Noten in Roggenrentenbriefe vorgesehen (IV, 3 und 4).

In Abgeltung der Betriebsabgabe nach dem Gesetz vom 11. August 1923 hatte die Währungsbank dem Reiche, das übrigens mit 10 vH am bilanzmäßigen Reingewinn beteiligt war (VII, 1), innerhalb dreier Monate nach ihrer Errichtung den Wert von 300 Millionen Goldmark in Roggenmarknoten zur Verfügung zu stellen. Diese Zahlung diente zur Einlösung der von ihm ausgegebenen kurzfristigen Schatzanweisungen (V, 1). Zur allmählichen Wiederauffüllung der Grundrücklage waren 20 vH des Reingewinns heranzuziehen (VII, 1). Die Reichsbank sollte verpflichtet sein, die Roggenmarknoten, die ihr bei der Einlösung der Reichsschatzanweisungen zuflossen, vorweg zur Deckung der umlaufenden Reichsbanknoten zu verwenden und besonders zu verwalten. Sie sollte ferner gehalten sein, die Einlösung ihrer Banknoten gegen Roggenmarknoten in einem bestimmten Wertverhältnis vorzunehmen (V, 2). Von einem von der Regierung mit Zustimmung des Reichsrats zu bestimmenden Tage ab wäre die Roggenpfundnote als gesetzliches Zahlungsmittel anzusehen gewesen (V, 3).

Die Währungsbank war zu ermächtigen, innerhalb einer Übergangszeit von zwei Jahren auf Roggenmark lautende Schatzanweisungen des Reiches zu diskontieren. Jedoch sollte unter Einschluß der vorerwähnten 300 Millionen die Summe der diskontierten Schatzanweisungen die Hälfte des Grundkapitals und der Grundrücklage der Währungsbank nicht übersteigen (VI, 1). Darüber hinaus dürften Kredite nur noch Privaten gewährt werden (VI, 2, 3).

Bei der Wiederherstellung der Goldwährung und der Zurückzahlung der von dem Institut dem Reiche gewährten Vorschüsse war für dieses die Berechtigung in Aussicht genommen, das Notenprivileg der Währungsbank aufzuheben und die Einziehung der umlaufenden Roggenmarknoten zu verlangen. Der Bank sollte diesfalls die Wahl freistehen, entweder zu liquidieren oder die Grundschulden wie auch die Roggenrentenbriefe in Gold zu konvertieren. Der Liquidationserlös hatte in erster Linie zur Abgeltung der entsprechenden Grundschulden usw. zu dienen. Ein etwa verbleibender Überschuß sollte zur Hälfte an die bei der Gründung beteiligten wirtschaftlichen Berufsverbände geleitet werden, während über die andere Hälfte dem Reich das Verfügungsrecht vorbehalten wurde (VIII, 1).

Der Ende August den Sachverständigen vorgelegte Entwurf wies, wie erwähnt, gegenüber dem ursprünglichen Plan bereits eine Reihe teils grundlegender, teils mehr redaktioneller Änderungen auf. Die wichtigeren seien hier kurz zusammengefaßt:

Es war ein um 250 Millionen Roggenmark erhöhtes Nominalkapital vorgesehen (III, 1). Zu dessen Deckung war nunmehr auch die Heranziehung des städtischen Grundbesitzes und zwar nach Maßgabe der Aufhebung der Zwangswirtschaft beabsichtigt (1, 2). Die bereits im ersten Entwurf in Aussicht genommene Steuerfreiheit sollte sich nach den getroffenen Änderungen auch auf die Gemeindesteuern erstrecken sowie — gleichfalls im Gegensatz zu dem voraufgegangenen Plan — den Umtausch von Noten einbegreifen (I, 5).

Erheblich geändert waren die Bestimmungen über die Auferlegung der Grundschulden. Während in dem ersten Entwurf ein Verhältnis zwischen dem Wehrbeitragswert und dem Roggenwert überhaupt nicht vorgesehen war, war nunmehr nicht nur der Wehrbeitragswert genau umrissen, sondern auch die Bestimmung eingefügt, daß für die Berechnung der Grundschuld in Roggenwert 8 Mark des Wehrbeitragswertes gleich einem Zentner Roggen zu setzen sein sollten. Die Tonne Roggen, die als Einheit für die Roggenrentenbriefe gedacht war, wäre also mit 160 Mark einzusetzen gewesen. Da aber für eine Tonne Roggenwert 200 Roggenmark an Noten ausgegeben werden sollten, ergibt sich rechnungsmäßig, daß 8 Goldmark (Mark des Wehrbeitragswertes) = 10 Roggenmark sein sollten [*Beusch*]. Weiter waren genauere Bestimmungen über Zeit und Art der Zinszahlung, deren Verteilung zwischen Pächter und Verpächter, ihre Regelung bei Besitzänderungen usw., über Strafmaßnahmen bei nicht rechtzeitiger Begleichung und nicht zuletzt auch über die Berechnung des der Zinszahlung zugrunde zu legenden Roggenwertes hinzugefügt worden. Für diese war die durchschnittliche Notierung für märkischen Roggen an der Berliner Börse während der ersten drei Wochen des dem Fälligkeitstage vorausgehenden Kalendermonats maßgebend (II, 2, 3, 4). Neben aufzuerlegenden Grundschulden konnte nur noch eine auf Roggenwert lautende Schuldverschreibung des Unternehmers ausgehändigt werden (II, 3). Sonstige Sachschuldverschreibungen kamen nicht mehr in Frage. Sehr bedeutsam war in dem zweiten Entwurf die Bestimmung, daß innerhalb einer Frist von zwei Monaten nach Erlaß der Verordnung die Roggengrundschuld unter Zugrundelegung des zur Zeit der Umwandlung bestehenden Wertverhältnisses von Roggen und Feingold in eine Grundschuld über den Wert einer bestimmten Menge Feingold konvertiert werden könnte. Auch durften Gold und ausländische Zahlungsmittel von der Industrie und dem Handel zur Abgeltung ihrer Grundschuld geleistet werden (II, 5). Hier war der Berührungspunkt mit dem Gedanken einer Goldnotenbank gegeben.

Der Betrag, der dem Reiche in Abgeltung der Betriebsabgabe gezahlt werden sollte, wurde auf 375 Millionen Roggenmark festgesetzt (V, 1). Für eine auf zwei Jahre bemessene Übergangszeit durften durch die Währungsbank Reichsschatzanweisungen und zwar bis zur Höhe von 2,125 Milliarden Roggenmark diskontiert werden (VI, 1, 2).

Daß Hand in Hand mit der Umgestaltung der Währung auch alle jene Maßnahmen gehen mußten, welche den Produktionseffekt der Volkswirtschaft erhöhten und dadurch erst die innere Garantie für die Stabilität der neuen Währung schufen, war für Helfferich gleichfalls eine Selbstverständlichkeit. Auch hat er in dem späteren Stadium der Beratungsentwicklung erkannt, daß die neu zu schaffende Währung zwecks Regulierung des Zahlungsverkehrs mit dem Auslande einer Ergänzung durch einen Devisenfonds bedurfte. Er war sich sehr wohl klar, daß sein Vorschlag im wesentlichen eine Binnenlösung des Währungsproblems darstellte. —

Die der vorgeschlagenen Zwischenlösung vielfach beigelegte Bezeichnung Roggenwährung ist streng genommen insofern nicht richtig, als hier das Währungssachgut nicht Deckungsmittel und Wertbemessungsgrundlage zugleich ist. Vielmehr trennte der Helfferichsche Vorschlag die beiden Funktionen: der Roggenpreis sollte die Wertbemessungsgrundlage abgeben, während andererseits die eigentliche Deckung der Anspruch auf eine Rente sein sollte. Diese Rente bemaß sich dann wieder nach dem jeweiligen Stand des Roggenpreises. Man hat deshalb auch von einer Roggenrentenwährung gesprochen, ohne daß damit der währungspolitische Grundcharakter des Projektes richtig wiedergegeben wäre.

Die vorberegte Regelung der Deckung des neuen Geldes findet in der Tatsache ihre Begründung, daß Helfferich eine solche in Gold nicht für möglich hielt. Dazu reichte nach seiner Auffassung, die übrigens von jener der meisten Sachverständigen aus Handel und Industrie abwich, der Goldbestand der Reichsbank zusammen mit den Devisenvorräten der Wirtschaft nicht aus. Er wollte aber ein Geldzeichen schaffen, welches gegen seine reale Unterlage einlösbar war; denn ohne eine derartige Einlösbarkeit hätte eine sofortige Entwertung des Geldes durchaus im Bereiche der Möglichkeit gelegen. Das neue Umlaufsmittel hätte alsdann vielmehr genau denselben Charakter gehabt wie das Sachwertgeld zur Zeit der französischen Revolution[1]. Diese Gefahr vermied das Projekt Helfferich, indem die Belastung der Wirtschaft durch Rentenbriefe mobilisiert wurde und so in diesen der eigentliche Gegenwert der Geldzeichen bestand. Bei der erstklassigen Sicherheit dieser Papiere war tatsächlich eine goldwerte Unterlage für die Währung gegeben. Diese Zwischenschaltung dürfte wohl als der fruchtbarste Gedanke des ganzen Projektes zu bezeichnen sein. Das Geld sollte damit praktisch nicht durch den Sachwertbesitz selbst, sondern durch einen absolut sicheren Anspruch auf eine Rente aus diesem Sachbesitz gedeckt werden. Die Veräußerungsmöglichkeit dieses Rentenanspruches war allerdings nicht so groß wie jene beim Golde.

Diese Konstruktion: Belastung des Grund und Bodens und der industriellen Sachwerte als Sicherung für die Währung, Mobilisierung dieses Wertes durch Rentenbriefe und damit Schaffung eines mobilen Deckungswertes für das Geld ist diejenige Seite des Helfferichschen Projektes, die sich durch die verschiedenartigsten Verwandlungen, die der Vorschlag im Laufe der Zeit durchgemacht hat, erhalten hat. Die Vorbereitung dieser Grundlagen in einer gesetzgeberisch brauchbaren Form ist das eigentliche Verdienst Helfferichs.

Der Gedanke, Getreide oder Lebensmittel oder bloß den Roggen zur Grundlage einer neuen Währungsverfassung zu machen, war nicht neu. Er war in der Inflationszeit in verschiedener Form und von verschiedenen Seiten dem Reichsfinanzministerium nahegelegt worden, so bereits in der zweiten Hälfte des Krieges durch einen Forstmeister Jonack, seit 1920 durch einen bayerischen Geistlichen Drexel. Bei dem Vorschlag des letzteren war an eine Vereinigung des Getreides in

---

[1] [Mit den folgenden Ausführungen befinden wir uns nicht im Einklang.]

den Händen des Reiches gedacht, damit die innere Deckung der auszugebenden Noten wirklich in dessen Verfügungsgewalt stand. Das Reich sollte den Preis des Brotgetreides für längere Zeit festsetzen. Hierdurch sollte der Haupteinwand, den man gegen das Roggengeld erheben mußte, nämlich daß die Roggenpreise an sich sehr schwankend seien, beseitigt werden. Drexel hatte also die schwache Stelle einer Getreidewährung richtig erkannt und suchte durch die Anregung eines Getreidemonopols und der Durchführung von Dauerpreisen diesen Mangel zu beseitigen. Insofern ging sein Vorschlag bereits währungspolitisch einen Schritt weiter als der Helfferichsche Plan.

Im Herbst 1922 war dann von Professor Dr. Hoppe ein Vorschlag eingereicht worden, der direkt eine Roggenwährung forderte. In einem Schriftwechsel zwischen dem zuständigen Referenten des Reichsfinanzministeriums und Hoppe hatte ersterer darauf hingewiesen, daß die Preisgestaltung des Roggens vom Ausfall der Ernte abhängig sei. Deswegen erscheine die angeregte Fundierung ungeeignet. Demgegenüber hatte Hoppe betont, daß der Roggen dieses Schicksal mit allen Produkten teile. Auch die Kaufkraft des Goldes sei nicht absolut konstant. Beim Roggen aber sei ein Moment viel bedeutsamer als beim Golde, nämlich der Bedarf. Er hob hervor, daß wir so gut wie sämtliches Gold aus dem Auslande einführen müßten, während der Import des Roggens nur einen kleinen Teil der Gesamternte ausmache. Darum sei der Roggen die geeignetste Wertgrundlage für den inneren Verkehr Deutschlands; auch würden bereits fast alle Pachtverträge in Roggen abgeschlossen. Selbst landwirtschaftliche Maschinenfabriken verkauften ihre Erzeugnisse zum Teil gegen Roggenlieferung.

Daß solche Gedanken, den Roggen zur Grundlage einer neuen Währung zu machen, in immer größerer Zahl mit fortschreitendem Währungszerfall auftauchten, hatte seinen Grund darin, daß besonders in den Kreisen der Landwirtschaft die Möglichkeit, den Wertverkehr auf Devisen abzustellen, nicht gegeben war. Während ein Teil des Großhandels sowie der Industrie durch ihre Handelsbeziehungen zum Auslande und ihre Berührung mit Exportfirmen wenigstens zu einem erheblichen Teil imstande waren, das Papiergeld durch Devisen oder Devisenrechnung zu ersetzen, war dies bei der Landwirtschaft nicht der Fall. Es lag daher nahe, daß diese die Wertbeständigkeit ihrer Erträge abstellte auf Getreide, speziell auf den Roggenpreis. Wie schon oben angeführt, ist das seit 1919 in wachsendem Maße geschehen. Die Konsequenz dieser Entwicklung war dann die Ausgabe von Roggenrentenbriefen, die von Oldenburg aus durch den dortigen Ministerpräsidenten Tantzen seit 1922 propagiert wurde. Auch die Einführung der Roggenrentenbriefe als Mittel der Werterhaltung hatte den Boden bereitet, auf welchem der Gedanke der Roggenwährung erwachsen konnte.

Diese Entwicklung war für den Vorschlag Helfferichs, was seine währungspolitische Seite betraf, maßgebend. Nicht minder wichtig war die Idee, die Währungs- mit der Finanzfrage zu verbinden. Helfferich sah ganz richtig, daß das Finanzelend automatisch eine erhebliche Besserung erfahren müsse, wenn durch Umstellung der Währung eine feste Grundlage für die Staatseinnahmen gegeben sei. Das Auseinanderstreben der Entwicklungstendenzen der Ausgaben und der Einnahmen infolge der Geldentwertung mußte sofort an Intensität verlieren, wenn man eine wertbeständige Währung hatte. Andererseits aber war es klar, daß das Reich nicht in wenigen Tagen oder Wochen seinen Gesamtbedarf durch laufende Einnahmen decken konnte. Dazu waren seine Finanzen, besonders im Laufe des Jahres 1923, viel zu sehr zerrüttet. Reichten aber die Reichseinnahmen nicht aus, so konnte an eine Stillegung der Notenpresse nicht gedacht werden, ohne daß die Gesamtverwaltung einfach zusammenbrach. Aus diesem Grunde mußten für die Übergangszeit dem Reiche genügende Mittel beschafft werden. Das konnte nun in der Weise erfolgen, daß ihm von der Währungsbank ein entsprechender Betrag zur Verfügung gestellt wurde. Deswegen sah Helfferich nicht nur die Hingabe von 375 Millionen Roggenmark als Abgeltung für die Betriebsabgabe vor sondern auch die Möglichkeit einer begrenzten Diskontierung von Reichsschatzanweisungen durch die Bank. Die Verteilung dieser Schatzanweisungskredite auf 2 Jahre entsprach allerdings nicht den Bedürfnissen der Übergangswirtschaft. Außerdem hätte der beregte Betrag dann nur ganz kurze Zeit hingereicht, wenn der Ruhrkampf sich noch länger ausgedehnt hätte. Darauf war zu wenig Rücksicht genommen worden. — In der Verbindung des Gedankens der Währungsreform mit der Aufgabe, dem Reiche den Übergang zu einem geordneten Budget zu erleichtern, liegt ein wesentlicher Unterschied zwischen dem Vorschlag Helfferichs und jenem der Industrie- und Handelskreise, welche auf die Bedürfnisse der Finanzverwaltung zu wenig Rücksicht nahmen[1].

Bei den Sachverständigenbesprechungen stieß die vorgeschlagene Roggenwährung auf stärksten Widerstand. Die Gründe für diese Ablehnung waren in erster Linie währungspolitischer Natur. Man wies darauf hin, daß die Preisschwankungen des Roggens außerordentlich stark seien und daß infolgedessen die Währung von vornherein der Stabilität entbehre. Ergäbe sich aber nach kurzer Zeit ein Schwanken des Geldwertes, so würde das die bedenklichsten Folgen haben müssen. Die psychologischen Faktoren, welche den Währungsverfall mit verursacht hatten, würden von neuem wirksam; es könnte dann eine über die innere sachliche Berechtigung hinaus erfolgende Entwertung des neuen

---

[1] Vgl. unten S. 44ff.

Währungsgeldes eintreten. — Tatsächlich weisen die Roggenpreise große Schwankungen auf, die nicht verglichen werden können mit den Preisoszillationen des Goldes. Der Roggenpreis richtet sich nicht nur nach dem Ausfall der Ernte im eigenen Lande, sondern ist vor allem von der Gestaltung der Welternte und des Weltmarktroggenpreises abhängig. Er ist aber auch abhängig von einer Reihe von künstlichen Einflüssen, die von der Handelsseite herrühren. Es kommt immer wieder vor, daß die Getreidepreise durch monopolistische Aufkäufe künstlich in die Höhe getrieben werden, während umgekehrt auch außerordentliche Schwankungen nach unten keine allzu großen Seltenheiten sind. Es ist klar, daß in dem Augenblicke, in welchem der Roggen Währungsmaßstab in Deutschland geworden wäre, der Anreiz zur Spekulation in diesem Getreide wesentlich erhöht worden wäre. Die Gefahr von Ringbildungen und spekulativer Zurückhaltung oder von Angstverkäufen beim Rückschlag der Preise wäre sehr groß gewesen. Ein besonderer Anreiz zu einer jedenfalls zeitweise starken Marktpreisbeeinflussung lag zudem in den Bestimmungen[1] des Entwurfes über die Errechnung des Roggenwerts, welcher den Zinszahlungen an die Bank zugrunde gelegt werden sollte. In das ganze Wirtschaftsleben hinein wäre somit ein Faktor großer Unsicherheit hinsichtlich der Preisgestaltung getragen worden. Jedwede Änderung der Roggenpreise mußte in naturnotwendiger Folge die inneren Preisverhältnisse der Wirtschaft vollkommen stören. Dieses Hin und Her aber hätte sehr unerwünschte Folgen ausüben können.

Fernerhin hätte ein Nachteil darin bestanden, daß der Kurs der Roggenrentenbriefe sich jedenfalls nicht so rasch bewegt hätte wie der Preis des Roggens selbst. Es wäre also eine Inäquivalenz zwischen dem Werte des Geldes und dem Werte des Deckungsmittels eingetreten.

Die Stärke der Preisschwankungen im Roggen sowie die Gestaltung des Kurses der Roggenrentenbriefe während der letzten Monate des Jahres 1923 und Anfang 1924 sind aus einer von der Roggenrentenbank Berlin herausgegebenen Übersicht erkenntlich[2]. Am 20. November betrug danach der Roggenpreis 9,38, am 30. 8,75, am 6. Dezember 7,96, am 13. 7,1 Goldmark. Darauf folgte ein kurzes Emporsteigen. Am 21. Dezember stand der Roggenpreis auf 6,40, am 31. wieder auf 7,30, am 3. Januar auf 7,48, am 9. auf 7,05, am 15. wieder auf 7,50 und am 31. Januar auf 5,93 Goldmark. Der Kurs der Roggenrentenbriefe ging aber durchaus nicht parallel mit dem Preise des Roggens, sondern orientierte sich mehr nach dem Markkurs in New York als nach dem heimischen Roggenpreise. Dabei waren aber auch andere Momente — so das Verhältnis von Angebot und Nachfrage — für die Preisbildung der Rentenbriefe maßgebend [*Beusch*].

---

[1] Vgl. oben S. 31. [2] Vgl. Anlage 8.

Ein weiteres Bedenken, das gegen den Plan Helfferichs geltend gemacht wurde, war zurückzuführen auf die Forderung, daß die Besteuerung der Betriebe vom 11. August 1923 wieder aufgehoben werden sollte, um ein Äquivalent zu schaffen für die Belastungen, welche Industrie und Landwirtschaft durch die Aufbringung der Garantiesumme für die Rentenbank erwachsen mußten. Wie Helfferich im Oktober im Reichstag ausdrücklich erklärt hat, hatte er von vornherein für seine Mitarbeit bei der Währungsreform neben anderem auch die Bedingung gestellt, daß die Abschaffung der Betriebsabgabe erfolge. Dies war ihm in einem Brief des Reichswirtschaftsministers v. Raumer zugesagt worden. Der Finanzminister Hilferding hatte dagegen eine solche Zusicherung nicht gegeben. Er vertrat nämlich den Standpunkt, daß ein wirkliches Äquivalent für die Betriebsabgabe in der Belastung der Wirtschaft durch das Währungsgesetz nicht zu erblicken sei. Denn nach dem vorliegenden Entwurf Helfferichs sollte der Grundbesitz mit 5 vH des Wehrbeitrages belastet werden dergestalt, daß diese 5 vH eine Garantiesumme darstellten. Industrie, Gewerbe und Handel sollten eine gleiche Summe aufbringen. Es handelte sich somit nicht um eine Vermögenshergabe, sondern die Fundierung der Bank erfolgte vielmehr auf Grund einer Schuld, die nur zu verzinsen war. Es ergab sich also[1] eine laufende 5prozentige Belastung eines Zwanzigstels des Wehrbeitragswertes der Grundstücke, also eine solche von 0,25 vH ihres Wertes. Die Betriebsabgabe bedeutete aber, auf das Jahr umgerechnet, eine Belastung von 0,5 vH. Die für die Währungsbank beabsichtigte Abgabe war also in ihrem Endeffekt niedriger als die Betriebsabgabe. Hinzu kam, daß vom Reingewinn der Bank 60 vH verwendet werden sollten, um den belasteten Berufsständen die von diesen zu zahlenden 5 vH teilweise oder ganz wieder zu vergüten. Bei günstigem Geschäftsgang würde sich also die Zinsverpflichtung der Berufsverbände mehr oder weniger verringert haben. Schon bei einem Reingewinn von $8^1/_3$ vH wäre die Belastung überhaupt fortgefallen. Auch in der Hergabe der 300 Millionen Goldmark an die Reichsverwaltung lag kein vollwertiger Ersatz für die verlangte Aufhebung der Betriebsabgabe. Dazu kam weiter, daß das Institut Befreiung von allen Steuern, und zwar einschließlich solcher aus der rein privatwirtschaftlichen Betätigung, beanspruchte.

Da der Entwurf Helfferich nicht bloß den Zweck verfolgte, eine Währungsbank an sich zu schaffen und die Loslösung von Reichsbank und Reichsfinanzen herbeizuführen, sondern dem neuen Unternehmen auch das Recht geben wollte, private Kreditgeschäfte abzuschließen, stieß er auf lebhaften Widerspruch der Reichsbank. Diese hat ihre Stellung-

[1] [Jedenfalls für die Landwirtschaft! Für die übrigen zu belastenden Kreise lagen unter dem hier maßgebenden Gesichtswinkel die Verhältnisse nicht wesensverschieden.]

nahme in einem Schreiben vom 11. September 1923[1] zum Ausdruck gebracht. In diesem stimmte sie trotz aller dagegen geltend gemachten Bedenken angesichts der Schnelligkeit, mit der vorgegangen werden müsse, dem Plane Helfferichs zu, soweit er sich auf die Währungsfrage und die Loslösung der Reichsfinanzen von der Reichsbank bezog. Interessanterweise erklärte sie sich dabei mehr für die Roggen- als für die Goldgrundlage. Vollkommen ablehnend verhielt sie sich jedoch — weitgehend vom reinen Interessentenstandpunkt geleitet — dagegen, daß die Währungsbank Kreditgeschäfte mit der Wirtschaft machen solle. Ein festes Wertverhältnis zwischen den Rentenscheinen und den von ihr geplanten Goldnoten wollte sie nicht durchgeführt wissen, weil ihr durch eine solche Verkoppelung ein Vorteil nicht entstehen würde.

## 4. Weitere Beratungen über die Währungsumstellung.

In den Beratungen, die Ende August und Anfang September noch vor der Erstattung dieses Gutachtens, abgehalten worden waren, hatte der Helfferichsche Entwurf auf Grund der gemachten Einwände mehrere einschneidende Änderungen erfahren. Daneben aber machte sich ein immer stärkerer grundsätzlicher Widerstand gegen die Einführung einer Roggenrentenwährung unter Benutzung des Roggenpreises als jeweiligen Geldwertmaßstab bemerkbar. Andere mehr oder weniger auf Goldbasis aufgebaute Entwürfe, so die Vorschläge Hilferdings sowie der Industrie, wurden diesen Projekten gegenübergestellt. Während sich für die Heranziehung des Roggens als Grundlage neben den Vertretern der Landwirtschaft in erster Linie noch der damalige Reichsbankpräsident v. Havenstein aussprach, rekrutierte sich die Opposition vor allem aus dem Kreise der wissenschaftlichen Sachverständigen, dann aber auch des Handels und der Industrie, die mit dem Roggengelde soweit nichts anfangen konnten, als ihre wirtschaftlichen Beziehungen sich über die Grenzen des Reiches hinaus erstreckten, — ein Argument, das Helfferich zu einer Ergänzung seines Entwurfes durch den Vorschlag der Errichtung eines Devisenfonds veranlaßte. Zu den Gegnern der Roggenwährung gehörte auch der Reichsernährungsminister Dr. Luther, so stark er sich auch sonst für die Geldumstellung einsetzte[2]. Desgleichen sprach sich der Präsident der Reichsgetreidestelle in einem Schreiben vom 3. September 1923 an Dr. Luther mit aller Schärfe für eine Gold- und gegen eine Roggenwährung aus. In einer Ressortbesprechung vom 4. September wurde die Roggenwährung gleichfalls abgelehnt, und zwar in erster Linie wegen ihrer Unbrauchbarkeit im internationalen Zahlungsverkehr. Es wurde beschlossen, zwei Pläne auszuarbeiten, von denen der eine auf Goldbasis aufzubauen sei. Dieser sollte die Neumark als Grundlage

[1] Vgl. Anlage 9. [2] Vgl. Anlage 10.

haben. Interessanterweise wurde in diesem Entwurf nicht zurückgegriffen auf die Vorkriegsgoldmark, sondern es wurde eine Einheit vorgeschlagen, die einen um die Hälfte geringeren Feingoldgehalt haben sollte. Der Goldgehalt der neuen Mark wäre also = 0,179 g gewesen und hätte 50 Friedenspfennigen entsprochen[1]. In Wirklichkeit bedeutet das natürlich nicht nur den Versuch der Herbeiführung einer Festwährung sondern auch eine währungspolitische Maßnahme, deren soziale und wirtschaftliche Wirkungen zunächst gar nicht abzusehen waren. Es war wahrscheinlich, daß bei Einführung einer Währungseinheit, die weit unter dem Goldfranken lag, das Vertrauen von vornherein erschüttert wurde [*Beusch*]. Deshalb wurde der Entwurf dieser Art von Neumark wieder fallen gelassen, und man kam zunächst auf die Roggenwährung Helfferichs zurück.

Zu gleicher Zeit hatten eingehende Erörterungen des Reichswirtschaftsrates über das Währungsproblem stattgefunden. Auch hier stieß das Helfferichsche Projekt auf weitgehende Ablehnung. In diesen Verhandlungen wurde dann ein auch bereits in der Presse veröffentlichter Sanierungsplan des Generaldirektors Minoux zur Diskussion gestellt, der in seinen wesentlichen Zügen im nächsten Abschnitt wiedergegeben sei.

Daneben standen der schon erwähnte Plan der Industrie sowie der Plan Hilferdings mit im Vordergrund des Interesses. Auf sie wird eingehend zurückgekommen werden.

## 5. Der Plan Minoux'[2].

Minoux ging von dem Grundgedanken aus, daß eine Verbindung zwischen der Neugestaltung der Währungsverhältnisse und der vorläufigen Ordnung der Reichsfinanzen für die Übergangszeit gefunden werden müsse. In dieser Hinsicht berührte sich sein Plan mit demjenigen Helfferichs, nur mit dem Unterschied, daß er eine ungleich größere Basis für die Gesundung der Reichsfinanzen darstellte, als sie Helfferich bieten wollte. Beide betonten, daß während einer Übergangszeit das Reich Mittel in die Hände bekommen müsse, um seinen Aufgaben gerecht zu werden, und daß diese Mittel beschafft werden müßten in Verbindung mit der neuen Währung. Um jede neue Inflation hintan zu halten, dürfte das Reich nach der Übergangszeit keine einzige neue Note mehr drucken. Die Gewährung einer hinreichenden Summe zum Zwecke der Übergangswirtschaft in Verbindung mit der Währungs-

[1] [Der Wortlaut stimmt weitgehend mit der ursprünglichen Fassung des Helfferichschen Planes überein, mit der Abweichung, daß statt von Roggen hier jeweils von Feingold die Rede ist. Auch der Belastung der Landwirtschaft ist eine auf Gold lautende Summe zugrunde gelegt. Artikel IV des Entwurfes, der sich mit der Regelung der Währungseinheit befaßt, ist in der Anlage 11 wiedergegeben.] [2] [Vgl. Anlage 12.]

reform sollte von vornherein die Ausschaltung der Notenpresse mit sich bringen.

Minoux ging bei seiner Schätzung des Reichsbedarfs folgendermaßen vor: Vor dem Kriege betrug der deutsche Steuerbedarf in Reich, Staat und Gemeinden 4 Milliarden Mark. Mit Rücksicht auf die erhöhten Aufgaben der Nachkriegszeit, auf die besonders schwierige Versorgung der Erwerbslosen in der Zeit des Übergangs zur festen Währung und endlich mit Rücksicht auf eine anständige Liquidierung des Ruhrkampfes hielt er einen Mehrbedarf von 3 Milliarden gegenüber der Friedenszeit für gegeben. Ein Betrag von 7 Milliarden Goldmark schien ihm somit neben dem Reste der bestehenden Steuern für hinreichend, um dem Reiche für ein Jahr vollkommen die Möglichkeit zu bieten, alle seine Aufgaben zu erfüllen. Nach dem Übergangsjahr müßten durch eine entsprechende Reform die Reichsfinanzen so saniert sein, daß ein Defizit nicht mehr bestünde.

Die Wiederherstellung geordneter Währungsverhältnisse und die Schaffung der nötigen Mittel für die Übergangszeit dachte sich Minoux gleichfalls auf der Basis der Heranziehung der Sachwerte. Im einzelnen jedoch bestand der grundlegende Unterschied zwischen dem Plane Helfferichs und jenem Minoux' darin, daß der letztere eine effektive Besteuerung aller Sachwerte anstrebte, während es sich bei ersteren lediglich um eine Garantie der neuen Währung handelte. Minoux wollte eine Sachwertbesteuerung in Form einer einmaligen Vermögensteuer durchgeführt wissen. Er schätzte den Goldwert des gesamten Nationalvermögens auf 200 Milliarden Goldmark, indem er annahm, daß es vor dem Kriege 350 Milliarden betragen habe und daß eine Verminderung um 150 Milliarden eingetreten sei. Wenn dieses gesamte Volksvermögen mit 5 vH seines Wertes zu einer einmaligen Steuer herangezogen würde, so würde das einen Betrag von 10 Milliarden ergeben. Die Abhebung der Steuer auf den Wehrbeitragswert lehnte er ab; er wollte eine sofortige Neueinschätzung, die zunächst in einer Form Selbsteinschätzung erfolgen sollte, mit nachfolgender Korrektur durch eine genaue Veranlagung. Für absichtliche Defraudation schlug er drakonische Maßnahmen vor, nämlich Zuchthaus und Konfiskation der hinterzogenen Vermögensgegenstände. Er wollte also eine auf breitester Basis aufgebaute Vermögenssteuer, wobei die einzelnen Vermögensobjekte nach dem gemeinen Werte einzuschätzen gewesen wären, den sie unter Voraussetzung freier Wirtschaft normalerweise hatten.

Für den Betrag von 10 Milliarden Mark sollten Pfandbriefe ausgegeben werden. Eine Summe von 3 Milliarden dieser Pfandbriefe sollte als Unterlage für die neue Währung dienen. Diese sollten mit 10 vH Jahreszinsen ausgestattet werden und 17 Jahre hindurch unkündbar bzw. unauslosbar sein. Sie sollten vom Reiche der Reichsbank übergeben werden, die sie ihrerseits verkaufen sollte und zwar nur gegen Goldwerte, gegen Devisen, Gold, Silber und Edelsteine. Minoux ging dabei von dem Gedanken aus, daß eine derartig hohe Verzinsung, garantiert für ein halbes Menschenalter, vollkommen hinreichend sein würde, um die Devisenbestände im Volke sowie sonstige goldwerte Deckungsmittel für die Zwecke der neuen Währungsbank heranzuziehen. Zweifellos würde auch das Ausland derartige Pfandbriefe gekauft haben, so daß mit größter Wahrscheinlichkeit eine mobile Golddecke von 3 Milliarden Goldmark sich in verhältnismäßig kurzer Zeit angesammelt hätte. Das Ausland würde sich mit um so größerer Wahrscheinlichkeit beteiligt haben, als ja der ganze Plan auf die vollkommene Änderung der deutschen Währung und auf die völlige Sanierung der deutschen Finanzen abzielt.

Das Reich sollte in Höhe der von ihm eingebrachten 3 Milliarden Pfandbriefe Anteilseigner der Bank werden. Die Schaffung eines neuen Noteninstituts neben der Reichsbank lehnte Minoux mit Rücksicht auf die bereits vorhandene Überorganisation im Staate sowie mit Rücksicht auf die Autorität des Reiches ab, wie denn überhaupt der ganze Plan getragen war von einem starken Willen, die Macht und das Ansehen des Reiches wieder zu stärken und das Vertrauen in die Reichsregierung neu zu kräftigen.

Auf Grund der durch den Verkauf der 10 proz. Pfandbriefe geschaffenen Golddeckung sollte dann die Reichsbank Geldscheine ausgeben in Höhe von 8 Milliarden Mark. Eine niedrigere Summe würde die Bedürfnisse der deutschen Wirtschaft, vor allem im Hinblick auf die Notwendigkeit ihrer Ankurbelung, nicht zu befriedigen vermögen.

Das Projekt zielte nach der währungspolitischen Seite daraufhin ab, ohne Einschaltung einer Zwischenlösung sofort zu einer neuen Goldwährung zu kommen und diese mit einer im Vergleich zur Vorkriegsregelung größeren Golddecke auszustatten. Das noch umlaufende Papiergeld sei von einem bestimmten Termin an zu einem gesetzlich festzulegenden Kurse gegen das neue, auf der Vermögenssteuer aufgebaute Währungsgeld einzutauschen. Für die Herstellung einer genügend großen Zahl von Geldzeichen und Münzen nahm Minoux in Übereinstimmung mit der Auffassung der geldtechnischen Sachverständigen eine Zeit von 2 Monaten als erforderlich an. Die sofortige Festsetzung eines bestimmten Kurses für die Einlösung hielt er für sehr empfehlenswert, weil auf diese Weise ohne weiteren Aufwand eine unentgeltliche Stabilisierung der Mark bis zur Einführung der neuen Währung erfolgen würde. Jedermann wüßte dann, daß er für sein Papiergeld eine bestimmte Summe von neuem Goldgeld bekäme. Deswegen bestünde kein Anreiz, den Kurs der Papiermark weiter zu drücken, sondern eher ein solcher ihn — bei entsprechender Festsetzung des Umtauschsatzes — zu steigern. Würde letzteres eintreten, so würde zwar der Notenbestand mit einer höheren Summe eingelöst werden müssen; es wären dies aber nichts anderes als antizipierte Stützungskosten [*Beusch*]. Das wichtigste Moment dieses Vorschlages war, daß durch eine solche Stützung der Mark die Repudiation des Papiergeldes aufgehalten und rückgängig gemacht werden konnte.

Sobald das neue Geld einschließlich der Scheidemünzen technisch hergestellt sei, sollte dasselbe möglichst rasch und mit allen Mitteln in den Verkehr gepumpt werden. Das vorhandene Papiergeld sollte in kürzester Zeit eingelöst und der Privatwirtschaft die dann nötigen Kredite gegeben werden. Gerade die Notwendigkeit, daß die Privatwirtschaft sich mit dem neuen Gelde für Lohn- und Steuerzahlungen sowie für Warenbezahlung zu versorgen hätte, würde die Devisen, die nicht unmittelbar gegen die neuen 10 proz. Pfandbriefe hergegeben worden seien, aus ihren Verstecken hervorlocken. Denn die Wirtschaft müßte, um das neue Geld zu erlangen, der Bank goldwerte Unterlagen, entweder in Form von Devisen oder in Form von goldwerten Handelswechseln gegengeben. Endlich würden die neuen Zahlungsmittel in den Verkehr gebracht durch die Ausgaben des Reiches, die besonders durch produktive Erwerbslosenfürsorge in der ersten Übergangszeit zur neuen Währung gesteigert seien. Auf diese Weise hoffte Minoux, daß in kurzer Zeit dem Wirtschaftsleben solche Mengen von Zahlungsmitteln zugeführt werden würden, daß der Kredit sich wieder heben und das ganze Wirtschaftsleben sich wieder erholen könnte. —

Die Ordnung der Reichsfinanzen war bei dem vorliegenden Plane oberste Voraussetzung. Von den 10 Milliarden der Vermögensabgabe sollte das Reich die oben genannten 3 Milliarden Pfandbriefe in die Reichsbank als Währungsgrundlage einschießen. Die übrigen 7 Milliarden sollten in Pfandbriefen ausgestellt werden mit 5 proz. Verzinsung. Das Reich sollte sie gleichfalls an die Reichsbank geben. Als Gegenwert sollte es dafür nach Bedarf entsprechende Geldsummen bei ihr erhalten können. Indem so die 7 Milliarden Pfandbriefe zu den übrigen 3 Milliarden Goldwerten hinzukommen, wäre nach diesem Plane der ganze Notenumlauf mit mehr als 100 vH gedeckt gewesen.

Die Reform der Finanzen sollte von der Ausgabe- wie von der Einnahmeseite her sofort in Angriff genommen werden. Hinsichtlich der Neuordnung der Einnahmen verlangte er vor allem Einfachheit und Klarheit in der Besteuerung. Im Hinblick auf den Zusammenhang zwischen Währungs- und Finanzfrage einerseits und wirtschaftlichen Problemen andererseits forderte er u. a. vollkommene Freiheit der Wirtschaft, Aufhebung des Achtstundentages sowie der Syndikate und Preiskonventionen. Erst durch diese letzteren Maßnahmen würde die Kraft der Wirtschaft wieder zur Entfaltung kommen. —

Der Plan Minoux' unterschied sich von den übrigen in dieser Zeit vorgelegten Projekten in sehr vielen Punkten. Halbe Maßnahmen lehnte er ab, vielmehr wollte er eine Neuordnung auf breitester Basis. Da es sich bei dem von ihm erstrebten Ziele um eine wirkliche Goldwährung handelte, so schied die Frage, wie das neue Geld sich verhalten würde, wenn es mit der Devise in Berührung käme, sofort aus. Die Durchführung seines Planes hätte weiterhin jedwedes Aufsichtsrecht des Auslandes verhindert. Die nationale Selbständigkeit der Reichsbank wäre gewahrt geblieben. Nur insofern hätte eine Tributpflicht an das Ausland bestanden, als das letztere 10 proz. Goldpfandbriefe aufgenommen haben würde. Die Reichsbank hätte Unterlagen erhalten in einem Umfang, wie sie kein anderes Zentralnoteninstitut aufzuweisen hat. Damit wäre das Ansehen sofort entsprechend erhöht worden. Sie hätte wiedergewonnen an internationaler Bedeutung und an internationalem Kredit.

Nicht minder wichtig war die politische Seite des Vorschlages. Während die Projekte Helfferichs sowie der Industrie auf eine Schwächung der Staatsautorität und des Reichsgedankens hinausliefen, wandte sich Minoux in den Beratungen des Reichswirtschaftsrats energisch gegen den Gedanken, daß man die bestehende Strömung: Los vom Reiche! weiter unterstützen solle, was dadurch geschehe, daß man die Währungsbank nicht als Staats-, sondern als ein Privatinstitut aufziehe. Er verwarf ausdrücklich die Ansicht als äußerst gefährlich, daß nur die Wirtschaft noch Kredit habe, das Reich dagegen ihn völlig eingebüßt hätte. In dieser psychologischen Einstellung liege eine Gefahr für die ohnedies so außerordentlich bedrohte Reichseinheit. — Jede Abhängigkeit vom guten Willen der Privatwirtschaft sollte vermieden und durch die Auflage einer wirklichen Steuer dem Volke die Notwendigkeit eines allgemeinen Opfers zum Zwecke der Neuordnung seiner Währung klar gemacht werden.

In dieser Forderung einer effektiven Vermögensabgabe lag wohl die größte Abweichung von den übrigen Plänen. Das Reich brauchte nicht irgendwelche Kredite von der Währungsbank in Anspruch zu nehmen. Es war vielmehr selbst der große Kreditgeber gegenüber der Reichsbank, indem es ihr die aus der einmaligen Vermögensabgabe gewonnenen Werte übermittelte und in einem weiten Umfange Anteilseigner der Bank wurde. Aber auch die ganzen übrigen 7 Milliarden, die für die Übergangszeit zur definitiven Sanierung als Einnahme des Reiches dienen sollten, waren wirkliche Steuereinnahmen und keinerlei Vorschüsse irgendwelcher Bank.

Die Verzinsung der für die Währungsaufrichtung bestimmten 3 Milliarden Pfandbriefe in Höhe von 10 vH wäre für die Herausholung der mobilen Goldwerte wohl ein geeigneteres Mittel gewesen als der Zwang zur Devisenabgabe, zumal auch Steuerfreiheit für diese Pfandbriefe vorgesehen war. Allerdings wäre die Gewährung von 10 vH Zinsen für einen Zeitraum von 17 Jahren weit über das übliche Maß hinausgegangen.

Demgegenüber mußte aber darauf hingewiesen werden, daß die Bank aus dem Geldgeschäft nicht unerhebliche Gewinne ziehen würde, so daß die Verzinsung kaum irgendwie für das Reich eine Last bedeutet hätte. Jedenfalls wäre der hohe Zins leichter zu ertragen gewesen als die Einmischung des Auslandes in die Verwaltung einer Währungsbank, wie sie beim Industrieprojekt vorgesehen war [und ja auch später bei der endgültigen Währungsregelung tatsächlich zur Durchführung gelangte].

Gegen den Plan Minoux' wurden grundsätzliche Bedenken nicht vorgebracht. Von verschiedenen Sachverständigen wurde er für das beste aller vorgelegten Projekte bezeichnet. Der hier und da auftretenden Befürchtung, daß zu seiner Verwirklichung eine zu lange Zeit benötigt würde, konnte entgegengehalten werden, daß durch sofortige Festsetzung des Umtauschkurses eine bessere Garantie gegen den weiteren Markzerfall gegeben sei als bei den anderen Vorschlägen. Zudem hätten diese mit Ausnahme des Projekts des Staatssekretärs Hirsch gleichfalls mehrere Monate zu ihrer Durchführung in Anspruch genommen. Dem Einwande gegenüber, daß die vorgesehene Geldmenge viel zu groß für die damaligen wirtschaftlichen Verhältnisse Deutschlands wäre, wies Minoux darauf hin, daß, falls mit einer geringeren Summe auszukommen sei, eben entsprechend weniger Geldzeichen in den Verkehr gelangen würden. Tatsächlich lagen die Verhältnisse wesentlich anders wie bei den übrigen Projekten, weil die Gefahr der Inflation viel geringer war. Das Geld war hinreichend gedeckt. Irgendwelche ungedeckten Kredite für das Reich existierten nicht. In diesen aber hatte ja in all den Jahren vorher der Hauptgrund für die Entwertung des Geldes gelegen. — Möglich wäre allerdings eine Art Goldinflation gewesen. Diese hätte jedoch mit Leichtigkeit von der Reichsbank jederzeit durch entsprechende Handhabung der Diskontpolitik abgebremst werden können [*Beusch*].

Vielleicht wäre noch auf folgenden Mangel abzuheben gewesen: Minoux hat bei der überschlägigen Schätzung des Volksvermögens insofern einen Fehler begangen, als er ihr das gesamte nationale Vermögen zugrunde legte. Dieses aber schließt umfangreiche Werte ein, welche nicht von der Besteuerung erfaßt werden, so insbesondere alle Vermögenswerte der öffentlichen Körperschaften, des Reiches, der Länder und der Gemeinden, sowie die von der Vermögensbesteuerung regelmäßig freibleibenden Werte des Hausrats. Alle diese machen aber in ihrer Gesamtheit einen erheblichen Bestandteil des Volksvermögens aus. —

Trotz der günstigen Stellungnahme des Reichswirtschaftsrats[1] wurde dieser Plan von der Regierung nicht weiter verfolgt, denn die allgemeine

---

[1] Vgl. die in der Anlage 13 wiedergegebene Resolution.

Lage spitzte sich von Tag zu Tag zu und erforderte schnellstes Handeln. Zudem befanden sich die Beratungen, die sich an den Plan Helfferichs anlehnten, bereits in einem fortgeschrittenen Stadium. Man hielt daher eine Umstellung auf ein völlig neues Projekt nicht für opportun.

## 6. Der Plan der Industrie (Krämer).

Wie bereits hervorgehoben, hatte auch die Industrie bei voller Anerkennung der Notwendigkeit, daß auf währungspolitischem Gebiete etwas unternommen werden müsse, gegen den Plan Helfferichs das große Bedenken, daß derselbe lediglich Möglichkeiten für den innerdeutschen Zahlungsverkehr böte, während er für Zwecke der Industrie vollkommen ungeeignet sei. Letztere bedürfte einer Währung mit internationaler Geltung, die der Roggenmark jedoch fehlen würde. Diese könnte überhaupt nicht mit der Devise in Berührung gebracht werden. Das Ausland würde sie als vollkommen unbekannt von vornherein ablehnen. — So kamen die wirtschaftlichen Grundunterschiede zwischen Landwirtschaft und Industrie in der Auffassung des Währungsproblems mit großer Deutlichkeit zum Ausdruck. Dem Gedanken der Roggenwährung stellte die Industrie folgenden Vorschlag[1] gegenüber:

Es sollte in der Form einer Aktiengesellschaft eine neue Goldbank errichtet werden, aufgebaut etwa auf den gleichen Grundlagen wie die Notenbanken einzelner deutscher Länder. Die Bank sollte unter strenger Staatsaufsicht stehen, jedoch vollkommen losgelöst sein von den Reichsfinanzen, indem in keinerlei Weise Schuldverschreibungen des Reichs, der Länder oder der Gemeinden als Unterlage angenommen oder beliehen werden dürften.

Die neue Notenbank sollte entweder aus dem freien Zusammenschluß der Wirtschaftsstände hervorgehen oder durch ein Gründerkonsortium errichtet werden. Sie sollte ein nur in Gold oder goldwerten Devisen einzahlbares Kapital von 500 Millionen Mark erhalten, von denen das Konsortium zunächst 200 Millionen zeichnen sollte. Etwa ein Drittel des Kapitals sei dem Auslande anzubieten. Den Rest wollte man alsdann durch Auflegung einer öffentlichen Zeichnung herbeischaffen. Dem Auslande sollte auch ein Einfluß auf die Leitung der Bank zuerkannt werden. — Das Verlassen der rein nationalen Basis wurde damit begründet, daß man auf diese Weise das Kapital leichter erhalten würde, daß weiterhin das Vertrauen im Ausland dadurch geweckt und daß auch jenes im Inland wieder gestärkt werden würde.

Der Vertreter dieses Plans betonte, daß nach seiner Kenntnis und Anschauung der Bestand an fremden Zahlungsmitteln in Deutschland weit größer sei, als man gemeinhin annahm. Die nötigen Mittel könnten deshalb ohne allzu große Schwierigkeiten aufgebracht werden.

[1] Vgl. Anlage 14.

Das Reich sollte dieser Bank das Notenausgaberecht verleihen. — Als Deckung war eine solche zu 50 vH in Gold (und Goldwert) vorgesehen. Auf Grund des Aktienkapitals von 500 Millionen mobilem Golde hätte also eine Notenmenge von einer Milliarde in den Verkehr gebracht werden können. Der Betrag von 500 Millionen Goldmark war als eine Art Mindestsumme gedacht. Man hoffte, daß im Laufe der Zeit der Goldschatz dieser Bank sich von selbst auffüllen würde. Mit der Errichtung von Goldkonten würden die im inneren Verkehr herumschwimmenden Devisen sowie das ins Ausland geflossene Kapital wenigstens zum großen Teil in die Bank hineinströmen, zumal der Goldschatz im Ausland deponiert werden sollte.

Die Frage der Einlösbarkeit des Geldes, die die Kardinalfrage für die Aufrechterhaltung eines im internationalen Zahlungsverkehr wertbeständigen Geldes ist [*Beusch*], war wie folgt vorgeschlagen: Demjenigen, der die Note einlösen wollte, sollte ein verzinsbares Goldzertifikat, eine Anweisung auf den Goldbestand im Auslande gegeben werden. Um einen Abfluß der Golddecke zu verhindern, war daran gedacht worden, die Einlösung dieses Zertifikats eventuell an eine bestimmte Frist, z. B. an eine solche von 3 Monaten zu knüpfen.

Das ganze Projekt war ziemlich einseitig zugeschnitten auf die Bedürfnisse des Handels und der Industrie. Diesen hätte es vielleicht genügen können, besonders dann, wenn die diesen Kreisen zur Verfügung stehenden Devisenbestände der Bank in starkem Strom zugeflossen wären und ihre Betriebsmittel wesentlich über das Grundkapital hinaus erhöht hätten. Dagegen berücksichtigte der Vorschlag nicht in genügender Weise die Belange der übrigen Wirtschaftsstände. Unter diesem Gesichtswinkel sprach man, sicherlich über das Ziel hinausschießend, von einem „aristokratischen" Gelde, um damit zum Ausdruck zu bringen, daß es sich nur auf einen gewissen Kreis der Wirtschaft beschränken würde. Insbesondere erschien es von vornherein zweifelhaft, ob auch Landwirtschaft und Konsumwelt mit genügenden derartigen Umlaufsmitteln würden versehen werden können.

Ganz mangelhaft war die Verbindung des Planes mit der Frage der Gestaltung der Reichsfinanzen. Gerade die politisch höchst bedeutsame Frage der Stärkung derselben wurde unbeachtet gelassen. Zwar dachte auch die Industrie daran, dem Reiche einen gewissen Kredit zu geben; über dessen Höhe aber war nichts Näheres gesagt. Bei den Verhandlungen wurde die Summe von 100 Millionen Mark genannt. Dieser zinslose Kredit war als Abgeltung für das Recht der Notenausgabe gedacht. Da um jene Zeit der Ruhrkampf noch nicht eingestellt worden war und die Ausgaben aus diesem noch eine ganze Weile laufen mußten, so hätte dieser Betrag kaum hingereicht, um den Bedarf des Reiches auch nur für einige Tage zu decken. Dieses wäre somit vollkommen seinem Schicksal überlassen gewesen. Es hätte mit der Papiermark weiter wirtschaften müssen; denn eine Einlösung des Papiergeldes war ja nicht vorgesehen. Die Reichsbank hätte offenbar nach diesem Plane weiter Schatzanweisungen des Reichs diskontieren müssen, wenn nicht die ganze Verwaltung mit all ihren Aufgaben zusammenbrechen sollte. Eine Abstoppung der Notenpresse war nicht verlangt worden und konnte auch nicht in Frage stehen, da ein Zusammenhang zwischen dieser Währungsumstellung und den staatlichen Belangen überhaupt nicht vorhanden war. Bei einer Durchführung dieses Vorschlages stand deswegen, wie die Sachverständigen zum Teil mit aller Schärfe hervorhoben, zu befürchten, daß der Prozeß der Repudiation der Papiermark außerordentlich beschleunigt worden wäre. In dem Maße aber, in dem diese Zurückweisung eintrat, sah sich das Reich vor die Unmöglichkeit gestellt, seinen Verpflichtungen nachzukommen; es hätte unter Umständen, ungeachtet all der furchtbaren und unausdenklichen Folgen einer solchen Maßnahme, seine Zahlungen einstellen müssen. Denn eine sofortige Umstellung der Reichsfinanzen auf Goldbasis lag technisch nicht im Bereich der Möglichkeit.

Bei dem Plane der Industrie wäre also eine Parallelwährung geschaffen worden und zwar ganz eigener Natur. Rein währungstheoretisch hätte man eine indirekte Goldwährung neben einer Papierwährung gehabt. Eine fiktive Goldwährung war es nicht, aber auch keine reine Goldwährung, weil unmittelbare Einlösbarkeit nicht vorhanden war. Dabei wäre das schlechte Geld das des Staates, das gute Geld dagegen das der Industrie gewesen. Die Papierwährung des Staates hätte sich kaum aufrecht erhalten lassen, da der wirtschaftliche Verkehr stets zur Goldnote hingedrängt hatte. Auch war die Frage, ob die Ernte in genügender Weise durch das Industriegeld hätte bewegt werden können, nicht ohne weiteres zu bejahen. In erster Linie wäre ja das stabilere Geld in die Hände derjenigen geflossen, welche Devisen einliefern konnten. Bei dem starken Drang nach wertbeständigen Thesaurierungsmitteln war zudem zu befürchten, daß ein so geringer Vorrat an Geldmitteln sehr rasch in den Privatkassen und Privattaschen verschwände. Eine Geldkrisis wäre, falls sich die Notenmenge in den angegebenen Grenzen gehalten hätte, unbedingt eingetreten. Unter dem Zwang dieser Tatsache hätte sich wahrscheinlich der Goldgiroverkehr als ergänzender Faktor von selbst an die neue Goldnote angeschlossen; dadurch wäre allerdings eine indirekte Ausweitung der Umlaufsmittel erzielt worden.

Des weiteren wurde gegen den vorliegenden Plan u. a. die Tatsache geltend gemacht, daß auf diese Weise das Reich sich eines seiner wichtigsten Hoheitsrechte, des Ausgaberechtes der Noten, begeben würde. Das aber müsse unter allen Umständen vermieden werden. —

Der Reichswirtschaftsrat lehnte das Projekt ab und sprach sich, wie bereits erwähnt, im wesentlichen für eine sich weitgehend an den Plan Minoux' anlehnende Regelung aus[1].

## 7. Der Fortgang der Regierungsberatungen über die Währungsbank. — Der Plan Hilferdings.

Am gleichen Tage, an welchem der währungspolitische Ausschuß des Reichswirtschaftsrates diese Resolution faßte, betonte der Reichsfinanzminister in einer Kabinettssitzung, daß man die Währungsbank auf Goldbasis stellen müsse. Das Projekt Helfferich sei abzulehnen. Hilferding entschied sich vielmehr für eine Goldnotenbank, die nicht vollkommen den Anregungen der Industrie entsprach, aber eine Verbindung zwischen ihnen und seinen eigenen Gedankengängen darstellte.

Schien daher am 7. September die Lage so, daß der Vorschlag der Industrie mit einigen allerdings einschneidenden Änderungen zur Grundlage für die vom Reichsfinanzminister einzuschlagende Währungspolitik gemacht werden sollte, so hatte sich im Verlaufe von drei Tagen — u. zw. nicht etwa zum letzten Male — die Lage wiederum verschoben. Gerade dieser rasche Wechsel in den Auffassungen über den einzuschlagenden Weg zeigt, welch große grundsätzliche Meinungsverschiedenheiten auf dem Gebiete der Währungsstabilisierung in diesen ersten Tagen der Beratungen bestanden haben.

In der Sitzung des Reichsministeriums vom 10. September legte Hilferding einen neuen Plan vor[2], der in der Gründung einer selbständigen Goldnotenbank gipfelte. Für diese war ein vorläufiges Kapital in Höhe von 180 Millionen Goldmark vorgesehen, von welchen 100 Millionen durch die Reichsbank, der Rest durch Privatzeichnungen aufzubringen sei. Der Bank sollte ein Goldnotenausgaberecht in Höhe des doppelten Kapitals zuerkannt werden. Die zweite Hälfte des Notenumlaufs sei durch Goldwechsel zu decken. Eine Einlösbarkeit sei nicht erforderlich, da ja die Noten immer wieder zur Einlösung der Wechsel gebraucht würden und deshalb an Wert nicht verlieren könnten. Eine andere Frage sei es, ob sich nicht trotzdem die Ermöglichung einer Einlösung empfehle. Das sei zu bejahen. Sie erfolge zweckmäßig durch Goldobligationen. Diese könnten ausgegeben werden auf Grund der Erträge einer Belastung der Wirtschaft, die den Helfferich'schen Plänen zu entsprechen hätte. Diese Belastung selbst war aber nicht als Deckung gedacht. Aus diesem sich in etwa an Helfferich anlehnenden Vorgehen versprach sich der Minister eine erhebliche Erweiterung und Befestigung der neuen Währung. Ihre Stabilisierung werde zudem zu

---

[1] Vgl. insbesondere Punkt 4 der in Anlage 13 wiedergegebenen Entschließung.
[2] Vgl. Anlage 15.

neuen Gold- und Devisenzuflüssen führen. Daraus wieder ergebe sich eine Erhöhung des Notenkontingents. Zudem könne nach einer gewissen Zeitspanne zur Dritteldeckung zurückgekehrt werden.

Mit der Errichtung der Notenbank werde den allerdringendsten Bedürfnissen nach wertbeständigen Geldzeichen genügt werden können. Der Hauptgeldverkehr werde auf dem Wege über den Goldgiroverkehr der Reichbank laufen, dessen Eröffnung unmittelbar bevorstand. Durch letztere Maßnahme werde dieses Institut einen erheblichen Teil des Goldverkehrs an sich ziehen. Zur Vermeidung unwirtschaftlicher Konkurrenz sei daher zum mindesten ein enges Hand-in-Hand-gehen zwischen beiden Banken dringend zu empfehlen. Für einen späteren Zeitpunkt sei die Übertragung des gesamten Goldverkehrs der Reichsbank auf das neue Unternehmen zu fordern.

Die weitere Ausgabe von Papiergeld zwecks Deckung der Bedürfnisse des Staates werde sich anfänglich nicht vermeiden lassen. Daher komme auch die Einführung einer Zwangsrelation zwischen beiden Geldarten vorerst nicht in Frage.

Der Minister glaubte, daß die neue Notenbank in 10—12 Tagen aufgezogen sein könne.

Währungstheoretisch kann man den Hilderfingschen Vorschlag als sogenannte goldumränderte Währung oder Goldkernwährung bezeichnen[1] [*Beusch*].

Im Kabinett wurde dem Vorschlag weitgehend zugestimmt. Sofern man von einzelnen mit der außenpolitischen Lage zusammenhängenden Bedenken absieht, wurden nur seitens des Ernährungs- und des Wirtschaftsministers gewisse Einwendungen erhoben. So befürchtete Luther, daß die Summe der sofort in den Verkehr zu bringenden Goldumlaufsmittel viel zu gering sein würde. Hatten wir doch vor dem Kriege einen Geldumlauf von über 5 Milliarden Mark gehabt! Bei der Rückkehr zu einer festen Währung würden wieder großen Summen von Goldmark notwendig werden, weil die krankhaft gesteigerte Umlaufsgeschwindigkeit des Geldes dann wieder normal werde. Allein zur Bewegung des Monatsbedarfs an Brotgetreide seien 90 Millionen Goldmark notwendig.

In etwa derselben Richtung bewegten sich die Bedenken v. Raumers. Goldnoten und Goldgiro würden zunächst nur dem großen Wirtschaftsverkehr zugute kommen. Anderen Kreisen der Bevölkerung, wie Landwirtschaft und Kleinverkehr, die gleichfalls eines wertbeständigen Zahlungsmittels dringend bedürften, sei auf diese Art und Weise nicht geholfen. In deren Interesse sei daher neben der Errichtung einer Goldnotenbank die Zuhilfenahme des Helfferichschen Planes erwünscht. —

Die zur Durchführung des Projektes erforderliche Zustimmung der

---

[1] Vgl. Anlage 15.

Reichsbank wurde nicht erteilt, weil die Herausgabe eines Teils der noch vorhandenen Mittel die Bank selbst in weitgehendem Maße gefährden könnte. Die Zentralaufgabe, die Bank von den Reichsfinanzen zu trennen und die Stabilisierung der Papiermark durchzuführen, wäre nicht gelöst. Auch von dieser Seite wird auf die viel zu schmale Basis der Goldnotenbank hingewiesen. Die ausgegebenen Noten würden alsbald ins Ausland abfließen oder im Inlande gehortet werden. Zudem würde die Papiermark vollkommen entwertet werden.

Die Bank stellt demgegenüber selbst ihre Leitsätze zur Währungsreform auf[1], die die Notwendigkeit des Abstoppens ihrer weiteren Inanspruchnahme durch das Reich als unbedingte Voraussetzung jedweder erfolgversprechenden Reform bezeichnen. Sobald die Inanspruchnahme aufhöre, würde sich von selbst die Möglichkeit einer nach Grundsätzen der Vorkriegszeit aufgebauten Kredithingabe an die Privatwirtschaft ergeben. Dadurch würde der unter den gegebenen Verhältnissen höchstmögliche Grad von Wertbeständigkeit erreicht. Zwecks Vereinfachung des Geschäftslebens und einer weiteren Klarstellung der wirtschaftlichen Verhältnisse sei alsdann zur Denomination, zur Herabsetzung des Nennwertes der Banknoten zu schreiten. Dann könne auch der Versuch gemacht werden, unter Hinzuziehung weiterer Goldwerte die Aktionsfähigkeit des Instituts zu steigern. Zugegeben wird, daß das Reich für eine gewisse Übergangszeit nicht imstande sein werde, ohne neue Geldschöpfung auszukommen. Bei dieser aber müsse es in Zukunft selbst vorgehen. Nächstliegend sei die Kreierung eines neuen Geldes, z. B. in Form von Kassenscheinen durch die Reichsfinanzverwaltung. Trotz der gegen diesen Schritt bestehenden Bedenken sei er unvermeidlich, wenn kein anderer Weg gefunden würde. Ein solcher sei aber durch das Helfferichsche Projekt gegeben.

Durch die ablehnende Haltung der Reichsbank war die Gründung der Goldnotenbank im Sinne Hilferdings nicht möglich. In den Verhandlungen trat eine Stockung ein. Inzwischen aber nahm die Entwertung des Geldes immer größeren Umfang an.

## 8. Die Stockung der währungspolitischen Bewegung und das Eingreifen des Reichsernährungsministers Dr. Luther. Die Fortbildung zum Rentenmarkgedanken.

Um die Mitte des Monats September war die finanz- und währungspolitische Lage weiter erschwert worden. Die Devisenerfassung hatte nicht verhindern können, daß die Währung bald wieder weiter abglitt. Die Ernährungslage wurde von Tag zu Tag schwieriger. Die Getreideernte war ausgezeichnet, aber die Ablieferungen erfolgten nur in dem Maße, in

[1] Vgl. Anlage 16.

welchem die Landwirtschaft Geld zur Bezahlung der Steuern und der sonstigen Verpflichtungen notwendig hatte. So hart auch die Steuerauflagen bei der Landwirtschaft drücken mochten, das eine haben sie bewirken können, daß nicht schon in den damaligen Monaten eine vollständige Repudiation der Mark eintrat. Unter dem Zwang der Notwendigkeit, Steuern zu zahlen, wurden doch noch Getreidemengen verkauft.

Nunmehr aber zeichnete sich am politischen Horizonte der allernächsten Zukunft bereits drohend eine Entwicklung ab, bei welcher eine Ernährung der Städte überhaupt ausgeschlossen sein mußte. Die Frage spitzte sich auf die kürzeste aber furchtbarste Formel zu: Währung—Ernährung. Wurde die Währungsfrage nicht bald einer Lösung zugeführt, so mußte die Hungersnot in Deutschland einsetzen. Mitte September erklärte der Reichsernährungsminister bei einer Kabinettssitzung, daß innerhalb sechs Wochen das neue Geld wenigstens gesetzlich geschaffen sein müsse, sonst sei eine Ernährung der Bevölkerung gänzlich ausgeschlossen.

Die außerordentlich ungünstige Lage im September tritt klar zutage in einem Schreiben des preußischen an den Reichsfinanzminister. Darin wurden Mitteilungen gemacht von den Vorgängen der Repudiation in den verschiedenen Teilen des Landes und über die politische Auswirkung des Markzerfalls. Der Zeitpunkt stehe unmittelbar bevor, in welchem die Bevölkerung von selbst dazu übergehen werde, sich eine neue Währung zu schaffen. Wie schon einmal im August bei dem Mangel an Geldzeichen die Privatwirtschaft sich auf den bedenklichen Weg der Selbsthilfe begeben habe, so drohe jetzt die Ausgabe von wertbeständigem Notgeld ohne Rücksicht auf die Reichsgesetze. Die landwirtschaftlichen Banken Preußens seien bereits an den Landwirtschaftsminister herangetreten, um die Erlaubnis zur Ausgabe eines wertbeständigen Roggengeldes zur Einführung der Erntearbeiter zu erwirken. Vereinzelt, so z. B. in Pommern, sei ein wildes wertbeständiges Roggengeld eingeführt, wie überhaupt wertbeständiges Geld weit über die erlaubten Grenzen hinaus in den Verkehr gebracht werde. Die Landarbeiter Sachsens verweigerten die Annahme desjenigen Lohnteils, der nicht in natura, sondern in Papiermark bestände. An einzelnen Stellen drohte die Gefahr, daß die Ernte nicht rechtzeitig in die Scheune gebracht werden könnte. Eine besonders bedenkliche Entwicklung nähme die Lage in den Grenzbezirken an. Dort sei die tatsächliche Repudiation der Mark bereits in vollem Gange. Die Waren würden zurückgehalten, die Läden vielfach nicht mehr geöffnet; die Verkäufe vollzögen sich unter Vermittlung ausländischer Devisen. Es drohte von dieser Lockerung der Währung her auch eine Lockerung des ganzen Reichsgefüges. —

So drohten zentrifugale Kräfte auf dem Währungsgebiete ebensolche zentrifugalen Tendenzen auf rein staatspolitischem Gebiete nach sich zu ziehen. Die Situation war also, auch vom Standpunkte der Reichseinheit aus betrachtet, äußerst gefährlich geworden. Hinzu kam, daß, wie erwähnt, die Verhandlungen durch das abschlägige Verhalten der Reichsbank auf dem toten Punkt angekommen zu sein schienen. Da faßte Dr. Luther den Entschluß, das Projekt Helfferichs in einer Weise umzuändern, daß die großen Bedenken, die gegen dasselbe vorgebracht wurden, hinfällig wurden. Am 15. September 1923 fand im Reichsernährungsministerium unter dem Vorsitz des Ministers im Beisein des Reichsbankdirektors Friedrich eine Sitzung zum Zwecke der durchgreifenden Umgestaltung des Helfferichschen Entwurfes statt.

Letzterer wurde nochmals eingehend erörtert. Die Einstellung des Ernährungsministers ihm gegenüber war bekannt. Er hatte von Anfang an das Projekt begünstigt und war wohl die Hauptursache gewesen, daß nach dem ersten Kabinettswechsel im August dieser Plan überhaupt zur Debatte gestellt worden war. Gleichzeitig aber hatte er sich gegenüber dem währungspolitischen Inhalt des Projekts insofern ablehnend geäußert, als er keine Roggenwährung, sondern eine Währung auf Goldbasis verlangte.

Damit waren die Richtlinien für einen Entwurf Luther gegeben. Es konnte im allgemeinen festgehalten werden an den konstruktiven Ideen des Planes Helfferich, besonders, soweit die Währungsbank in Frage kam. Ebenso konnten die meisten Bestimmungen über die Heranziehung der Berufsstände zum Zwecke der Belastung der Wirtschaft beibehalten werden. Notwendig war aber eine zielklare Herausarbeitung der Goldbasis für die Rentenbank um so mehr, als damals Helfferich seinen ursprünglichen Plan einer Roggenpfund-Währung in der Presse veröffentlichte.

Am 16. September wurden die Richtlinien weiter durchberaten. Am 17. September vormittags besprach Luther den Plan mit dem Reichswirtschaftsminister v. Raumer und dessen Referenten Dr. Dalberg. Ersterer erklärte sich bereit, den Plan zu unterstützen, da er in diesem vorgerückten Stadium der Dinge in jeder Verzögerung, die ein Eingehen auf die anderen Möglichkeiten bringen mußte, die größten Gefahren für die Wirtschaft erblickte. In einer am gleichen Tage statthabenden Besprechung erklärten sich die Vertreter des Reichsfinanzministeriums vorbehaltlich der Zustimmung des Ministers Hilferding mit dem Entwurf Luthers einverstanden. Dalberg wies bei dieser Gelegenheit auf die Gefahr hin, welche die vorgesehene feste Relation zwischen Papier- und Rentenmark bringen müßte. Das neue Geld werde sofort faktisch als Devisenkaufmittel auftreten und in das Absinken der Papiermark hineingezogen werden. Aus diesem Grunde müsse die Rentenmark reines Inlandgeld werden. Zwischen ihr und den Devisen sei ein Papier einzuschalten etwa in Gestalt einer nur beschränkt vorhandenen Goldnote. Diese Funktion hat später, da von einem gesetzlich festgelegten Umtauschsatz zwischen Renten- und Papiermark abgesehen wurde, letztere ausgeübt.

Der vorerwähnte Entwurf Luthers[1] hatte rein äußerlich mit dem Helfferichschen Projekt viel Ähnlichkeit. Inhaltlich aber bestanden zwischen beiden große Unterschiede. Die wesentlichsten sind folgende:

1. Statt der Roggen- wurde die Goldbasis gewählt.

2. Infolge dieser klaren Rechnungsbasis wurde die psychologische Rückeinstellung der Bevölkerung auf die Goldrechnung außerordentlich beschleunigt; das aber war eine der Hauptstützen des neuen Zahlungsmittels.

3. Von sehr großer, ja grundlegender Bedeutung [*Beusch*] war in dem neuen Entwurf die Bestimmung, daß die auferlegte Grundschuld mit 6 vH verzinst werden, die Rückerstattung von Zinsen in Form von Anteilen an Gewinnen der Bank jedoch nur höchstens 3 vH ausmachen sollte. Somit war mindestens eine Verzinzung von 3 vH der auferlegten Grundschuld vorhanden, während die Garanten der Währungsbank nach dem Helfferichschen Entwurf günstigenfalls überhaupt keine effektive Leistung hätten vollziehen brauchen. Auch die Tilgung war grundsätzlich anders geregelt wie im Helfferichschen Entwurf.

4. Ein weiterer erheblicher Unterschied war darin zu sehen, daß der Minister das private Kreditgeschäft für die Währungsbank ablehnte. Somit wurde verhindert, daß nicht nur die Währungsangelegenheiten des Reiches in die Hände der Privatwirtschaft gelegt wurden, sondern auch die ganze Reichsbank innerlich ausgehöhlt und ihre sämtlichen Belange in die Hände einer autonomen Bank der Privatwirtschaft gegeben wurden. —

Bei der Reichsbank fand dieser Vorschlag eine verhältnismäßig günstige Aufnahme[2].

Die Bezeichnung „Bodenmark“, die in dem neuen Entwurf für das Geld gewählt wurde, war nicht von langer Lebensdauer. Mit der Wahl des Namens hatte man die Tatsache zum Ausdruck bringen wollen, daß die unbeweglichen Werte des Grund und Bodens eigentlich die Deckung des neuen Geldes ausmachten. In der Öffentlichkeit wurden aber außerordentliche Bedenken gegen diese Benennung laut, indem man sie als eine direkte Übersetzung der „mandats territoriaux“ der französischen Revolution ansah. Bei der anschließenden Beratung dieses Entwurfs im Reichsfinanzministerium unter der Führung des Staatssekretärs Schroeder wurde deshalb die Umprägung des Namens Bodenmark in „Neumark“ vorgenommen. Außerdem wurde die Höhe der

---

[1] Vgl. Anlage 17. [2] Vgl. Anlage 18.

dem Reiche zur Verfügung zu stellenden Mittel auf 1200 Millionen Mark herabgesetzt. Diese Fixierung war auf persönliches Eingreifen Hilferdings erfolgt, der durch eine solche Beschränkung jede Möglichkeit der Inflation und eine daraus erfolgende Minderung des Wertes der neuen Mark vermeiden wollte. So richtig vom währungstheoretischen Standpunkt aus diese Herabsetzung der dem Reiche zu gewährenden Summe gewesen sein mag, so hat sie doch für die Finanzgebarung außerordentlich große Schwierigkeiten mit sich gebracht.

Der in den Ministerien in den Tagen vom 15. bis zum 19. September ausgearbeitete Plan[1] ist das Urbild des Rentenbankgesetzes geworden. Wenn man dieses inhaltlich mit jenem Entwurf vergleicht, so wird man nur noch verhältnismäßig wenige Abweichungen finden. Die hauptsächlichsten bestehen darin, daß von einer Gestaltung der Rentenmark zum eigentlichen Währungsgelde sowie von der beabsichtigten Verpflichtung der Reichsbank zur Einlösung ihrer Noten gegen Rentenmark unter Zugrundelegung eines bestimmten Wertverhältnisses Abstand genommen wurde. — So wichtig die in dem Helfferichschen Plan geleistete Vorarbeit war, so war doch der Entwurf über die Neumark mit seiner Stellung des neuen Geldes auf Gold das Kompromiß, welches sowohl die meisten währungspolitischen Bedenken beseitigte als auch schließlich Industrie und Handel zur Zustimmung bewegte.

Am 29. September wurde der Entwurf dem Reichsrate zugeleitet. Am 1. Oktober konnte er nach geringfügigen Änderungen bereits dem Reichstage vorgelegt werden.

Inzwischen war die Frage des Ermächtigungsgesetzes zu einer politischen Frage ersten Ranges geworden. Die sozialdemokratische Reichstagsfraktion beschloß, seine Erstreckung auf sozialpolitische Angelegenheiten abzulehnen. Damit waren die Kompromißverhandlungen gescheitert. Das Kabinett trat am 3. Oktober zurück. Hierdurch wurde eine gewisse Verzögerung herbeigeführt.

Kurz vorher war der passive Widerstand aufgegeben worden. Am 26. September hatte die Reichsregierung einen entsprechenden Erlaß an das deutsche Volk gerichtet. Wenn man aber geglaubt hatte, daß nunmehr auch die Ausgaben für den Ruhrkampf bald verschwinden würden, so hatte man sich, wie die Folgezeit zeigte, getäuscht.

Am 4. Oktober erhielt Dr. Luther im neuen Kabinett das Finanzportefeuille. Er ging sofort daran, die Währungsfrage einer gesetzlichen Lösung entgegenzuführen.

## 9. Die Einführung der Rentenmark.

Bevor aber die Rentenbank endgültig geschaffen wurde, kam es nochmals zu einem Rückschlag Anfang Oktober. Dem raschen Szenen-

[1] Vgl. Anlage 19.

wechsel bei der damaligen währungspolitischen Aktion entsprach es, daß nach Fertigstellung des Entwurfes über die Neumark von verschiedenen Seiten Einwände und neue Projekte vorgebracht wurden. Auch wenn man von den allgemeinen Strömungen und Urteilen der Presse absieht, zeigten sich doch gegenüber dem neuen Entwurf, der noch den Namen Hilferdings trug, nicht unbedeutende Gegenströmungen. Die Bedenken, die noch Anfang Oktober gegen die Währungsbank erhoben wurden, sind am klarsten herausgearbeitet

1. in einer Eingabe der demokratischen Reichstagsfraktion an die Reichsregierung,
2. in einer Kritik der Hamburger Handelskammer,
3. in einer Eingabe der Bankiers an den Reichsfinanzminister.

Die Kritik der Hamburger Handelskammer war wohl das schärfste, was gegen den neuen Plan vorgebracht worden ist. Sie ging zweifellos über das Ziel hinaus und wirkte dadurch einseitig. Beachtenswerter dagegen waren die Einwendungen der Deutschen Demokratischen Partei. Ihr Memorandum vom 8. Oktober 1923[1] lehnt die Bodenwährungsbank als Zwischenlösung unter eingehender Begründung ab. In dieser wird insbesondere auf die abermalige Verquickung der Finanzbedürfnisse des Reiches mit der Notenbank abgehoben. Ihr Vorschlag läuft auf baldigste Rückkehr zur Goldwährung hinaus. Vorbereitende Maßnahmen seien umgehend zu treffen. Aus diesem Grunde dürfe die Reichsbank hinfort keine Schatzwechsel und nicht-wertbeständige Handelspapiere mehr diskontieren. Sie habe sofort einen Goldrechnungs- und -Giroverkehr einzurichten. Desgleichen seien alle gesetzlichen Arbeiten, die bezwecken, den in Gold abgestellten Etat des Reiches, der Länder und Gemeinden zu balancieren, ungesäumt durchzuführen. Während dieser Übergangszeit dürfe das Reich zur Beseitigung des bestehenden Defizits eine Goldanleihe ausgeben, die in kleinen Stücken auch in den Verkehr gelangen solle. Der Zinsendienst der Anleihe sei durch Steuern zu gewährleisten. — Ein entsprechender Gesetzentwurf war diesem Memorandum beigefügt[2].

Ähnliche Gedankengänge lagen der Eingabe des Centralverbandes des Deutschen Bank- und Bankiergewerbes zugrunde, die am 10. Oktober im Anschluß an eine Unterredung zwischen dem Reichsfinanzminister und den Präsidialmitgliedern der Organisation vorgelegt wurde[3].

Das Memorandum war eine „ernste Warnung in letzter Stunde“ in bezug auf den Regierungsentwurf zur Währung, als dessen grundlegende Mängel hervorgehoben wurden:

1. Die Einführung eines Währungsgeldes als Zwischenlösung,

---

[1] Vgl. Anlage 20. [2] Vgl. Anlage 20. [3] Vgl. Anlage 21.

2. die Unvollkommenheit der Rentendeckung,

3. die mit der Währungsregelung verbundene Devalvation,

4. die mit der Errichtung der Notenbank gegebene Möglichkeit einer neuen Inflation,

5. die Notwendigkeit, zu wiederholten Malen und zwar zuerst bei der Einführung und nachher bei der Wiederaufhebung der Zwischenwährung die bestehenden Geldschulden einer gesetzlichen Änderung hinsichtlich ihres rechtsgeschäftlichen Inhaltes zu unterwerfen.

Der Gegenvorschlag der Bankiers ging auf folgendes hinaus: Das Reich solle durch Gesetz ermächtigt werden, eine wertbeständige Anleihe in einer Stückelung bis zu $1^1/_2$ $ hinunter auszugeben in einem Betrag, der etwa derselben Summe gleichkäme, welche im Währungsbankgesetz als Übergangsbedarf des Reiches festgesetzt sei. Das gesetzliche Zahlungsmittel sollte auch weiterhin ausschließlich auf Mark lauten. Die Stücke der Goldanleihe sollten jedoch Kassenkurs haben. Lautete die Forderung der öffentlichen Kasse auf Papiermark, so sollte die Annahme zum Kurswerte erfolgen, andernfalls zum Nennwerte der Goldanleihe. Letztere sollte gesichert sein durch dieselbe Leistung der Berufsstände, welche nach dem Regierungsentwurf für die Rentenwährung vorgesehen war, jedoch mit der Modifikation, daß keine Pfandbriefe ausgegeben wurden. Die Deckung sei vielmehr lediglich als in den jährlichen entsprechenden Abgaben liegend anzusehen. Es würde sich also auch hier um eine speziell fundierte Anleihe gehandelt haben. Da die Stücke derselben Zahlungscharakter erhalten sollten, würde sich indirekt ein durch spezielle Steuerleistung gedecktes Geld ergeben haben. Die Gewährung weiterer Papiermarkkredite seitens der Bank an das Reich müßte weitestmöglich eingeschränkt werden. Außerdem enthielt der Vorschlag Bestimmungen über die Ermöglichung des Umtausches der Papiermarknoten sowie Reichsschatzwechsel gegen die wertbeständige Anleihe zum Tageskurse. Mit aller Entschiedenheit wird die Stempelung der Neumark zum Währungsgeld abgelehnt. Die Gründe zu dieser Stellungnahme decken sich mit jenen, welche, wie oben dargelegt, auch von Dalberg gegen die Fixierung eines festen Umtauschverhältnisses zwischen dem neuen und dem alten Gelde geltend gemacht worden waren[1].

Die Anregung der Bankiers war ebenso wie jene der demokratischen Partei verhältnismäßig einfach und hätte durchgeführt werden können. Es haftete aber diesem Gedanken allzusehr der Charakter der zusätzlichen Geldschöpfung an, als daß man sich dafür Erfolg versprechen konnte [*Beusch*].

Außer diesen beiden Schritten bei der Reichsregierung sind aus damaliger Zeit noch zwei bedeutende Vorschläge in der Öffentlichkeit be-

---

[1] Vgl. oben S. 51.

kannt geworden. Der erstere wurde von Schacht am 10. Oktober im Berliner Tageblatt veröffentlicht; der andere stammte von Staatssekretär Hirsch.

Der nachmalige Währungskommissar und Reichsbankpräsident Dr. Schacht übte an dem Rentenmarkentwurf ziemlich eingehende Kritik und brachte im Anschluß daran den in Anlage 22 angefügten vielbeachteten Gesetzentwurf zur Einführung einer Goldnotenbank[1].

Als Mindestkapital wurde ein solches von 500 Millionen Goldmark in Aussicht genommen, dessen Aufbringung durch Zeichnung von Anteilen im In- und Auslande erfolgen sollte. Die Einzahlung sollte nur in Gold und Goldwerten vorgenommen werden. Durch diese hätte die herauszugebende Note anfänglich zu 50 vH gedeckt werden müssen. Eine spätere Herabsetzung dieses Satzes auf $33^1/_3$ vH war in Erwägung gezogen. Die als Deckung dienenden Werte sollten bei den ausländischen Treuhandstellen hinterlegt werden, soweit sie nicht zur Einlösung benötigt wurden. Letztere sollten etwa ein Jahr nach der Gründung aufgenommen werden.

Der Vorschlag Hirsch[2], dessen Grundgedanken bereits vorher veröffentlicht worden waren, wurde der Reichsregierung gegen Mitte Oktober eingereicht. Sein Ziel ist eine möglichst rasche Rückkehr zu einer wirklichen Goldwährung unter Anknüpfung an die Reichsbank und die Vorkriegsmark. Gesetzliche Zahlungsmittel sollten Reichsgoldmünzen und zu 50 vH goldgedeckte Noten sein. Als Währungsfonds war ein Betrag von mindestens 1 Milliarde Goldmark in Aussicht genommen, dessen Errichtung erfolgen sollte einmal durch Einlage von Bargold oder goldgleichen ausländischen Zahlungsmitteln durch die Reichsbank, sodann durch Ausgabe von Aktien, die mittels Gold oder Devisen eingezahlt werden sollten, und endlich durch den Verkauf von verzinslichen Goldobligationen der Bank. Der Fonds sollte eine Höhe von mindestens 500 Millionen bei Inkrafttreten, 4 Wochen später eine solche von 1 Milliarde Goldmark erreichen. Anderenfalls sollte die Reichsregierung zu diesem Zeitpunkte verpflichtet sein, von dem großen Vermögen eine als

[1] [Vgl. H. Schacht: Die Stabilisierung der Mark. Berlin 1927, S. 57. — In dem 3. Kapitel dieses Werkes sind kurz eine Reihe weiterer in der vorliegenden Schrift nicht zur Sprache gebrachter Vorschläge zur Währungssanierung berührt: Alfred Lansburgh trat 1919 für Devalvierung unter gleichzeitiger Rückkehr zur Goldwährung ein (S. 47), Erzberger befürwortete Oktober 1919 eine Verringerung des deutschen Notenumlaufes durch Konvertierung der im Auslande befindlichen deutschen Banknoten bzw. der Markguthaben, welche das Ausland in Deutschland unterhielt (S. 48). — Außer den im Kontext genannten Autoren brachte insbesondere Schmalenbach 1921 den Übergang zur Goldberechnung in Vorschlag (S. 49). Die Hauptvertreter einer baldigsten Wiedereinführung der Goldwährung sind bereits in der vorliegenden Abhandlung genannt. Daneben wären im Anschluß an Schacht u. a. noch zu erwähnen: Georg Bernhard (S. 57), Arthur Feiler (S. 57) und Walter Funk (S. 57).]

[2] Vgl. Anlage 23.

Repartitionssteuer gedachte Währungssteuer in Höhe des etwaigenfalls fehlenden Betrages zu erheben.

Die Bank sollte an die Reichsfinanzverwaltung monatlich 25 Millionen Goldmark als Vorschuß auf die Notensteuer entrichten. Dagegen wurde für letztere die Verpflichtung angeregt, bis zum 31. Oktober einen Haushaltvoranschlag über den Rest des Rechnungsjahres 1923 vorzulegen. Sofern seine Mittel nicht hinreichten, sollte das Reich für die Übergangszeit auf die unmittelbare Kreditaufnahme bei der Bank — etwaigenfalls gegen Verpfändung von Reichsbesitz — beschränkt werden.

Der Devisenverkehr sollte nach Herstellung des Währungsfonds freigegeben werden. Vorher aber sollten zur absoluten Sicherung des Fonds dem Devisenkommissar erweiterte Vollmachten zuerkannt werden. Vor allem wurde die Möglichkeit der Abverlangung eines persönlichen Eides in Vorschlag gebracht. — Bis zur Errichtung des Währungsfonds sei eine Übergangswährung durch Goldanleihe zu schaffen, die ebenso wie die wertbeständige Anleihe des Reiches bei allen Steuerzahlungen an Reich, Länder und Gemeinden in Zahlung genommen werden sollte.

Da in dem Zeitpunkte, in welchem der Vorschlag Hirsch der Reichsregierung eingereicht wurde, die Rentenbank bereits beschlossen war, so war in den von ihm entworfenen Ausführungsbestimmungen zum Währungsgesetz auch ein wichtiger Abschnitt über die Rentenmark enthalten. Danach sollten die Rechte und Pflichten der Rentenbank nach Herstellung des Währungsfonds auf das Reich übergehen. Ihr Kapital sollte als Währungssteuer dem Reiche zufließen. Die Bestimmungen über Verhältnis und Zeitpunkt, zu welchen der Umtausch der Rentenmark gegen Goldnoten erfolgen sollte, seien dem Reichsfinanzminister vorzubehalten. —

Kurz sei noch ein aus dem September datierender Vorschlag des Zentralverbandes des Deutschen Großhandels berührt. Danach sollten nur die landwirtschaftlichen Grundstücke zugunsten der Notenbank belastet werden. Handel und Industrie sei hingegen die baldige Organisation des Goldverkehrs durch Gründung einer Goldgirobank zur Pflicht zu machen.

Endlich ist noch eine Eingabe des Verbandes der Hypothekenbanken zu erwähnen, die gleichfalls im Oktober an das Reichsfinanzministerium gelangte. Die Hypothekenbanken wünschten, daß die Aufgaben, welche der neuen Rentenbank zugewiesen werden sollten, durch sie, die Antragsteller selbst gelöst würden. Der Vorschlag gipfelte in folgendem:

Zugunsten derjenigen Hypothekenbank, die ihren Sitz in dem betreffenden Lande bzw. in einer Provinz eines Landes hat, werden sämtliche daselbst gelegenen Grundstücke und industriellen Unternehmungen mit einer eine Eintragung nicht bedürfenden erststelligen Grundschuld in Höhe von 4 vH des Wehrbeitragswertes belastet. Haben ausnahmsweise mehrere Banken in einem solchen Bezirk ihren Sitz, so wird entweder nur eine Bank von der Regierung ausgewählt oder es wird der Bezirk auf sie regional verteilt. Diese Grundschulden, die von dem Reich und den Ländern verbürgt werden, dienen als Unterlage der von der betreffenden Hypothekenbank auszugebenden, auf Goldmark oder Feingold lautenden Obligationen. Die größeren Stücke derselben in Höhe von etwa 70 vH der Belastung sind zu 5 vH verzinslich, die kleineren unverzinslich. Sämtliche Obligationen (abzüglich der den Banken als Entschädigung zu belassenden) werden dem Reich übergeben, das damit seine Schatzwechsel bei der Reichsbank einlöst. Die Reichsbank benutzt ihrerseits die Papiere zur Einlösung der Banknoten. Nach den Erfahrungen, die die Gruppe mit der Ausgabe von solchen Goldobligationen gemacht habe, werden sie als wertbeständiges Zahlungsmittel und Anlagepapier stürmisch begehrt, so daß es nicht einmal erforderlich sein dürfte, sie als gesetzliche Zahlungsmittel zu erklären. Da die Obligationen auf Gold ausgestellt und durch die erststelligen Hypotheken völlig gesichert wären, würde man sie auch im Auslande als vollwertig ansehen, so daß sie voraussichtlich bei entsprechender Ausstattung, insbesondere durch die aufgedruckten Übersetzungen des deutschen Textes in fremde Sprachen, auch für den internationalen Verkehr verwendbar wären. Für diesen sind insbesondere die verzinslichen Obligationen gedacht, während die unverzinslichen im Inlande als Zahlungsmittel, namentlich dem kleinen Verkehr, dienen sollten. Die Grundstückseigentümer hätten für denjenigen Teil der Grundschuld, auf den die verzinslichen Stücke fundiert sind, 6 vH, für den Rest 1 vH Zinsen an die Hypothekenbank zu zahlen.

Da man sich von diesem Vorschlag eine Lösung der Schwierigkeiten nicht versprach, wurde dieser Vorschlag nicht weiter verfolgt. —

Während das Rentendeckungsprinzip bei den Befürwortern der Goldwährung weitgehend auf Ablehnung stieß, wurden umgekehrt von Seiten der absoluten Anhänger des Helfferichschen Planes gleichfalls Bedenken gegen das Regierungsprojekt geäußert. Helfferich selbst stand der neuen Entwicklung zwar nicht ablehnend, aber doch skeptisch gegenüber. Das beweist seine Reichstagsrede vom 9. Oktober, in der er u. a. ausführte: „Ich habe dann auf Wunsch des damals neuen Reichskanzlers Dr. Stresemann, auf Wunsch der Herren Minister Hilferding, Luther und v. Raumer schließlich auch der Regierung Stresemann mein Projekt einer Währungsbank zur Verfügung gestellt. Auf diesem Projekt beruht in der wesentlichen Konstruktion die jetzt vorliegende Regierungsvorlage. Aber sie ist in Einzelheiten in einer Weise verändert — ich möchte sagen: denaturiert, daß ich die schwersten Sorgen habe, ob die von mir angestrebte Wirkung damit erreicht werden wird." Auch der größte Teil der Landwirtschaft war immer noch Anhänger der Roggenwährung.

Zweifellos hätten sich diese Gegensätze, wenn das Gesetz vor das Forum des Reichstags gebracht worden wäre, bei den Verhandlungen auswirken müssen. Dann aber hätte die ganze Angelegenheit nicht eine derartig schnelle Erledigung gefunden, wie sie unter den herrschenden Verhältnissen notwendig war. Hier half das Ermächtigungsgesetz.

Zur teilweisen Überbrückung der noch vorhandenen Gegensätzlichkeiten suchte der Reichsfinanzminister den Einwendungen der Handels- und Bankierkreise dadurch gerecht zu werden, daß er die Bank nicht als Währungsinstitut aufzog, sondern lediglich die Schaffung eines wertbeständigen, allerdings mit Kassenkurs ausgestatteten Zahlungsmittels durch die Rentenbank bezweckte. Der Verkehr mit dem Auslande sollte durch goldwerte Zahlungsmittel geregelt werden.

Das Projekt Helfferich war also in einem neuen Punkt umgeändert, indem als Zwischenlösung nicht eine selbständige Währung, sondern nur ein auf Rentenleistung aufgebautes Zahlungsmittel eingeführt wurde. Damit war von dem ganzen Plan nur noch die bankmäßige Einkleidung und die Mobilisierung der Grundlage durch Rentenbriefe übrig geblieben.

Was die Bezeichnung anbetrifft, so hatte man sich zu dem Namen Rentenmark entschlossen, der sich wider Erwarten gut eingespielt hat. Durch ihn sollte zum Ausdruck gebracht werden, daß das neue Geld gedeckt sei durch Renten, welche von den wirtschaftlichen Berufsständen zu zahlen seien. Wie man mit dem Worte Bodenmark auf die letzte Fundierung des Geldes hatte abheben wollen, so sollte mit der endgültig gewählten Bezeichnung das eigentliche innere Deckungsverhältnis des neuen Geldes herausgestellt werden.

Am 13. Oktober stimmten dem Gesetzentwurf in dieser Fassung, ebenso wie Helfferich, die Vertreter sämtlicher Berufsstände zu, welche als Gründer der Bank wirken sollten. Offen blieb nur noch eine grundsätzliche Frage, nämlich ob die Rentenbank nur wertbeständige Kredite oder solche, die auf Rentenmark lauteten, sollte gewähren können. Für die erste Regelung setzten sich ein: Der Finanz- und der Wirtschaftsminister[1] (im Finanzministerium waren die Meinungen nicht einheitlich), die Banken und der Handel. Dagegen sprachen zum Teil noch sehr lebhaft für auf Rentenmark lautende Kredite: Die Reichsbank, die Landwirtschaft, die Industrie und auch Helfferich. Letztere Partei begründete ihre Auffassung damit, daß man der Rentenmark ja von vornherein

[1] [Die Stellungnahme des Reichswirtschaftsministeriums geht mit aller Deutlichkeit aus einem Schreiben hervor, das Ende Oktober an den Finanzminister gerichtet wurde; die für unsere Frage wesentlichste Stelle dieses Schriftstückes ist in der Anlage 24 wiedergegeben worden.]

jeden öffentlichen Glauben nehmen würde, wenn man keine auf sie lautenden Kredite zulasse. In der Verordnung, sowie auch später in der Satzung wurde die Frage offengelassen, um im Laufe der Entwicklung zugunsten der Auffassung entschieden zu werden, daß an die Privatwirtschaft nur wertbeständige Kredite gegeben werden durften[1]. Allerdings wurde hier die wohl auf die immer noch vorhandene Inflationspsychose rückführbare Einschränkung gemacht, daß die Schuldner der Reichsbank mindestens den empfangenen Rentenmarkbetrag zurückzuzahlen haben. Also Wertbeständigkeit lediglich zu Lasten des Kreditnehmers! — Gerade die feste Haltung des Finanzministers in der Frage der Wertbeständigkeit des Rentenmarkkredits[2] ist eine der Hauptursachen für die Festigkeit des neuen Geldes geworden, indem dadurch den Interessenten die Möglichkeit genommen wurde, gegen die Rentenmark zu spekulieren und so den Kurs ins Wanken zu bringen.

In einer Schlußsitzung des Kabinetts über die Ausgabe der Rentenmark führte Dr. Luther folgendes aus:

Es wäre bedenklich gewesen, das Schicksal des neuen Geldes an die Papiermark zu knüpfen, solange man nicht wußte, ob die letztere sich stabilisieren lasse. Im Gegensatz zu der früheren Annahme müsse damit gerechnet werden, daß es mindestens noch einen Monat dauern werde, bis das Ruhrunternehmen finanziell liquidiert werden könne. Es sei daher erwünscht, bis zu diesem Zeitpunkt die Einführung der neuen Währung hinauszuschieben[3].

Nach dem Hinweis darauf, daß der Währungsentwurf nur eine provisorische Lösung darstelle, ging Luther kurz auf die wesentlichsten der erhobenen Bedenken ein.

a) Unter anderem werde geltendgemacht, daß das ganze Unternehmen eine neue Inflation bedeute. Dies sei theoretisch richtig unter Berücksichtigung des bestehenden geringen Umfanges an Papiermark. Aber in seinem Goldwert berechnet, könne man sagen, daß bei einer Stabilisierung mit entsprechender Verlangsamung des Umlaufs ein erhöhter Geldbedarf eintreten müsse, der ohne Inflation befriedigt werden könne.

b) Gegen den Kredit an die Privatwirtschaft werden ins Feld geführt, daß sich bei einer Tendenz zur Entwertung des neuen Geldes bei den Kreditnehmern das Bestreben herausstellen werde, aus einer solchen Entwicklung Gewinne zu ziehen. Mit Recht weist der

---

[1] [Vgl. Anlage 25.]

[2] [Hier wird der Wertbeständigkeit der Rentenmarkkredite für die „Wertbeständigkeit" der Rentenmark eine zu hohe Bedeutung beigemessen.]

[3] [Für die Zeit bis zur Ausgabe der Rentenmark wollte man dem Bedürfnis nach wertbeständigem Gelde durch Emission von 200 Millionen Mark kleiner Stücke der Goldanleihe Rechnung tragen. Diese sollten im Januar 1924 gegen Rentenmark umtauschbar sein.]

Minister darauf hin, daß es doch ein großes Armutszeugnis für die Rentenbank wäre, wenn sie von Anfang an keinen Kredit ausgeben würde. Auch habe ja die Reichsbank den Beschluß gefaßt, sofort die Rentenmarkkredite wertbeständig zu gestalten, wenn sich ein Abgleiten geltend mache.

c) Das dritte Bedenken wäre das Verhältnis der Rentenmark zum Auslande. Ihr Kurs würde sich nach dem Kurse der Rentenbriefe richten. Die knappe Verzinsung von 5 vH würde kaum ausreichen, diese in der Nähe des Paritätspunktes zu halten. Eine Unterbewertung der Rentenbriefe aber könne leicht einen Kursfall des neuen Geldes im Auslande nach sich ziehen. Dieser Gefahr müsse man versuchen durch eine Interventionspolitik zu begegnen. —

Die Hinauszögerung der Ausgabe der Rentenmark ist vielfach nicht richtig verstanden worden; man hat in der Öffentlichkeit und auch im Schoße der Reichsregierung von einem langsamen, bürokratischen Gang im Reichsfinanzministerium gesprochen. Der Grund aber war einmal der, daß die Ruhrkredite noch in zu großem Maßstabe Gelder erforderten und man doch bei Ausgabe der Rentenmark mit der Diskontierung von Schatzanweisungen durch die Reichsbank aufhören, d. h. die Notenpresse stillegen wollte. Eine solche Stillegung aber wäre vor der finanziellen Liquidierung des Ruhrunternehmens kaum möglich gewesen. Dazu kam weiter, daß die technische Vorbereitung für die Ausgabe der Rentenmark eine gewisse Zeit in Anspruch nahm[1]. Wenn man aber mit ihr begonnen hätte, bevor eine größere Summe zur Verfügung stand, so hätte die Gefahr vorgelegen, daß die gesamte Rentenmark verschwunden und das währungspolitische Elend nicht abgewendet worden wäre. —

Trotzdem immer noch mancherlei weitere Bedenken geltendgemacht wurden, gelangte die Vorlage der Rentenmark zur Annahme, nicht zuletzt auch deshalb, weil diese Lösung die einzige war, auf welche alle in Frage stehenden Wirtschaftsverbände sich schließlich geeinigt hatten. Diese allseitige Zustimmung bedeutete psychologisch eine außerordentliche Stärkung der Basis des neuen Geldes.

Am 15. Oktober erging die Verordnung über die Errichtung der Rentenbank[2], nachdem am 13. Oktober das Ermächtigungsgesetz verabschiedet worden war. Von dem dem Reichstage vorgelegten Gesetzentwurf weicht die Verordnung, wie erwähnt, nur in wenigen Punkten wesentlich ab[3].

---

[1] Vgl. unten S. 65.

[2] [Die Verordnung, die Durchführungsbestimmungen vom 14. November und 23. Dezember 1923 sowie die Satzungen der Bank sind u. a. wiedergegeben bei Justus Schoenthal: Rentenbank und Rentenmark. Berlin 1924, S. 26f.]

[3] [Vgl. oben S. 53.]

Damit war die währungspolitische Umstellung trotz aller Hemmungen dank der Energie des Reichsfinanzministers gesetzlich vollzogen. Die meisten Einwände gegen den Helfferichschen Plan waren beseitigt und vor allem die Bahn freigemacht worden für die Rückkehr zur Goldrechnung auf dem Währungsfuß des Friedens. Indem das neue wertbeständige Zahlungsmittel rechnungstechnisch an die alte nationale Goldwährung anschloß und sich durch die verschiedensten Maßnahmen der Regierung als wertbeständig erwies, fühlte sich das deutsche Volk von dem Alpdruck der Zahlenmonstren befreit und fand sich in erstaunlicher Raschheit zur alten Währungsrechnung zurück. In dieser psychologischen Erkenntnis, daß dem Volke die altvertraute Goldrechnung wieder ermöglicht wurde, liegt der Schlüssel für das „Wunder der Rentenmark" [*Beusch*]. Würde man etwa die Roggenwährung eingeführt haben, so hätte diese erlösende Wirkung nie eintreten können.

# II. Die Weiterentwicklung.

## 1. Die währungspolitischen Maßnahmen bis zur Herausgabe der Rentenmark.

Die Schaffung der gesetzlichen Basis für die Rentenmark war kein leichtes Werk gewesen; dennoch war diese Aufgabe verhältnismäßig einfach, gemessen an den Schwierigkeiten, die sich nach Erlaß der Verordnung der Durchführung der Währungsumstellung entgegenstellten. In der Beseitigung dieser Schwierigkeiten liegt die Hauptbedeutung des ganzen Stabilisierungswerkes, da ohne diese Maßnahmen die Rentenbankverordnung vollkommen illusorisch gewesen wäre. Von den nunmehrigen Schritten der Regierung hing es überhaupt ab, ob das neue Geld die erhoffte Wertbeständigkeit aufweisen werde oder ob es vom ersten Augenblick an ein Fehlschlag war.

Die praktische Währungsumstellung erfolgte unter den denkbar ungünstigsten Verhältnissen. Seit 1919 war von Sachverständigen-Ausschüssen und bei allen wissenschaftlichen Konferenzen über die Währungsfrage immer wieder der Satz aufgestellt worden: eine Umstellung der Währung ist erst dann möglich, wenn die Finanzen des Reiches in Ordnung gebracht sind, wenn die Notenpresse stilliegt und wenigstens die laufenden Ausgaben und Einnahmen in das richtige Verhältnis zueinander gebracht sind. Nach der wirtschaftlichen Seite aber wurde zur Voraussetzung gemacht, daß die Zahlungsbilanz sich wieder ausgleichen müsse. Diese Bedingungen galten als Axiom. Selbst in der Zeit, in der die Lage der Reichsfinanzen sich verhältnismäßig günstig gestaltete, war die Ansicht vertreten, das man währungspolitisch noch keine Maßnahmen treffen könne, weil eben der Etat noch nicht vollkommen in Ordnung sei. Und nun sollte, ja mußte die Währungsumstellung erfolgen in einem Augenblick, in dem die deutschen Reichsfinanzen sich in einer Unordnung befanden wie niemals vorher. Das Mißverhältnis zwischen den Einnahmen und Ausgaben war so groß geworden, daß zeitweise für etwa 99 vH der Ausgaben die Notenpresse in Anspruch genommen werden mußte[1]. Weniger denn je war die finanzielle Basis für eine Währungsumstellung gegeben. — Erst wenn man sich diese Lage vor Augen hält, kann die außerordentliche Arbeit, die in der Stabilisierung geleistet worden ist, richtig ermessen werden. Denn der oben angeführte Satz, daß eine Währungsgesundung nicht durchgeführt werden könne, wenn der Reichshaushalt nicht in Ordnung gebracht werde, hatte naturgemäß auch hier seine Geltung, da er eine elementare Wahrheit ausspricht. Nur ist die sich hieraus ergebende Konsequenz früher in unrichtiger Weise gezogen worden, indem man die Balancierung des Etats abwarten wollte, bevor man an eine Neuordnung der Währung herantrat. Nunmehr mußte beides zu gleicher Zeit und — zudem im vorliegenden Fall — unter den allerungünstigsten Verhältnissen vorgenommen werden. Für das Gelingen der Währungsumstellung war somit unbedingte Voraussetzung, daß in relativ kurzer Zeit der Haushalt des Reiches irgendwie in Ordnung gebracht wurde. Umgehend mußte zu einer völligen Neuregelung der ganzen Finanzwirtschaft geschritten werden.

Das zweite gewaltige Hemmnis für die Währungsumstellung war die allgemeine politische Lage. Man wird zugeben müssen, daß die furchtbaren Spannungen innerpolitischer Natur, die im Herbste zu gewaltsamer Entladung neigten, zum Teil auch zurückzuführen waren auf den Währungszerfall. Dieser hatte eben eine psychologische Situation geschaffen, welche für radikale Exzesse besonders disponierte. Noch weit wichtiger aber ist die Tatsache, daß die innerpolitischen Verhältnisse die Hauptursache der völligen Vernichtung der alten Währung wurden [*Beusch*]. Von Beginn Oktober bis in den November hinein war die Reichseinheit auf das höchste gefährdet. Der lokale Putsch in Küstrin war nur der Auftakt für die außerordentlich scharf sich zuspitzenden Verhältnisse in diesen Wochen höchster Gefahr. Die Schwierigkeiten in Sachsen und Bayern zeigten den ganzen Ernst der Lage. Im Rheinland erhoben sich separatistische Räuberhorden, in Hamburg kam es zu kommunistischen Unruhen, und in den verschiedensten Städten zog die allgemeine Not und die politische Überhitzung Zusammenrottungen und Plünderungen nach sich, die nur mit äußerster Energie niedergehalten werden konnten.

Neben den politischen Hemmungen ergaben sich für die Umstellung

[1] [Vgl. unten S. 75.]

der Währung außerordentliche Schwierigkeiten infolge der psychologischen Verfassung der gesamten Bevölkerung. Die allgemeine Nervosität, die infolge der Vernichtung des Geldes als Zahlungsmittel überall einsetzte, trug nicht nur zum raschen vollkommenen Verfall der alten Währung bei, sondern bedeutete auch ein gewaltiges Hemmnis für die sachgemäße Arbeit in der Übergangsperiode. Von allen Seiten wurde die Regierung bestürmt, Abhilfe zu schaffen. Man verlangte eine sofortige Herausgabe der Rentenmark, ohne sich der Schwierigkeiten bewußt zu werden, die auf technischem Gebiete der Erfüllung dieser Forderung entgegenstanden. Die wachsende Not, die allerwärts Platz griff, und der drohende Hunger steigerten die Unzufriedenheit und Unruhe in der Bevölkerung von Tag zu Tag. Dadurch konnte leicht die Gefahr erzeugt werden, daß Maßnahmen ergriffen wurden, die sich nachträglich für das ganze Stabilisierungswerk als verhängnisvoll hätten erweisen müssen.

Aus der psychologischen Stimmung der Bevölkerung heraus erklärt sich auch zum Teil der Wettlauf zwischen der Warenpreisentwicklung und dem Dollarkurs. Das Augenmaß für Zahlengrößen war verlorengegangen. Es wurden schließlich, um überhaupt Waren zu erhalten, alle geforderten Preise gezahlt. Hierin war ein wesentlicher Grund für die Übersetzung der Goldpreise zu erblicken. Diese aber drohte ihrerseits, die neue Rentenmark mit in den Strudel der Entwertung hineinzureißen.

Dazu kam die außerordentlich schwierige Lage auf wirtschaftlichem Gebiete. Der Ruhrkampf war aufgegeben. Die Hoffnung, daß das Wirtschaftsleben in dem betroffenen Gebiet in kurzer Zeit wieder in Gang kommen würde, hatte sich nicht erfüllt. Die wirtschaftliche Neueinschaltung des Ruhrreviers, die sich schon an sich nicht in kurzer Zeit hätte durchführen lassen, wurde überdies gehemmt durch außenpolitische Faktoren. Die Folge war, daß die allgemeine wirtschaftliche Notlage sich in einer ungeahnten Weise verschärfte. Das Zusammentreffen aber eines an sich gegebenen wirtschaftlichen Tiefstandes mit den unausbleiblichen Wirkungen der währungspolitischen Umstellung mußte die Lage außerordentlich gefährlich gestalten.

Unter dem Druck dieser Verhältnisse nahm der Währungszerfall ein immer rasenderes Tempo an[1].

---

[1] Es betrug der Dollarkurs am

| | | | |
|---|---|---|---|
| 1. Oktober | 0,24 Milliarden | 9. Oktober | 1,20 Milliarden |
| 2. „ | 0,32 „ | 10. „ | 2,98 „ |
| 3. „ | 0,44 „ | 11. „ | 5,06 „ |
| 4. „ | 0,55 „ | 12. „ | 4,— „ |
| 5. „ | 0,59 „ | 15. „ | 3,75 „ |
| 8. „ | 0,84 „ | 16. „ | 4,09 „ |

Immer dringender wurde insbesondere in der zweiten Hälfte Oktober der Ruf nach sofortiger Herausgabe der Rentenmark. Diese war jedoch aus technischen Gründen ein Ding der Unmöglichkeit. Zwar waren am 10. Oktober, also fünf Tage vor der Verordnung über die Rentenbank, die Platten für das neue Geld soweit fertiggestellt, daß mit dem Druck der Scheine in kurzer Zeit begonnen werden konnte. Aber die Herstellung ging anfangs trotz des Drängens des Finanzministeriums — vor allem auch wegen des außerordentlich gesteigerten Bedarfes der Reichsbank an neuen Geldzeichen — nur sehr langsam vonstatten[1]. Selbst Ende Oktober war erst ein verhältnismäßig sehr geringer Betrag gedruckt. Bis Mitte November sollte eine Summe von $^1/_4$ Milliarde Rentenmark fertiggestellt sein.

Schon bei den Verhandlungen im Reichswirtschaftsrat war darauf hingewiesen worden, daß die technischen Sachverständigen für die Herstellung neuer Umlaufsmittel eine Mindestzeit von zwei Monaten als nötig bezeichnet hatten. Die neuen wertbeständigen Zahlungsmittel mußten eben technisch so gestaltet sein, daß eine Sicherung gegen Fälschungsgefahr gegeben war. Mit Rücksicht hierauf wurde vom Reichsfinanzministerium dann auch der Vorschlag abgelehnt, Zwischenscheine auf das neue Geld auszugeben. Im Hinblick auf die zahlreichen Falschgeldstellen stand zu befürchten, daß unechte Scheine in großen Mengen in den Verkehr gepumpt würden. Das aber hätte nicht nur finanziell einen außerordentlichen Schaden bedeutet, sondern auch die Gefahr mit sich bringen können, daß die Rentenmark schon in den Zwischenscheinen ein Disagio erfuhr.

Nicht geringere Bedenken bestanden im Hinblick auf die bereits oben

| | | | | | |
|---|---|---|---|---|---|
| 17. Oktober | 5,50 | Milliarden | 5. November | 420,— | Milliarden |
| 18. „ | 8,14 | „ | 6. „ | 420,— | „ |
| 19. „ | 12,01 | „ | 7. „ | 630,— | „ |
| 22. „ | 39,95 | „ | 8. „ | 630,— | „ |
| 23. „ | 55,90 | „ | 9. „ | 630,— | „ |
| 24. „ | 62,90 | „ | 10. „ | 630,— | „ |
| 25. „ | 65,— | „ | 12. „ | 630,— | „ |
| 26. „ | 65,— | „ | 13. „ | 840,— | „ |
| 27. „ | 65,— | „ | 14. „ | 1,260,— | „ |
| 29. „ | 65,— | „ | 15. „ | 2,520,— | „ |
| 30. „ | 65,— | „ | 16. „ | 2,520,— | „ |
| 31. „ | 72,50 | „ | 17. „ | 2,520,— | „ |
| 1. November | 130,— | „ | 19. „ | 2,520,— | „ |
| 2. „ | 320,— | „ | 20. „ | 4,200,— | „ |
| 3. „ | 420,— | „ | | | |

[1] [Die erste Menge Rentenscheine war am 30. Oktober fertiggestellt. Am nächsten Tag stieg dieser Betrag von 150000 Mark auf das Dreifache. Erst seit Anfang November ging alsdann der Druck schneller vor sich. Bis zum 15. November war eine Summe von 240 Millionen Mark erreicht.]

erwähnte Gefahr der Hortung gegen die vorzeitige Ausgabe des eigentlichen Rentengeldes. Versagte dieses aber im Anfang, so war die Gefahr gegeben, daß die ganze währungspolitische Aktion dadurch zerstört wurde. Man mußte sich also vorerst auf andere Art und Weise behelfen. Eins der herangezogenen Mittel war das Notgeld[1].

Nicht wertbeständiges Notgeld war schon seit Jahren in Umlauf gesetzt worden. Insbesondere seit dem Frühjahrsmonaten 1923 wurden größere Summen im besetzten Gebiet genehmigt und ausgegeben, zumal dieses nicht mehr regulär mit Zahlungsmitteln versorgt werden konnte, denn allerwärts drohte die Beschlagnahme derselben durch die Besatzungstruppen.

Im unbesetzten Gebiete lag der Hauptgrund der Ausgabe von nicht wertbeständigem Notgeld darin, daß sich im Laufe der Zeit vor allem bei lang andauernden oder besonders starken Kurssteigerungen am Devisenmarkt eine immer größere Zahlungsmittelknappheit herausbildete. Die große Geldkrisis im August 1923 hatte dazu geführt, daß Löhne und Gehälter nicht mehr bezahlt werden konnten. Die Reichsbank war auf die stark fortschreitende Entwertung der Mark nicht vorbereitet und hatte nicht genügend Geldzeichen zur Verfügung. Infolgedessen mußte, sollte nicht ein Zusammenbruch des ganzen Zahlungsverkehrs erfolgen, die Ausgabe von Notgeld auch im unbesetzten Gebiet zugelassen werden.

Die erforderliche Genehmigung durch den Reichsfinanzminister wurde von der Deponierung eines dem Ausgabebetrag (unter Abzug der Kosten) entsprechenden Guthabens[2] bei der Reichskredit-Gesellschaft abhängig gemacht. Dieses wurde für den Reichsfinanzminister gesperrt. Statt dieser Deckung war bis zum 15. November, dem Tage, an welchem die Diskontierung von Reichsschatzwechseln bei der Reichsbank ein Ende fand, Anlage des Gegenwertes des ausgegebenen Betrages in diesen zulässig. Des weiteren waren Bestimmungen über den Höchstbetrag des einzelnen Notgeldscheines, über seinen Aufruf usw. erlassen. — Insbesondere in den letzten Wochen des Währungszerfalls erfolgte zudem die Ausgabe von nicht genehmigten Geldzeichen in geradezu erstaunlichem Maße. Während im ganzen 7,6 Trillionen nicht wertbeständiges Notgeld[3] bewilligt waren, liefen am 30. November 1923 an ungenehmigtem Notgeld im besetzten Gebiet 210 Trillionen, im unbesetzten Gebiet

---

[1] [Vgl. zu den hiermit zusammenhängenden Fragen insbesondere Hjalmar Schacht, a. a. O. S. 11fg., 75fg. und 98fg.]

[2] [Dieses wurde zu 2 vH unter dem jeweiligen Diskontsatz verzinst. Am 16. November wurde diese Verzinsung eingestellt, da die hinterlegten Gelder nicht mehr zur Bestreitung von Reichsausgaben verwandt, sondern von der Reichskredit-Gesellschaft auf Reichsbankgirokonto überwiesen wurden.]

[3] [Davon 2,1 Trillionen im besetzten Gebiete!]

110 Trillionen um[1]. Dazu gab es noch Eisenbahnnotgeld in Höhe von 114,8 Trillionen Mark, das besonders im Monat November ausgegeben worden war. Letzteres wurde später durch 90 Millionen Rentenmark gedeckt[2]. Im besetzten Gebiet waren 99 vH des Geldumlaufs Notgeld und nur 1 vH eigentliches Währungsgeld [*Beusch*]. Die stark inflationistische Wirkung dieser Unsummen an Papiernotgeld, die zeitweise sogar den Betrag an umlaufenden Reichsbanknoten überschritten, liegt auf der Hand. Um die Gefahren, die aus diesem Zustande erwuchsen, möglichst rasch zu beseitigen, wurde am 17. November von der Reichsbank beschlossen, ab 22. November das Papiernotgeld im unbesetzten Gebiet an ihren Kassen nicht mehr in Zahlung zu nehmen. Im besetzten Gebiete konnte man eine solche radikale Maßnahme nicht treffen, da es bei einer so kurzen Zeitspanne ganz unmöglich gewesen wäre, den Wirtschaftsverkehr daselbst aufrecht zuerhalten. Das ganze besetzte Gebiet war überflutet von einer ungeheuren Menge von Papiernotgeld, dessen rasche Zurückziehung die größte Zahlungsmittelkrisis zur Folge gehabt hätte. Dort wurde daher der Annahmetermin bis zum 1. Dezember hinausgeschoben. Damit aber war das nicht wertbeständige Notgeld nicht beseitigt. Erst vom 1. Januar ab wurde es allmählich aufgerufen.

Diese irreguläre Geldschöpfung, die infolge der ungeheuren Überschreitung der gestatteten Ausgabesummen an Falschmünzerei grenzte, hat nicht zuletzt dazu beigetragen, daß im Monat November die fast völlige Vernichtung der Mark eintrat.

Schon bevor dieses Anschwellen des ungenehmigten Notgeldes seinen Höhepunkt erreichte, war der Prozeß der Repudiation der Mark so stark geworden, daß auch die Arbeiter den Ruf nach wertbeständigen Zahlungsmitteln mit allem Nachdruck erhoben. Mitte Oktober waren weite Kreise der Arbeiterschaft bereit, diese Forderung auf dem Wege des Generalstreiks durchzusetzen. In der zweiten Oktoberwoche drohte dieser infolge des Nichtvorhandenseins von wertbeständigem Gelde auszubrechen. Zwar war beschlossen worden, daß von den 500 Millionen

[1] [Die hier aufgeführten Beträge weichen mit Ausnahme der sich auf das Eisenbahnnotgeld beziehenden Summe nicht unerheblich ab von den in der Denkschrift „Deutschlands Wirtschaft, Währung und Finanzen" (Berlin 1924) gemachten Angaben. Nach dieser beliefen sich die Höchstziffern des genehmigten und ungenehmigten Notgeldes im besetzten Gebiet auf 180, im unbesetzten auf 12 Trillionen. — Eine im Januar 1924 auf Grund von Nachforschungen der Reichsbankanstalten aufgestellte Notgeldnachweisung läßt die im Kontext gemachten Angaben als der Wirklichkeit näherkommend erscheinen. Nach dieser Nachweisung waren seit dem 1. Juli 1923 unter Nichteinberechnung des Eisenbahnnotgeldes etwa 322 Trillionen Mark in den Verkehr gepumpt worden, von denen um Mitte Januar noch annähernd 150 Trillionen Mark umliefen.]

[2] [Vgl. Anlage 26.]

Mark Goldanleihe 200 Millionen in eigentlichen Anleihestücken, die restlichen 300 Millionen Mark in kleinen Abschnitten ausgegeben werden sollten, um als Geldzeichen zu dienen. Letztere aber waren in jener kritischen Zeit noch nicht gedruckt. Unbedingte Abhilfe war erforderlich, da die Situation sich immer mehr verschärfte und eine gewaltsame Revolution unmittelbar vor der Tür stand. In den Nachtstunden vom 24. auf den 25. Oktober, wurde ein Aufruf des Reichsministeriums erlassen zur Beruhigung der überhitzen Arbeitermassen. In ihm wurde die schleunige Ausgabe von wertbeständigen Zahlungsmitteln versprochen.

Zunächst wurden nunmehr Zwischenscheine für die Goldanleihe in den Verkehr gebracht. Aber auch deren Herstellung mußte zentral geschehen und ging daher allzu langsam vonstatten. Deswegen wurde beschlossen, daneben auch wertbeständiges Notgeld auszugeben. Die diesbezügliche Verordnung wurde unter Zugrundelegung folgender Gesichtspunkte am 26. Oktober erlassen:

1) Seine Ausgabe war an eine Genehmigung des Finanzministers geknüpft.

2) Es mußte durch Hinterlegung gleich großer Beträge an Goldanleihe — sowie später, als diese wegen der großen Nachfrage nicht mehr erhältlich waren, durch einen neu herausgegebenen Typ 6 proz. auf Gold lautender Reichsschatzanweisungen — bei der Reichsbank gedeckt werden.

Die betreffenden Summen wurden zugunsten des Finanzministers gesperrt. Die als Deckung verwendeten Anleihen waren zwecks Vermeidung eines weiteren Umsichgreifens der Inflation seitens der Emittenten durch Barzahlung zu erwerben.

Emissionsanträge liefen anfänglich in ungeheurer Menge ein. Die Bevölkerung hatte eben alle Ausmaße hinsichtlich der Zahlengröße verloren. Das Ministerium reduzierte sofort die angeforderten Beträge, indem es die Ausgabe ursprünglich auf 1 bis 2 Mark pro Kopf der Bevölkerung des betreffenden Gebietes beschränkte und später diesen Betrag auf etwa das doppelte ansteigen ließ.

Zur Vermeidung einer zu starken Zersplitterung an wertbeständigem Notgeld wurde verlangt, daß sich die Interessenten bestimmter Kreise zusammenschließen und gemeinsam einen Einzeltyp des Notgeldes ausgeben sollten. In einzelnen Gebieten kamen die Provinzen als Träger der Ausgabe in Frage. In anderen Fällen schlossen sich Industrielle (so in Chemnitz) oder Handelskammer (Württemberg!) zusammen, um ein gemeinsames Notgeld in Umlauf zu setzen. Die Folge war, daß statt der mehr als 10000 Emittenten von Papier- nur 150 für wertbeständiges Notgeld in Frage kamen. Bewilligt wurden, abgesehen von dem wertbeständigen Notgeld der Reichsbahn in Höhe von 150 Millionen Goldmark, bis zum 31. Dezember 1923 insgesamt 235 Millionen Mark[1]. Die genehmigten Beträge sind nicht überall in vollem Umfange in den Verkehr gebracht worden. Am meisten wurde solches Notgeld, das übrigens im Hinblick auf seine notwendige Fundierung nicht als reine Geldschöpfung anzusprechen ist, in landwirtschaftlichen und großindustriellen Bezirken geschaffen. Denn gerade in ihnen hatte die Reichsbank nicht genügend Zahlungsmittel zur Verfügung, um den Verkehr damit zu versorgen.

Ende November machte sich in den Anforderungen plötzlich ein Umschwung bemerkbar, indem nicht nur deren Zahl zurückging, sondern vielmehr gleichzeitig um eine teilweise Freigabe der Deckung gebeten wurde. Infolge der Steigerung des deutschen Markkurses in New York über die deutschen Einheitsnotierungen hinaus wurde die Papiermark wieder mehr begehrt als die wertbeständigen Zahlungsmittel. Diese Bewegung hielt jedoch nur kurze Zeit an. Sie hatte aber die Folge, daß das Reichsfinanzministerium veranlaßt wurde [!], sich schon damals sehr ernstlich mit der Frage zu beschäftigen, wie es später die rückströmenden Goldschatzanweisungen aufnehmen sollte. Wurde nämlich das wertbeständige Notgeld eingelöst, so wurden damit die als Deckungsgrundlage dienenden Goldschatzanweisungen frei und mußten zunächst an den Markt strömen. Es bestand dann die Gefahr, daß die Goldanleihen im Kurse gedrückt wurden. Das aber mußte die Rentenmark sofort mit auf den abschüssigen Weg des Disagios reißen [?!]. Die restriktive Politik in der Bewilligung von Notgeldausgabe wurde unter diesen Umständen noch verschärft.

Zudem zeigte sich immer mehr, daß das Reich das allergrößte Interesse haben mußte, den Aufruf des Notgeldes selbst in die Hand zu nehmen. Dieses wurde ermöglicht durch den Erlaß des Reichsfinanzministers vom 12. Dezember 1923, durch den er sich allein das Recht zum Aufruf zuerkannte. So konnte dieser einmal nach der Stärke der Kassenflüssigkeit, sodann nach der Größe des Zahlungsmittelbedarfs und endlich nach der Möglichkeit der Kurshaltung gerichtet werden. Gegen Ende des Monats Dezember wurde bereits mit dem Aufruf begonnen. Ende März waren nur noch etwa 60 Millionen Mark an diesen Zahlungsmitteln im Umlauf.

Die Reichsbank hatte sich um das wertbeständige Notgeld nicht gekümmert. Sie war nunmehr entlastet von ihren Verbindungen mit

---

[1] Erwähnung verdienen in diesem Zusammenhang noch die von der Hamburger Bank von 1923 A.-G. gegen Deponierung von Devisen ausgestellten, als Zahlungsmittel herangezogenen Verrechnungsscheine über etwa 25 Millionen Goldmark. Einen ähnlichen Weg hatte die Holsteinische Goldgirobank A.-G. in Kiel eingeschlagen. [Eine große Rolle spielten ferner in der damaligen Zeit die Erwägungen hinsichtlich der Errichtung einer Rheinisch-Westfälischen Goldnotenbank. (Vgl. hierzu insbesondere Schacht, a. a. O. S. 100fg.)]

dem Reich, hatte aber durch den bleibenden Kurs ihrer Noten und durch die neuerlich entstehende Nachfrage nach diesen die Möglichkeit erhalten, entsprechend größere Summen an Papiermark in Umlauf zu setzen [*Beusch*]. Für das Reich ergab sich daraus eine äußerst bedeutsame finanzpolitische Schwierigkeit. In dem Maße, in welchem die Reichsbanknoten zum gleichen Wert wie die Rentenmark angenommen wurden und in welchem die Bank ihre Nebenstellen mit solchen Scheinen ausstattete, wurde das wertbeständige Notgeld überflüssig. Auf diese Weise wurde, da die Reichsbank nicht eingriff, das Reich gezwungen, die in Frage stehenden Goldschatzanweisungen selbst aufzunehmen und somit in einer Zeit der höchsten Finanznot im Endeffekt eine Schuldentilgung zu treiben in einer Höhe, wie sie in normalen Zeiten nicht üblich gewesen wäre. Die in den Zehntage-Nachweisen unter dem Titel der Stützung der Goldanleihe auftretenden Beträge sind zum größten Teil Rückkaufsummen für die im Oktober und November ausgegebenen Goldschatzanweisungen. Da nun die Finanzen hierdurch außerordentlich belastet wurden, so wurde in dem weiteren Zurückziehen des wertbeständigen Notgeldes ab Mitte Februar etwas langsamer vorgegangen. Man beschloß, das noch vorhandene Notgeld in dem Maße aufzurufen, in welchem das neue Silbergeld in den Verkehr gebracht wurde.

Die Notgeldfrage ist damit nur in aller Kürze umrissen. Sie bildet in der Währungsgeschichte jener Monate gewissermaßen einen Abschnitt für sich. Ihre Regelung hat die allergrößten Wirkungen für das Gelingen der Markstabilisierung ausgeübt. Sie war gewissermaßen der elastische Faktor, um die nötige Menge von Umlaufsmitteln zu regulieren [*Beusch*]. —

Die großen Mengen ungedeckten nicht-wertbeständigen Notgeldes im besetzten Gebiet trugen das ihre dazu bei, daß dort in den Monaten vor der Stabilisierung die Preise und Devisenkurse viel höher stiegen als im übrigen Deutschland. Diese schon aus der verschieden starken Inflation im besetzten und unbesetzten Gebiete entspringende anormale Preisbildung wurde noch verstärkt, als am 22. Oktober der Einheitskurs erneut eingeführt wurde. Im Sommer 1923 war der mit diesem gemachte Versuch mißglückt. Die Ansichten über die Zweckmäßigkeit einer abermaligen derartigen Maßnahme gingen zum Teil aus diesem Grunde sowohl in Sachverständigen- wie auch in Regierungskreisen erheblich auseinander. Für dieselbe traten die Reichsbank und die Darmstädter und Nationalbank ein, während sich die meisten Vertreter der Banken gegen den Einheitskurs aussprachen. Auch der Reichswirtschaftsminister entschloß sich nur äußerst schwer, seine großen Bedenken zurückzustellen. Die Einführung eines Einheitskurses mußte nach seiner Ansicht unter allen Umständen wieder zu Repartierungen führen. Diese aber würden eine Disparität zwischen Inlands- und Auslandskurs und damit eine Übersetzung der Goldpreise im Inland zur Folge haben. — Der Reichsfinanzminister wies demgegenüber auf die durch die bevorstehende Einführung des neuen Geldes völlig verschobenen Voraussetzungen hin. Er glaubte, daß die schädlichen Nebenwirkungen nur vorübergehender Natur seien und sich später beheben lassen würden.

Die Einheitskursnotierung war erklärlicherweise nicht imstande, der weiteren Entwertung der Mark auf die Dauer entgegenzuwirken. Der Kurs konnte jeweils nur für einige Tage aufrecht erhalten werden. Dann mußte man ihn entsprechend seiner Gestaltung im Auslande in die Höhe setzen. Immerhin dürfte er in dieser Zeit der allergrößten Geldentwertung das seine zur Vermeidung einer vollkommenen Anarchie im Geldwesen beigetragen haben. Für den Warenverkehr war so eine gewisse Norm gegeben. Eine sehr unerwünschte, bereits kurz gestreifte Begleiterscheinung folgte auf der anderen Seite aus der Tatsache, daß die Gestaltung der Kursverhältnisse im besetzten Gebiet nicht im Machtbereich der Regierungsmaßnahmen lag. Die dadurch hervorgerufene Disparität der Wechselkurse diesseits und jenseits der Besatzungsgrenze hatte zunächst sehr erhebliche Nachteile im Gefolge. Im besetzten Gebiet wurde der Dollar sehr viel höher notiert, als es dem amtlichen Berliner Einheitskurs entsprach. Aus diesem Grunde steigerte sich in der Reichshauptstadt die Nachfrage nach Devisen aus dem besetzten Gebiet heraus außerordentlich. In jenen Tagen spielte sich ein heftiger Kampf um die Kursgestaltung zwischen Berlin einerseits und Köln, Aachen und Wiesbaden andererseits ab. Die verschiedensten Mittel, die zur Hintanhaltung dieser Treibereien versucht wurden, erwiesen sich im allgemeinen als unzureichend. —

Die niedrigere Bewertung des deutschen Geldes im Ausland wirkte sich rasch auch auf die Bewegung der Warenpreise im Inlande aus. In kurzer Zeit stiegen diese ihrem (auf Grund der deutschen Notierungen zu errechnenden) Goldwerte nach weit über die Friedenshöhe. Besonders stark zogen die Kleinhandelspreise an. Neben der Sorge, durch die Geldentwertung großen Schaden zu erleiden, waren damals zweifellos auch wucherische Tendenzen in der Preisgestaltung maßgebend. Diesen Erscheinungen mußte von drei Seiten aus entgegengetreten werden. Erstens mußte man versuchen, den Auslandskurs an den inländischen Einheitskurs anzugleichen. Zweitens mußte gegen die Wuchertendenzen eingeschritten werden. Das geschah denn auch mit erheblich größerer Energie als früher. Drittens mußte man der Bewegung Herr werden durch Herbeiführung einer entsprechenden Geldverknappung im Inlande. Gerade diese letztere Maßnahme hat in erster Linie mit dazu beigetragen, daß in verhältnismäßig kurzer Zeit ein Umschwung in der Preisbildung stattfand. Damit aber war eine der wichtigsten Voraussetzungen gegeben für die Stabilisierung der Währung.

Das Reichswirtschaftsministerium sah vor dieser Besserung eine der Hauptursachen der ungünstigen Gestaltung der Dinge nach wie vor in der Einheitskursnotierung, deren Abschaffung immer wieder mit Nachdruck gefordert wurde[1]. Als besonders schädlich wurden die Folgen dargestellt, welche sich aus der zwangsweise herbeigeführten Repartierung sowie Differenzierung zwischen den Berliner und ausländischen Notierungen für die wirtschaftliche und sozialpolitische Entwicklung ergäben. Hier sei durch entsprechende devisenpolitische Maßnahmen, d. h. also durch Abänderung der Berliner Notierungsweise, dringend Abhilfe zu schaffen[1]. —

All die vielfachen Maßnahmen auf währungspolitischem Gebiete hatten es notwendig gemacht, daß zunächst im Reichsfinanzministerium Staatssekretär Schroeder von seinen übrigen Aufgaben entbunden wurde, um sich ausschließlich der Leitung der währungspolitischen Arbeiten zu widmen. Einige Wochen später (am 12. November) wurde dann ein Reichswährungskommissar (Schacht) ernannt, der zusammen mit Schroeder die währungspolitischen Fragen weiter bearbeitete.

---

[1] [Vgl. Anlage 27, Punkt II.]

[Unseres Erachtens wird man dem Standpunkt der Gegenseite: Luther, Schacht u. a. in dieser Frage beipflichten können. Besondere Schritte rechtfertigen auch besondere Maßnahmen, selbst wenn diese vorübergehend von wirtschaftlich unerwünschten Folgen begleitet werden. Zumal in jenen innerpolitisch übermäßig gespannten Wochen war es eine Notwendigkeit, daß die Regierung bzw. Reichsbank die für die gesamte Preisbildung im Inlande trotz aller Goldpreisübersteigerungen so wesentliche nominelle Kursgestaltung fest in der Hand hielt. Eine der ausländischen Kursbewegung parallellaufende Entwicklung hätte gerade in jenen Übergangswochen unbedingt zu einer Fortführung der Papierinflation in allerschlimmstem Ausmaße führen müssen und neben dem Währungswohl auch den politischen Zusammenbruch weit früher nach sich gezogen, als sich das „Wunder der Rentenmark" hätte auswirken können. Zudem braucht der Einheitskurs durchaus nicht zwangsläufig eine übermäßige Differenzierung zwischen Inland- und Auslandkurs zu bedeuten. Das hat ja auch die spätere Entwicklung gelehrt. Damals aber galt es, die deutsche Wirtschaft und die deutsche Währung durch die außerordentlichen wirtschafts- und währungspolitischen Fährnisse mit sicherer Hand in ruhigere Verhältnisse überzuleiten.

Im übrigen haben sich die Verhältnisse auf dem Devisenmarkt bereits bald erheblich gebessert. Die Zuteilungsquote stieg allmählich, um sich in der ersten Januarwoche 1924 bei £ auf 20 vH, bei $ auf 15 vH zu belaufen. Dann trat allerdings ein erheblicher Rückschlag ein. Anfang März war man wieder für eine längere Zeitspanne bei einem 1proz. Repartierungssatz angelangt. Eine leichte Entspannung machte sich erst nach $2^1/_2$ Monaten bemerkbar. Am 15. Mai wurde die Zuteilung für das £, am 21. jene für den $ auf den doppelten Satz erhöht, um dann mit zunehmender Schnelligkeit weiter anzuziehen. Am 3. Juni 1924 wurde zum ersten Male wieder eine Vollzuteilung für diese beiden Valuten erreicht (vgl. Dalberg: Deutsche Währungs- und Kreditpolitik, S. 63). Von ihr ist seitdem nicht mehr abgewichen worden.]

Kurz sei an dieser Stelle nochmals auf eine andere bereits berührte Frage eingegangen, die in den damaligen Beratungen eine erhebliche Rolle gespielt hat: das Problem der Einlösung und des Einlösungskurses des Papiergeldes. Was den ersten Teil dieser Frage anbetrifft, so wurden drei Möglichkeiten erwogen.

a) Einlösung der Papiermark gegen Gold und Devisen ohne Verbindung dieser Einlösung mit der Goldanleihe und der Rentenmark (Schaffung einer Konversionskasse);

b) Einlösung gegen einen besonderen Typ der Goldanleihe;

c) Einlösung gegen Rentenmark.

Für die erstere Lösung waren die Privatbanken. Auch der Reichsfinanzminister stand ihr nicht unbedingt ablehnend gegenüber. Für den zweiten Weg setzten sich einige Vertreter der Wissenschaft sowie auch der Reichswirtschaftsminister ein, und für die Einlösung gegen Rentenmark die Reichsbank. Gegen eine zu frühzeitige Festsetzung des Kurses, zu welchem die Papiermark nach Ausgabe der Rentenmark umgetauscht werden sollte, hatten der Finanzminister und in Übereinstimmung mit ihm der Wirtschaftsminister im Hinblick auf die völlige Unübersichtlichkeit der Lage große Bedenken. Am 15. November war die schwebende Schuld des Reiches auf fast 200 Trillionen gestiegen. Hätte man 2 Tage vorher, wie es von einer Partei des Reichstages vorgeschlagen worden war, einen Einlösungskurs von 100 Milliarden Papiermark zu 1 Goldmark festgesetzt, so würde zum Umtausch der gesamten Reichsbanknoten ein Rentenmarkbetrag von über 1,9 Milliarden notwendig gewesen sein. Die Einlösung des nicht-wertbeständigen Notgeldes aber wäre ganz unmöglich gewesen. — Nach Herausgabe der Rentenmark wurde die Frage des Einlösungskurses verschiedentlich wieder aufgegriffen. Die Herstellung eines festen Wertverhältnisses zwischen Rentenmark und Reichsbanknote wurde von den verschiedensten Seiten mit Nachdruck gefordert. Für sie setzten sich nunmehr mit aller Entschiedenheit der Reichswirtschaftsminister[1] sowie gleichfalls in Übereinstimmung mit dem Finanzminister der Reichswährungskommissar ein. — Wenn auch nicht durch gesetzliche Bestimmungen, so wurde doch bald durch die reichsbankseitige Handhabung vollauf der Forderung nach Herstellung einer festen Wertrelation zwischen den beiden Umlaufsmitteln entsprochen. —

Mit dem 15. November wurde tatsächlich die Papiermarkherstellung gestoppt. Die Rentenmark wurde ausgegeben. Trotz der parlamentarischen Krise, die in jener Zeit vor der Türe stand, gelang es fünf Tage später bereits, den Einheitskurs festzuhalten und von da ab die Stabilität der Mark zu sichern [*Beusch*]. Wenn diese Wirkung eintrat, so ist

---

[1] [Vgl. Anlage 27.]

dies nicht bloß darauf zurückzuführen, daß die nötigen währungspolitischen Schritte unternommen wurden, sondern vor allem auch auf die außerordentlich einschneidenden und energischen Maßnahmen auf dem Gebiete der Ordnung des Etats, durch rücksichtslose Beschränkung der Ausgaben und energische Schaffung neuer Einnahmen.

## 2. Währungsumstellung und Reichshaushalt.

Die größte Schwierigkeit bei der Währungsumstellung lag, wie bereits hervorgehoben, darin, daß in dem Augenblick, als die Rentenmark eingeführt wurde, das Finanzwesen des Reiches einen Tiefstand erreicht hatte, wie ihn noch einige Wochen vorher niemand hatte voraussehen können. Am 15. Oktober betrug die schwebende Schuld 170 Billiarden, am 31. Oktober war sie auf 6,9 Trillionen, am 15. November bereits auf 191,6 Trillionen angewachsen. Innerhalb eines einzigen Monats war ihre nominelle Höhe somit auf mehr als das Tausendfache gestiegen[1]. Die Einnahmen aus ordentlichen Quellen kamen demgegenüber fast gar nicht mehr zur Geltung. Im Laufe des Kalenderjahres 1923 hatte die Notenpresse in noch weit höherem Maße als früher die Funktion übernommen, die bei normaler Finanzwirtschaft dem Steuerwesen und den fundierten Anleihen zufällt. Immer größer waren die Summen geworden, die auf dem Wege über die Notenpresse dem Volke als eine Art Inflationssteuer mit ihrer außerordentlich ungerechten Lastenverteilung auferlegt wurden.

Die Wirkungen der Geldentwertung für den Reichshaushalt waren, wenn man seinen realen Inhalt betrachtet, nach der Ausgabeseite hin forzierend, nach der Einnahmeseite hin dagegen aushöhlend.

Eine absolut richtige Berechnung des Goldwertes der Einnahmen und Ausgaben des Reichshaushalts ist bei der Inäquivalenz der verschiedenen Entwertungsfaktoren nicht möglich. Die Umrechnung über den Dollarkurs ergibt naturgemäß wesentlich andere Zahlen wie die über den Großhandelsindex; die letztere gibt wieder andere Resultate wie die Zugrundelegung der Lebenshaltungsmeßziffern. Keine von den drei Methoden vermag allen Ansprüchen auf möglichst klare Berechnung des Goldinhaltes des Etats zu genügen. Vom Standpunkt der Belastung der

[1] Die Entwicklung in der ersten Hälfte des Monats November, nach den einzelnen Tagen gesehen, vollzog sich folgendermaßen. Es betrug der Stand der schwebenden Schuld am:

| | | | | | |
|---|---|---|---|---|---|
| 1. November | 8,4 | Trillionen | 9. November | 50,6 | Trillionen |
| 2. „ | 9,8 | „ | 10. „ | 63,1 | „ |
| 3. „ | 12,1 | „ | 12. „ | 95,9 | „ |
| 5. „ | 16,3 | „ | 13. „ | 121,6 | „ |
| 6. „ | 21,1 | „ | 14. „ | 126,9 | „ |
| 7. „ | 27,5 | „ | 15. „ | 191,6 | „ |
| 8. „ | 38,8 | „ | | | |

Bevölkerung aus gesehen, ist es wohl am zweckmäßigsten, als Maßstab den Lebenshaltungsindex herauszugreifen. Dabei ergibt sich [insbesondere] in der zweiten Hälfte des Kalenderjahres 1923 wiederum die Schwierigkeit, daß das Bild nicht richtig erscheint mit Rücksicht auf die Tatsache, daß die Monatsdurchschnitte nicht die gleichen Umrechnungsziffern ergeben wie eine etwaige Umrechnung nach dem jeweiligen Tageswert des Geldes. Letztere ist nicht möglich, da die Ausgaben nicht täglich verfolgt wurden und auch der Lebenshaltungsindex nicht in so kurzen Zeitspannen ermittelt wurde. Dennoch ist aus den in der Denkschrift „Deutschlands Wirtschaft, Währung und Finanzen" enthaltenen Umrechnungen die Tendenz genau zu ersehen, in welcher die Geldentwertung auf die Reichsfinanzen gewirkt hat[1].

Sollte angesichts dieser vollkommenen Verwirrung der Reichsfinanzen überhaupt die Möglichkeit des Übergangs zu einer Währungsstabilisierung geschaffen werden, so mußte das Finanzproblem mit rücksichtsloser Energie und größter Beschleunigung von zwei Seiten, der Ausgabe und der Steuerpolitik her angefaßt werden. Was die Ausgaben an betrifft, so lagen der Hauptaufwand des Reiches und mit ihm die Hauptgründe für die schwierige Lage seiner Finanzen vor allem in

[1] Danach betrugen die Ausgaben des Reiches, berechnet über den

| | Lebenshaltungsindex | Großhandelsindex | Dollarindex |
|---|---|---|---|
| | | in Millionen Goldmark: | |
| April . . . . . . . . | 920,2 | 521,5 | 466,6 |
| Mai . . . . . . . . | 847,1 | 395,6 | 284,7 |
| Juni . . . . . . . . | 1700,3 | 671,0 | 496,4 |
| Juli . . . . . . . . | 1059,5 | 533,4 | 473,9 |
| August . . . . . . . | 2141,7 | 1329,5 | 1013,1 |
| September . . . . . | 3193,8 | 2000,4 | 1661,8 |
| Oktober. . . . . . . | 1914,0 | 986,5 | 881,8 |
| November. . . . . . | 1200,2 | 1086,4 | 1510,0 |
| Dezember . . . . . . | 536,2 | 529,9 | 668,7 |
| Summe der 9 Monate: | 13513,2 | 8054,2 | 7437,0 |

Demgegenüber beliefen sich die Einnahmen aus Steuern auf:

| | Lebenshaltungsindex | Großhandelsindex | Dollarindex |
|---|---|---|---|
| | | in Millionen Goldmark: | |
| April . . . . . . . . | 296,9 | 168,3 | 150,6 |
| Mai . . . . . . . . | 366,8 | 171,3 | 123,3 |
| Juni . . . . . . . . | 165,0 | 65,1 | 48,2 |
| Juli . . . . . . . . | 107,9 | 54,3 | 48,3 |
| August . . . . . . . | 147,7 | 91,7 | 78,1 |
| September . . . . . | 87,3 | 54,7 | 55,6 |
| Oktober. . . . . . . | 23,9 | 12,3 | 14,5 |
| November. . . . . . | 50,2 | 45,5 | 63,2 |
| Dezember . . . . . . | 250,4 | 247,5 | 312,3 |
| Summe der 9 Monate: | 1496,1 | 910,7 | 894,1 |

1. den Ausgaben für den Friedensvertrag, denen sich 1923 jene für den Ruhrkampf zugesellten;

2. dem Zuschußbedarf der Betriebsverwaltungen;

3. den Zinsverpflichtungen, anfänglich für die Kriegs-, später für die wachsenden schwebenden Schulden der Friedenszeit;

4. den direkten und indirekten Nachkriegsausgaben, wobei unter letzteren auch alle jene zu verstehen sind, die für die Ernährung und sonstige wirtschaftlich-soziale Zwecke vorgenommen werden mußten, um die durch den Krieg in ihrer Substanz so außerordentlich erschütterte Volkswirtschaft wieder in Gang zu bringen.

An diesen Hauptpunkten mußte darum der Hebel der Ersparnis angesetzt werden. Klar trat zutage, daß auch die Ausgaben aus dem Friedensvertrag nicht im bisherigen Ausmaße fortgeführt werden konnten. Was den zweiten der oben angeführten Punkte anbetrifft, so hob sich immer deutlicher das Ziel ab, die Betriebsverwaltungen von den Reichsfinanzen loszulösen; denn sie hatten in den letzten Jahren für sie eine außerordentliche Last bedeutet[1]. Dabei ist allerdings zu berücksichtigen, daß die Hauptvoraussetzung ihrer Sanierung schon durch den Übergang zu einem wertbeständigen Zahlungsmittel gegeben war. — Die geplante „Abhängung" der Eisenbahn usw. konnte nicht sofort vollzogen werden. Zum mindesten bedurfte sie einer kurzen Übergangszeit, um sich auf die neuen Verhältnisse einzustellen.

Die Aufwendungen für die Verzinsung der schwebenden Schuld, die infolge der hohen Diskontsätze in den letzten Monaten der Geldentwertung so außerordentlich angeschwollen waren[2], schrumpften rasch zusammen. Bei anderen Ausgaben, besonders bei Entschädigungen einschließlich jener, die direkt oder indirekt mit dem Friedensvertrag von Versailles zusammenhingen, wurden teilweise endgültige Kürzungen vorgenommen, teils Zwangsmoratorien eingeführt. In Angriff genommene Bauten wurden fast durchweg eingestellt. Ebenso wurden alle Aufwendungen auf sozialpolitischem Gebiete, soweit als nur irgend zulässig, gedrosselt. Bei den Ersparnismaßnahmen machte besonders die Erwerbslosenfürsorge außerordentliche Schwierigkeiten, da um die Wende des November und Dezember die Zahl der Arbeitslosen auf 5 Millionen angestiegen war. — Schon kurz vorher war durch Minderung der Erwerbslosenunterstützungssätze wie auch durch die Verordnung über die

---

[1] So waren beispielsweise die Zuschüsse für die Reichsbahn dauernd gewachsen. Während sie im April 263 Millionen ausgemacht hatten, waren sie im September auf 786 Millionen Goldmark gestiegen, hatten also in diesem Monat einen höheren Betrag erreicht als die gesamten Reichsausgaben im Monat Dezember.

[2] Vom April bis September 1923 waren sie von 40,9 auf 375,3 Millionen Goldmark monatlich gestiegen.

Aufbringung der Mittel für die Erwerbslosenfürsorge vom 15. Oktober 1923 (RGBl. I/984) Vorsorge für weitgehende Ausgabeneinschränkung auch auf diesem Gebiete getroffen.

Zu Beginn des Novembers 1923 wurden die bisher den Ländern und Gemeinden infolge der Inflation und des Ausfalls der Einnahmen gewährten Liquidationskredite, die im Ergebnis, wenigstens soweit sie nicht auf wertbeständiger Grundlage gegeben waren, auf Zuschüsse hinausliefen, völlig beseitigt. Länder und Gemeinden wurden nunmehr auf ihre Anteile an den Überweisungssteuern beschränkt und im übrigen darauf angewiesen, den Finanzbedarf aus eigenen Steuern oder im Anleihewege zu decken.

Im Vergleich zu den vorerwähnten Posten fielen die eigentlichen Hoheitsausgaben des Reiches nicht besonders ins Gewicht. Zwar ist auch hier und bei den übrigen öffentlichen Körperschaften, genau wie in der Privatwirtschaft, nach dem Kriege eine erhebliche Übersetzung des Personalbestandes erfolgt. Doch hatte sich diese im Vergleich zu jener auf dem Gebiete der Betriebsverwaltung in verhältnismäßig bescheidenen Grenzen gehalten. Soweit sie stattgefunden hatte, war sie zum Teil durch das außerordentliche Anschwellen der Nachkriegsaufgaben gegenüber jenen der Vorkriegszeit bedingt. Daneben bestand [und besteht] freilich auch eine Überorganisation, [unter anderem] als Nachwirkung der Kriegswirtschaft fort. Trotz der Vermehrung der Zahl der Beamten und Angestellten ist es allerdings fraglich, ob in den ersten Jahren der Geldentwertung der gesamte Personalaufwand für die einzelnen Verwaltungszwecke, verglichen mit den entsprechenden Ausgaben der Friedenszeit, eine Erhöhung hinsichtlich seines Goldwertes erfahren hat[1]. Die Unterbesoldung der Beamten war so bedeutend, daß durch sie bei vielen Behörden die Wirkung der größeren Zahl im Gesamteffekt wieder aufgehoben wurde.

Durch außerordentlich einschneidende Maßnahmen auf dem Gebiete des Beamtenabbaues, durch zeitweise stärksten Druck auf die Gehälter und Löhne bei ihrer Umrechnung auf Gold wurden auch auf diesem Gebiete nicht unwesentliche Ersparnisse erzielt.

Zeitweise stellten die neuen Bezüge bei den unteren Besoldungsgruppen etwa 70 bis 75, bei den mittleren etwa 47 und bei den höheren etwa 39 bis 43 vH der Friedensbezüge von 1913 dar, so daß sich unter Hinzurechnung der Frauen- und Kinderzuschläge, die früher nicht gezahlt wurden, eine Gesamtdurchschnittszahlung von etwa 60 vH der Vorkriegssätze ergab.

---

[1] [Hieraus läßt sich allerdings kaum eine Rechtfertigung für die damalige diesbezügliche Anstellungspolitik, die aus anderen Gründen unumgangbar gewesen sein mag, herleiten. Die Heranziehung des Goldwertes als Vergleichsmaßstab muß zu einem schiefen Bild führen.]

Um auch bei den Ländern und Gemeinden eine schärfere Drosselung der Personalausgaben zu erreichen, als dies auf Grund des Sperrgesetzes möglich ist, wurden der Berechnung der Besoldungszuschüsse die neuen Goldgehälter zugrunde gelegt und im Anschluß daran die betreffenden Überweisungen herabgesetzt.

Daneben wurden Verwaltungsmaßnahmen mit gleicher Zielsetzung, nämlich einer möglichst baldigen völligen Beseitigung des Zuschußbedarfs, getroffen. So wurden die Ausgaben der einzelnen Reichsressorts auf außerordentlich niedrige Beträge kontingentiert, ein Überwachungskommissar des Reichsfinanzministeriums mit weitgehenden Vollmachten eingesetzt u. a. m. Verschiedentlich wurden Zahlungsanweisungen der Reichsressorts angehalten, weil Mittel nicht verfügbar waren. Daß ein derartiges Vorgehen zu außerordentlichen verwaltungstechnischen Schwierigkeiten führen kann, liegt auf der Hand. Diese mußten aber auch auf die Gefahr hin, daß auch außerhalb der Reichsverwaltung Mißstimmungen entstehen würden, in Kauf genommen werden.

Durch die Neuregelung des Finanzausgleichs durch die Dritte Steuernotverordnung vom 14. Februar 1924 (RGBl. I/74) wurde den Ländern und Gemeinden wieder eine größere Selbständigkeit auf dem Gebiete des Einnahmewesens gewährt. Zugleich wurde ihnen aber auch eine Reihe von Aufgaben überwiesen, die bisher auf das Reich übernommen worden waren, trotzdem sie ihrer Natur nach besser durch jene erfüllt werden können.

Neben dieses einschneidende Vorgehen zur Beschränkung der Ausgaben traten Maßnahmen zur Neuordnung der Einnahmequellen des Reiches. Aus den oben angeführten Zahlen ist ersichtlich, wie unter der Wirkung der Geldentwertung die verschiedensten Einnahmequellen in sich zusammengesunken waren. Die durch den Geldwertschwund herbeigeführte Verarmung und Vermögensumschichtung, das Zusammenschrumpfen der Kapitaleinkommen, das Nachlassen des Konsums u. a. m. hatten in dieser Richtung gewirkt. Von noch ausschlaggebenderer Bedeutung war die mangelnde Elastizität des bestehenden Steuersystems sowie vor allem auch die Entwertung des Geldes zwischen dem die Steuerschuld begründenden Rechtsakt und ihrer Zahlung gewesen. Die Einführung von Entwertungsfaktoren und ähnlichen Mitteln hatten wegen der ungeheuren Raschheit, mit der der Geldverfall vor sich ging, nicht mehr ausgereicht, um ein genügendes Gegengewicht zu bieten. Selbst die Einführung außerordentlicher Abgaben im August hatte nur vorübergehend eine Besserung der Steuereingänge zur Folge gehabt.

Im Zusammenhang mit diesen Erscheinungen stand weiter, daß infolge der Währungsentwicklung eine Kontrolle über die Richtigkeit der Steuererklärungen so gut wie unmöglich geworden war. Wenn schon der noch mit Papiermark rechnende Privatbetrieb in der zweiten Hälfte des Jahres nicht mehr die Möglichkeit hatte, zu beurteilen, ob seine Substanz sich vermehrt oder bei allem zahlenmäßigen Anschwellen der Einnahmen sich vermindert hatte, so war naturgemäß erst recht eine steuerliche Kontrolle nicht imstande, die Richtigkeit der Erklärungen entsprechend festzustellen.

Wie die einzelnen Steuerarten in ihrem Ertrag zurückgegangen waren, dafür nur einige Zahlen: Im Oktober 1923 betrug die Einkommensteuer nur noch 4,6 Millionen Goldmark[1], darunter 3,9 Millionen Lohnsteuer! Die Umsatzsteuer war auf 0,5 Millionen zurückgegangen, die Verbrauchssteuern wiesen einen Ertrag von 1,6 Millionen auf, wovon allein 1,3 Millionen Goldmark auf die Tabakbesteuerung entfielen. Besonders bemerkenswert ist, daß fast die Hälfte des Gesamtaufkommens von etwa 20 Millionen Goldmark in einmaligen Steuern bestand. Die laufenden Steuern im Oktober brachten somit nur noch 0,5 vH des Gesamtbedarfs auf. — Sollten die Einnahmen wieder nennenswerte Erträge bringen, so mußte eine grundsätzliche Umstellung der Steuern auf die Goldbasis erfolgen. Als erste Maßnahme in dieser Richtung erging am 11. Oktober 1923 die Verordnung des Reichspräsidenten über die Steueraufwertung. Diese Verordnung wurde auf Drängen des Reichsfinanzministers erlassen auf Grund des Artikels 48 der Reichsverfassung; die Angelegenheit war so wichtig, daß man den Erlaß des Ermächtigungsgesetzes, das dann am 13. Oktober kam, nicht abwarten wollte. Nach dieser Verordnung mußten Zahlungen auf dem Gebiete der Reichssteuern mit Ausnahme der Zölle und Tabaksteuer nach dem Goldwerte geleistet werden, auch wenn die Berechnung der Steuern nicht in Gold erfolgte. Die Verordnung betraf alle jene Fälle, in denen die Steuerschuld nach dem 31. August entstanden war. Damit war der erste wichtige Schritt zur Umstellung der Steuern getan. Ein voller Erfolg war dieser Maßnahme allerdings deswegen nicht beschieden, weil die Abtragung in wertbeständigen Zahlungsmitteln noch nicht möglich war und stets Umrechnungsfaktoren eingeschaltet werden mußten. Die in den Ausführungsbestimmungen vom 13. Oktober enthaltenen Schonfristen bei den einzelnen Steuern bewirkten in den folgenden Wochen doch wieder eine außerordentliche Aushöhlung der Eingänge.

Weitere Steuergesetze folgten. Teils liefen sie auf Steuererhöhungen, teils auf eine immer mehr überhand nehmende Stellung derselben auf Gold hinaus. Von großer Tragweite waren insbesondere diejenigen Änderungen, welche sich auf die Besitzsteuern bezogen. Schon im September war ein Entwurf im Reichsfinanzministerium über die Vermögenssteuer ausgearbeitet worden. Die weiteren gesetzlichen Grund-

[1] Die Umrechnung der Papiermarkeingänge erfolgt in diesem Absatz über den Ernährungsindex.

lagen sollten bis zur Ausgabe der Rentenmark vorbereitet sein. Tatsächlich wurde dieses Ziel innerhalb des Amtes auch erreicht. Da zog eine neue Kabinettskrisis herauf. Am 23. November erfolgte der Sturz der Regierung. Die Hinauszögerung der Neubildung des Ministeriums einerseits und der Ernst der finanzpolitischen Situation andererseits veranlaßten den Reichsfinanzminister, in einem offenen Briefe den Präsidenten zu bitten, ihn von der Tätigkeit als geschäftsführender Minister zu entbinden, da er angesichts der Situation bei einer weiteren Verzögerung der Bildung eines Kabinetts die Verantwortung nicht mehr tragen könne[1]. Der Brief hatte den ausgesprochenen Zweck, die Notwendigkeit scharf und klar herauszustellen, daß für die Beschlußfassung über die neuen Steueränderungen rasch eine aktionsfähige Regierung vorhanden sein müsse, zumal der Rentenmarkkredit außerordentlich schnell dahinschmolz. — Nach der Bildung des neuen Kabinetts erwies sich zwecks rascher Erledigung der Steuergesetzgebung ein neues Ermächtigungsgesetz als notwendig.

Noch vor dessen Annahme erwirkte Luther im Hinblick auf die außerordentlich zugespitzte Lage auf finanziellem Gebiet auf Grund des Artikels 48 der Reichsverfassung den Erlaß der Ersten Steuernotverordnung durch den Reichspräsidenten. Sie bestimmte, daß die am 5. Januar fälligen Teilbeträge der Rhein- und Ruhr-Abgabe in Gold festzusetzen und bereits am 18. Dezember zu zahlen seien. Weiter wurden Bestimmungen über die im Dezember und Januar abzuführende Umsatzsteuer getroffen.

Alle diese Maßnahmen haben nachhaltige Wirkungen auf die Reichsfinanzen ausgeübt. Die Dekadenabschlüsse vom 30. November, 10, 20., und 31. Dezember 1923 führen Ausgaben auf von 258,7, 179,9, 165,7 und 153,8 Millionen Goldmark, haben sich also in den letzten 10 Tagen des Jahres 1923 auf etwa $^3/_5$ der Ausgaben der letzten Novemberdekade ermäßigt. In den gleichen Zeitabschnitten betrugen die Einnahmen 15,1, 32,8, 42,9 und 88,9 Millionen Goldmark, weisen also eine Steigerung auf fast das sechsfache auf. Demgemäß ist auch der Zuschußbedarf aus dem Rentenmarkkredit in diesen Dekaden zurückgegangen und zwar von 243,6 über 147,1 und 122,8 auf 64,9 Millionen Goldmark, d. h. also von 30,4 über 18,4 und 13,6 auf 10,4 Millionen Goldmark pro Wochentag innerhalb dieser Dekaden oder auf rund $^1/_3$. —

Am Tage nach Herausgabe der Ersten Steuernotverordnung wurde das neue Ermächtigungsgesetz erlassen. Dieses räumte der Reichsregierung das Recht ein, Maßnahmen zu treffen, die sie im Hinblick auf die Not von Volk und Reich für erforderlich und dringlich erachtete.

Auf Grund dieser Vollmacht erfolgte dann am 19. Dezember die so-

---

[1] Vgl. Anlage 19.

genannte Zweite Steuernotverordnung, die in ihrem Hauptinhalte schon mehrere Wochen vorher im Amte fertiggestellt war. Sie bildet die eigentliche Grundlage für die Umstellung der Steuern auf Gold. In ihr wurden geregelt: die Abschlußzahlungen auf die Einkommen- und Körperschaftssteuer für 1923, die Vorauszahlungen auf diese beiden Steuern für 1924 sowie die Vorbereitung der Veranlagung dieser Steuern für das letztere Jahr. Weiter war in der Verordnung enthalten die Regelung der Vermögens-, die Umgestaltung der Erbschafts- und der Umsatzsteuer sowie eine Reihe von Änderungen auf dem Gebiete der indirekten Besteuerung. Soweit diese Änderungen in der Verordnung nicht besonders aufgeführt waren, wurde dem Reichsfinanzminister die Ermächtigung erteilt, die entsprechenden Steuern auf Gold umzustellen bzw. die Steuersätze anderweitig festzulegen. Auch die Bestimmungen über die Steuergeldstrafen sowie über das Steuerstrafverfahren, über Zuschläge für Steuerrückstände und über den Steuerzins wurden entsprechend geändert. Das Gesetz über die Besteuerung der Betriebe wurde mit Wirkung vom 1. Januar 1924 aufgehoben, die Veranlagung und Erhebung bei einer Reihe früherer Steuern mit Rücksicht auf ihre Unrentabilität eingestellt.

Die größte Schwierigkeit beim Erlaß dieser Steuernotverordnung war die, eine entsprechende Basis zu finden, auf welcher die Einkommens- und Körperschaftssteuer für 1924 veranlagt werden konnte. Normalerweise mußten die Vorauszahlungen anschließen an die Veranlagung des vorausgehenden Jahres. Eine Veranlagung für das Jahr 1923 war aber vollkommen ausgeschlossen, weil jeglicher Maßstab fehlte, um das wirkliche Einkommen festzustellen. Nur bei den Betrieben wäre es vielleicht möglich gewesen, welche von Anfang an ihre Buchführung auf wertbeständiger Grundlage getätigt hatten. Da dies aber durchaus nicht allgemein der Fall war, so mußte für die Vorauszahlungen eine andere Bemessungsgrundlage herangezogen werden. Es wurde eine Zerspaltung des Einkommens nach seinen Quellen vorgenommen und die einzelnen Einkommensarten nach verschiedenen Merkmalen erfaßt. Die endgültige Regelung der Einkommensteuer für 1924 erfolgte erst durch das Steuerüberleitungsgesetz vom 29. Mai 1925[1].

Die Zweite Steuernotverodnung bedeutet im wesentlichen den Abschluß der Umstellung des Steuersystems auf Gold, jedenfalls soweit es sich um die laufenden Steuern des Etats handelt. Sachlich in engster Verbindung mit ihr standen Verordnungen über die Berechnung des Goldwertes der Schulden, sowie über die Goldbilanzen.

Beim Erlaß der Zweiten Steuernotverordnung war sich der Reichsfinanzminister darüber klar, daß infolge der Schmälerung der National-

[1] [RGBl. 1925, I/75f.]

vermögens- und Einkommensbasis alle Steuern wesentlich geringere Erträge bringen würden, als dies früher der Fall war. Es mußte darum besonders für die Übergangszeit bis zum normalen Eingang der laufenden Steuern auf die Erschließung neuer Einnahmequellen hingestrebt werden. Eine solche Steuerquelle, die erhebliche Erträge versprach, war gegeben in der Erfassung der Entwertungsgewinne. Diese war ursprünglich schon für den Dezember geplant. Wegen ihrer Verknüpfung mit der Frage der Aufwertung sowie des Finanzausgleichs zogen sich die Beratungen jedoch erheblich in die Länge. Die Meinungen waren von vornherein durchaus nicht einheitlich. Den schroffsten Bekämpfern jedweder Aufwertung (Schacht u. a.) standen solche Kreise gegenüber, die sich aus den verschiedensten Gründen für eine Aufwertung einsetzten. Auch hier sind wieder zwei Richtungen zu unterscheiden, von denen die eine für die gesetzliche Fixierung eines festen Aufwertungssatzes, die andere für die Regelung eines jeden Einzelfalles nach Treu und Glauben eintrat.

Der Reichsfinanzminister gehörte zu den Gegnern der Aufwertung, wenn auch weniger von der Annahme ihrer Undurchführbarkeit als vielmehr von dem Wunsche geleitet, sich nicht etwa eine damals doppelt wertvolle Steuerquelle, die reiche Erträge versprach, zu verschließen. Vor dem Erlaß eines Auswertungsverbotes wäre wohl nicht zurückgeschreckt worden, wenn sich nicht das Reichsgerichtsurteil vom 28. November 1923 mit aller Schärfe für eine anders gerichtete Lösung ausgesprochen und auch zudem unter anderen aus Regierungs- und Wirtschaftsratskreisen sich lebhafter Widerspruch gemeldet hätte. Nach langwierigen Verhandlungen innerhalb der Regierungskreise und des Reichswirtschaftsrats wurde ein Entwurf für die Dritte Steuernotverordnung, die die Aufwertungsreglung in sich schließen sollte, aufgestellt und Anfang Februar 1924 der Öffentlichkeit übergeben. Nach mehr oder weniger einschneidenden Änderungen, unter anderen der Erhöhung des Aufwertungssatzes für Hypotheken und Obligationen auf nominell 15 vH wurde die Verordnung erlassen. Vom Standpunkt der Reichseinnahmen liegt ihre Bedeutung vor allem in der Einführung der Obligationssteuer, die grundsätzlich bei Schuldverschreibungen auf 2 vH von dem um den Aufwertungsbetrag verminderten Goldmarkbetrag dieser Papiere festgelegt wurde. Eine Erhöhung der Steuerschuld trat für bereits vorher getilgte Obligationen ein, und zwar in Höhe der Differenz zwischen dem für die Tilgung aufgewandten Goldwert und jenem Betrage, der bei 15proz. Aufwertung hätte gezahlt werden müssen. Außerdem wurden Geldentwertungssteuern zugunsten der Länder eingeführt. Des weiteren wurden hohe Besteuerungen für den Gewinn aus der Notgeldausgabe (80 vH) sowie der Inanspruchnahme von Krediten in Aussicht genommen. Daneben wurde auch die Ausgabenseite des Reichsetats durch die Notverordnung und zwar durch jene Stelle derselben stärkstens berührt, welche sich auf den Anleihedienst bezog. Im Grunde genommen lief diese auf eine völlige Repudiation der Markschulden des Reiches hinaus[1].

Die Aufwertungsbestimmungen der Dritten Steuernotverordnung sind durch das „Gesetz über die Aufwertung von Hypotheken und anderen Ansprüchen“ (Aufwertungsgesetz) sowie das „Gesetz über die Ablösung öffentlicher Anleihen (Ablösungsgesetz)“ vom 16. Juli 1925[2] tiefgreifenden Änderungen unterworfen.

Wesentliche Neuerungen enthält ferner das Anleiheablösungsgesetz, das uns im folgenden, soweit es sich auf Reichsanleihe bezieht, kurz beschäftigen soll.

Die Dritte Steuernotverordnung hatte von einer Aufwertung dieser Forderungen abgesehen. Die endgültige Regelung sollte bis zur Erledigung der Reparationsverpflichtungen hinausgeschoben werden (§ 16). Durch die Gesetzgebung von 1925 werden in Abänderung dieser Pläne die gesamten langfristigen freiwilligen Markanleihen des Reiches einschließlich verzinslicher Schatzanweisungen in eine auf Goldmark lautende Anleiheablösungsschuld des Reiches umgewandelt, unter Zugrundelegung eines $2^1/_2$ proz. Aufwertungssatzes. Die Anleihestücke sind, soweit es sich nicht um privilegierten Altbesitz handelt, unkündbar. Bis zum Erlöschen der Reparationsverpflichtungen können Zinsen nicht gefordert werden. Was die sofortige Bezahlung solcher anbetrifft, gelten in etwa die gleichen Bestimmungen auch für den Altbesitz, d. h. jene Beträge, welche seit dem 1. Juli 1920 nicht durch Kauf in andere Hände übergegangen sind. Eine Vorzugsstellung ist den Altbesitzern jedoch insofern eingeräumt, als sie an einem Auslosungsrecht teilnehmen. In 30 Jahren sollen sie durch Auslosung abgefunden sein. Das gezogene Auslosungsrecht wird abgelöst durch Barzahlung des fünffachen Nennbetrages (also 125 Mark) für je 1000 Mark Altanleihe. Hinzu kommt der

[1] Die Ausführungen Beuschs schließen hier ab.

[2] RGBl. 1925, I/117ff.: Nach dieser Neuregelung werden Hypotheken grundsätzlich auf nominell 25 vH aufgewertet, während es bei den Obligationen bei dem Satze von 15 vH verbleibt. Dieser wird allerdings für Altbesitzer durch ein 10proz. Genußrecht ergänzt. Für Sparkassenguthaben wird ein Mindestsatz von $12^1/_2$ vH festgelegt. Für Pfandbriefe und Versicherungen ist es im wesentlichen bei der bisherigen Regelung (sekundäre Aufwertung entsprechend dem zu bildenden Aufwertungsstock) verblieben. Für Aufwertung von „Vermögensanlagen“ ist der Höchstsatz sinngemäß von 15 auf 25 vH heraufgesetzt worden. Für Kontokorrent-, Bank- und Depositenguthaben kommt, von gewissen Ausnahmen abgesehen, eine Aufwertung nicht in Frage. Ebensowenig sind grundsätzliche Änderungen hinsichtlich der Aufwertung anderer Ansprüche wie solcher aus gegenseitigen Verträgen usw. eingetreten. Es verbleibt hier also bei einer individuellen Regelung. Weitere Bestimmungen des Gesetzes befassen sich mit der Verzinsung der Aufwertungsbeträge, der Rückwirkung der Anforderungen bei bereits gelöschten Hypotheken usw.

aufgelaufene Betrag aus einer ab 1. Januar 1926 laufenden $4^1/_2$ proz. Verzinsung dieser Auslosungssumme.

Neben diesem Auslosungsrecht steht bedürftigen Altbesitzern eine jährliche Vorzugsrente in Höhe von 80 vH des Auslosungsrechtes zu, also z. B. 20 Mark für je 1000 Mark Kriegsanleihe, jedoch nicht über insgesamt 800 Mark pro Jahr. Verzichtet der bedürftige Gläubiger auf das Auslosungsrecht, so gelangt er in den Genuß einer 25 proz. und nach Erreichung eines Alters von 60 Jahren einer 50 proz. Erhöhung dieser Rente. — Darüber hinaus enthält das Gesetz unter anderen Bestimmungen über die Abfindung bedürftiger Altbesitzer von unter 1000 Mark Altanleihe, die uns aber im Rahmen dieser Abhandlung nicht interessieren. —

Auf der Einnahmeseite hat in den Übergangsmonaten neben den Steuern der von der Rentenbank gewährte Kredit eine ausschlaggebende Rolle gespielt. Auf Grund der Rentenbankverordnung war ein solcher in Höhe von 1,2 Milliarden vorgesehen, von denen 300 Millionen der Einlösung der Reichsschatzwechsel bei der Reichsbank dienen sollten. Diese wurden als zinslose Darlehen gewährt. Die restlichen 900 Millionen Mark, die sich zu Lasten des erstgenannten Betrages infolge des geringeren Schuldstandes des Reiches bei der Zentralbank um 100 Millionen erhöhten, wurden zu 6 vH verzinst. Trotz der weitestmöglichen Ausgabebeschränkung waren diese letzterwähnten 900 Millionen Mark bereits in den ersten Wochen zum großen Teil aufgebraucht. Die fortdauernde stärkste Anspannung für Okkupationsausgaben, für Erwerbslosenfürsorge, die unvermeidliche Hergabe von Krediten an die Betriebsverwaltung — erinnert sei nur an die zur Deckung des nicht wertbeständigen Notgeldes der Reichsbahn zur Verfügung gestellten 90 Millionen Rentenmark — unvorhergesehene Schwierigkeiten hinsichtlich der Kreditgewährung der Rentenbank an die Reichsgetreidestelle und anderes mehr führten zu einer erheblichen Übersteigerung der veranschlagten Kreditinanspruchnahme. Ein seitens des Finanzministeriums im Hinblick auf diese Entwicklung beantragter Zusatzkredit wurde durch die Rentenbank abgelehnt. Nur mit größter Mühe gelang es so, die drohenden Gefahren einer neuen Inflation zu umschiffen[1].

[1] Die Tilgung der dem Reich durch die Rentenbank gewährten Kredite ist in der Gesetzgebung vom 30. August 1924 RGBl. 1924, II/235 geregelt. Danach hat die Einziehung der auf Grund dieser Kredite in Umlauf gesetzten 1,2 Milliarden Rentenmark innerhalb eines Zeitraumes von 10 Jahren zu erfolgen. Die hierfür erforderlichen Mittel werden von Reich und Rentenbank gemeinsam aufgebracht. Zur Einziehung der Scheine ist bei der Reichsbank ein Tilgungsfonds gebildet worden. Diesem hat das Reich nach § 7 des „Gesetzes über die Liquidierung des Umlaufs an Rentenbankscheinen“ neben einem festen Betrage von jährlich 60 Millionen Rentenmark den ihm auf Grund des § 37 des Bankgesetzes zufließenden Anteil an dem Reingewinn der Reichsbank zu übertragen. Weitere

## Schluß.

Nur ganz kurz sei im folgenden nochmals die währungspolitische Entwicklung seit Herausgabe der Rentenmark gestreift[1]. Einer verhältnismäßig günstigen Gestaltung folgte Anfang 1924, wie bereits oben erwähnt, ein Rückschlag. Im Februar erreichte das Disagio der Rentenmark an den ausländischen Plätzen 12 bis 15 vH. Um den übermäßigen Devisenanforderungen entgegenzutreten, entschloß sich die Reichsbank zu der Bardeckungsvorschrift. Nach dieser durften die Banken nur Devisenkaufaufträge im Rahmen des Guthabens des den Auftrag erteilenden Kunden entgegennehmen. Als die Dinge infolge sehr starker Kreditinanspruchnahme durch die Wirtschaft auch weiterhin einen bedrohlichen Verlauf nahmen, schritt die Bank am 7. April 1924 zur Einleitung der heiß umkämpften Kreditrestriktionspolitik[2]. Die Gesamtsumme der am genannten Tage bestehenden Kredite durfte danach grundsätzlich keine Steigerung erfahren. — Mit der allmählichen Besserung der Situation wurden diese Beschränkungen mehr und mehr gelockert, bis sie Ende 1925 praktisch außer Kraft traten.

Am gleichen Tage, an welchem mit der Restriktionspolitik begonnen wurde, erfolgte die Gründung der Golddiskontbank[3], deren Zentralaufgabe in der Beschaffung ausländischer Kredite zur Förderung der deutschen Ausfuhr lag. Die Bank, deren auf 10 Millionen £ lautendes Kapital sich anfänglich zu etwas über 50 vH, später völlig in der Hand der Reichsbank befand, bzw. befindet, schloß Revolving-Rediskontkredite mit englischen, amerikanischen und schweizerischen Firmen ab; auf diese hat sie übrigens nur in verhältnismäßig bescheidenem Ausmaße zurückgegriffen. Als Hauptrediskonteur war vielmehr die Reichsbank anzusprechen. Ein allzu erhebliches Ausmaß hat die Kreditinanspruchnahme bei der Golddiskontbank nie erreicht. Am 23. August 1924, dem Tage ihrer größten Beanspruchung, belief sich diese auf etwa 14 Millionen £.

Aufgabenkreis und Tätigkeit der Bank haben in den nachfolgenden Monaten und Jahren manche Wandlungen erfahren. Auf diese sowie auf die währungs- und wirtschaftspolitische Bedeutung ihrer Kreditaktion für die Landwirtschaft, ihrer späteren Stellung als Verwalter

---

(im Hinblick auf die Höhe der Grundbelastungen: mindestens) 60 Millionen Mark, für deren Eingang das Reich die Haftung übernommen hat (§ 10), fließen dem Tilgungsfonds jährlich durch die Rentenbank zu.

[1] Vgl. hierzu insbesondere: Schacht a. a. O. — Dalberg a. a. O. — Justus Schoenthal: Deutsche Währungs- und Kreditpolitik seit Währungsbefestigung. Berlin 1926.

[2] Vgl. hierzu u. a.: Werner Bosch: Die Kreditrestriktionspolitik der deutschen Reichsbank 1924—1926. Stuttgart 1927.

[3] Vgl. Alhard Brüll: Aufgabe und Tätigkeit der Golddiskontbank. Berliner Diplomarbeit, als Manuskript gedruckt. Berlin 1927.

öffentlicher Gelder und anderes mehr kann an dieser Stelle nicht eingegangen werden. Erwähnung verdient dagegen noch das ihr zuerkannte Recht der Notenausgabe bis zum Betrage von 5 Millionen £. Von dieser Ermächtigung, die durch das Bankgesetz vom 30. August 1924 (§ 2) wieder aufgehoben worden ist, hat das Unternehmen nie Gebrauch gemacht. Ihrer Bewilligung hat in erster Linie die Absicht zugrunde gelegen, die Rückkehr zur Goldwährung in Deutschland auch für den Fall zu sichern, daß der Experten-Bericht vom deutschen Reichstag abgelehnt werden sollte. Durch die Annahme der Dawes-Gesetzgebung wurde der Plan eines entsprechenden Ausbaues der Golddiskontbank hinfällig.

Mit ihrer grundsätzlichen Wiedereinführung der Goldwährung bedeutete die Augustgesetzgebung des Jahres 1924 jedenfalls formell den Schlußstrich unter einen Ausschnitt deutscher Währungsgeschichte, der hart am Rande des völligen Zusammenbruchs vorbeigeführt hatte. Was nach jahrelangem völligen Versagen insbesondere seit August 1923, anknüpfend in erster Linie an die Namen Helfferich, Luther und Schacht, trotz aller Befehdungen und Angriffe auf diesem Gebiet vollbracht worden ist, wird stets als eine der hervorragendsten Leistungen der Währungsgeschichte gebucht werden.

# Anlagen.

An-

## Übersicht über die

(Seit An-

| Nr. | Verordnung | vom | Reichsanzeiger Nr. | Reichsanzeiger vom | RGBl. I: Seite |
|---|---|---|---|---|---|
| | | 1922 | | 1922 | |
| 1. | Gesetz über den Verkehr mit ausländischen Zahlungsmitteln . . | 3. Febr. | 42 | 18. Febr. | 195 |
| 2. | VO. gegen die Spekulation in ausländischen Zahlungsmitteln . | 12. Okt. | 232 | 14. Okt. | 795 |
| 3. | VO. zur Ausführung der VO. gegen die Spekulation in ausländischen Zahlungsmitteln . . . . | 12. Okt. | 232 | 24. Okt. | 797 |
| 4. | 2. VO. zur Ausführung der VO. gegen die Spekulation in ausländischen Zahlungsmitteln . | 27. Okt. | 246 | 31. Okt. | 809 |
| 5. | 3. VO. zur Ausführung der VO. gegen die Spekulation in ausländischen Zahlungsmitteln . . | 9. Dez. | 262 | 18. Dez. | 922 |
| | | 1923 | | 1923 | |
| 6. | 4. VO. zur Ausführung der VO. gegen die Spekulation in ausländischen Zahlungsmitteln . . | 12. Febr. | 40 | 16. Febr. | 119 |
| 7. | Notgesetz (Maßnahmen gegen die Valutaspekulation). . . . . . | 24. Febr. | 64 | 16. Febr. | 147 |
| 8. | Valutaspekulations-VO. . . . . | 8. Mai | 111 | 15. Mai | 275 |
| 9. | Ausführungsbestimmungen zur Valutaspekulationsverordnung. | 8. Mai | 111 | 15. Mai | 279 |

lage 1.

**Devisengesetzgebung.**

fang 1922.)

Inhaltsangabe

Für Abschluß von Geschäften über ausländische Zahlungsmittel. Devisenbankzwang (Begriff der Devisenbank § 1 des Gesetzes).

Meldung des Geschäfts durch die Bank an das Finanzamt.

Erwerb ausländischer Zahlungsmittel nur mit Genehmigung des Finanzamts; Ausnahmen für Firmen mit Handelskammerbescheinigung.

Einschränkung der Devisenzahlung im Inland.

Verbot des Markverkaufs ins Ausland außer durch Devisenbanken.

Verbot der Beleihung ausländischer Geldsorten. Meldepflicht für Beleihung von Devisen (Auszahlungen, Wechsel usw.).

Berechtigung der Reichsbank, ausländische Zahlungsmittel und Edelmetalle für das Reich in Anspruch zu nehmen.

Die Devisenumsätze der Banken werden der Kontrolle unterworfen.

Konzentrierung der Devisenprüfung bei der Devisenbeschaffungsstelle.

Bemerkungen zu Nr. 7—9. Die Maßnahmen zur Prüfung der Devisengeschäfte gehen zum großen Teil auf Anregungen des Reichsfinanzministeriums und der ihm unterstellten Devisenbeschaffungsstelle zurück.

Die Gesamtdevisenlage wurde durch die Kontrolle hauptsächlich indirekt, und zwar in ungünstiger Richtung beeinflußt. Zwecks Vermeidung der aus den Einzelprüfungen möglicherweise entstehenden Ungelegenheiten gingen nämlich die Deviseninteressenten in immer größerem Umfange zu Anschaffungen im besetzten Gebiete über. Sie entzogen sich somit der Kontrolle durch die Devisenbeschaffungsstelle, da dort aus politischen sowie aus technischen Gründen von einer Beaufsichtigung des Handels, wie er im unbesetzten Gebiete durchgeführt war, Abstand genommen werden mußte.

Devisengesetz-

| Nr. | Verordnung | vom | Reichsanzeiger Nr. | Reichsanzeiger vom | RGBl. I: Seite |
|---|---|---|---|---|---|
| | | 1923 | | 1923 | |
| 10. | VO. betreffend Außerkraftsetzung der Devisenspekulations-VO. . | 8. Mai | 111 | 15. Mai | 279 |
| 11. | VO. auf Grund des Notgesetzes (Wechselstuben-VO.) . . . . . | 8. Mai | 111 | 15. Mai | 282 |
| 12. | VO. über den Handel mit ausländischen Zahlungsmitteln zum Einheitskurs . . . . . . . . | 22. Juni | 145 | 25. Juni | 201 |
| 13. | VO. zur Änderung der Valutaspekulations-VO. und des Kapitalfluchtgesetzes . . . . . . . | 29. Juni | 154 | 5. Juli | 507 |
| 14. | Änderung der Ausführungsbestimmungen zur Valutaspekulations-VO. . . . . . . . . . . . | 29. Juni | 154 | 5. Juli | 509 |
| 15. | Ausführungsbestimmungen zur VO. über den Handel mit ausländischen Zahlungsmitteln zum Einheitskurse . . . . . . . . | 30. Juni | 156 | 7. Juli | 549 |
| 16. | VO. über Termingeschäfte und den Handel mit Dollarschatzanweisungen zum Einheitskurse . . . | 3. Juli | 153 | 4. Juli | 511 |

gebung. (Fortsetzung).

Inhaltsangabe

Konzessionszwang für Wechselstuben.

Handel mit ausländischen Zahlungsmitteln nur zum Einheitskurse [in Geltung bis 7. August 1923].

Bemerkungen zu Nr. 12. Durch diese Maßnahmen sollte der wilden Spekulation Einhalt geboten werden, die rücksichtlos zum Schaden der deutschen Währung von früh bis zum späten Abend außerhalb der Börse in Valuten handelte. Gleichzeitig sollte diese Maßnahme der Reichsbank einen gewissen Einfluß auf den Devisenmarkt sichern und einen möglichst großen Teil des Devisengeschäfts unter die Augen der Reichsbank bringen. Das System des Einheitskurses stellte sich durch die Möglichkeit der nach wirtschaftlichen Gesichtspunkten vorgenommenen Zuteilungen als eine Art indirekter Zentralisierung des Devisengeschäfts dar.

Die aus Mangel an dem erforderlichen Devisenmaterial notwendigen Repartierungen trieben die Nachfrage des deutschen Devisenkäufers an ausländische Märkte, an denen die benötigten Devisen um jeden Preis erworben wurden. Naturgemäß mußte der Kurs der Mark im Auslande infolge des riesigen Angebots erheblich sinken, so daß zwischen den künstlich gehaltenen Berliner Einheitskursen und der Auslandsbewertung der Mark eine erhebliche Differenz entstand. Da durch diese Entwicklung die Versorgung des innerdeutschen Marktes mit ausländischen Zahlungsmitteln aufs Äußerste gefährdet war, mußte man sich zur Aufhebung des Einheitskurses entschließen (s. Nr. 18).

Weiterer Ausbau der Verordnung vom 8. Mai 1923.

Einräumung von Reichsmarkkrediten an Ausländer nur mit Zustimmung der Reichsbank. Meldung hierüber an die Prüfungsstelle.

Verbot des Erwerbes oder der kommissionsweisen Begebung von ausländischen Effekten von oder durch Vermittlung von Ausländern.

Berechtigung der Reichsbank und der von ihr bezeichneten Stellen, Auskunft über den Besitz an ausländischen Zahlungsmitteln und Edelmetallen sowie über abgeschlossene Geschäfte zu verlangen.

Verbot von Termingeschäften in ausländischen Zahlungsmitteln, Edelmetallen und Effekten.

Ausdehnung der Bestimmungen über den Einheitskurs auf Dollarschatzanweisungen.

Bemerkungen zu Nr. 16. Zur Verhinderung der terminmäßigen Baisse-Spekulation in Reichsmark.

Der Kurs der Dollarschatzanweisungen schloß sich der Bewertung des Dollars an den schwarzen Börsen und im Auslande an. Die hierin liegende ernste Gefährdung der Aufrechterhaltung des Einheitskurses sollte durch nebenstehende Maßnahme beseitigt werden.

Devisengesetz-

| Nr. | Verordnung | vom | Reichsanzeiger Nr. | Reichsanzeiger vom | RGBl. I: Seite |
|---|---|---|---|---|---|
| | | 1923 | | 1923 | |
| 17. | 2. Änderung der Ausführungsbestimmungen zur Valutaspekulations-VO. . . . . . . . . . . | 24. Juli | 171 | 25. Juli | 748 |
| 18. | VO. betreffend Außerkraftsetzung der Bestimmung über den Handel mit ausländischen Zahlungsmitteln zum Einheitskurse . . | 4. Aug. | 181 | 6. Aug. | 760 |
| 19. | VO. betreffend Verbot des Verkaufs von Reichsmark ins Ausland . . . . . . . . . . . | 9. Aug. | 193 | 22. Aug. | 765 |
| 20. | Ausführungsbestimmungen zur VO. bereffend das Verbot des Markverkaufs ins Ausland . . | 17. Aug. | 193 | 22. Aug. | 830 |
| 21. | 3. Änderung der Ausführungsbestimmungen zur Valutaspekulations-VO. . . . . . . . . . . | 24. Aug. | 196 | 25. Aug. | 835 |
| 21a. | VO. über oie Ablieferung ausl. Vermögensgegenstände[1] . . . | 25. Aug. | — | — | 833 |
| 22. | VO. des Reichspräsidenten über Devisenerfassung . . . . . . | 7. Sept. | 208 | 8. Sept. | 865 |
| 23. | Durchführungsbestimmungen zur VO. des Reichspräsidenten über Devisenerfassung . . . . . . | 7. Sept. | 208 | 8. Sept. | 865 |
| 24. | Bekanntmachung des Kommissars für Devisenerfassung betreffend Bestandsaufnahme von Edelmetallen . . . . . . . . . . | 11. Sept. | 211 | 12. Sep. | — |

gebung. (Fortsetzung.)

Inhaltsangabe

Markausfuhrverbot, d. h. Verbot, Geldbeträge in Reichswährung mittelbar oder unmittelbar einer im Ausland ansässigen Person zu verkaufen oder zur Verfügung zu stellen.

Bemerkungen zu Nr. 19. Zur Verhinderung der Umgehung der Devisengesetzgebung durch Ankauf und Belassung von Werten im Auslande.

Umwandlung von Auszahlungen, Anweisungen, Schecks und Wechseln in Geldsorten, Banknoten usw. nur mit Zustimmung des Finanzamts.

Einsetzung eines Kommissars für Devisenerfassung, dem das Recht zusteht, Zahlungsmittel und Forderungen in ausländischer Währung, ausländische Wertpapiere und Edelmetalle für das Reich in Anspruch zu nehmen.

Berechtigung von jedermann Auskunft zu fordern, Einsicht in die Bücher zu nehmen, zur Erklärung vorzuladen und eidesstattliche Versicherungen zu verlangen.

Recht der Verfallserklärung unrecht erworbener oder zurückgehaltener Devisen.

Er kann Banken das Recht, Devisengeschäfte abzuschließen oder zu vermitteln, und Firmen die Handelskammerbescheinigung entziehen.

Er kann den Kreis der Devisenbanken beschränken (s. Nr. 26, 33).

Die Aufgaben der Prüfungsstelle (s. Nr. 7—9) gehen auf ihn über.

Bemerkungen zu Nr. 23. Die außerordentliche Notlage des Reichs hinsichtlich der für die Finanzierung der dringendsten Importe erforderlichen Devisen erforderte die Erschließung von Devisenquellen durch Mobilisierung der ohne wirtschaftliche Notwendigkeit zurückgehaltenen Devisenvorräte. Zu diesem Zweck wurde eine mit besonderen Vollmachten versehene Stelle, der Kommissar für Devisenerfassung, geschaffen. Durch diese Maßnahme ist es gelungen, Beträge ruhender Devisenvorräte für die Zwecke des Reichs flüssig zu machen.

Daneben übernahm der Kommissar für Devisenerfassung die Kontrolle der Ablieferung der Exportdevisen, die bis dahin von der Reichsbank ausgeübt wurde, sowie die bisher der Prüfungsstelle obliegende Überwachung der Durchführung der devisengesetzlichen Bestimmungen. Die hierdurch geschaffene Zentralisierung der gesamten zum Schutze der Währung von der Devisenseite aus getroffenen Maßnahmen gestattete eine Vereinfachung und damit Verbilligung des Apparates, ohne seine Wirkungen zu beeinträchtigen.

---

[1] Inhaltangabe der Verordnung sowie eine Übersicht über die mit der Devisenablieferung zusammenhängenden Durchführungsbestimmungen usw. befinden sich am Schluß dieser Anlage.

Devisengesetz-

| Nr. | Verordnung | vom | Reichsanzeiger Nr. | Reichsanzeiger vom | RGBl. I: Seite |
|---|---|---|---|---|---|
| | | 1923 | | 1923 | |
| 25. | Devisenbanken-VO. . . . . . . | 12. Sept. | 211 | 12. Sept. | — |
| 26. | VO. des Kommissars für Devisenerfassung betreffend die Anmeldung von Edelmetallen . . . | 14. Sept. | 215 | 17. Sept. | — |
| 27. | VO. auf Grund des Notgesetzes (Maßnahmen zum Schutze der Währung) . . . . . . . . . | 17. Sept. | 221 | 24. Sept. | 934 |
| 28. | Bekanntmachung über Umtausch von Devisen in Sorten . . . . | 17. Sept. | 217 | 19. Sept. | — |
| 29. | Devisenmakler-VO. . . . . . . | 17. Sept. | 218 | 20. Sept. | 902 |
| 30. | Weitere Ausführungsbestimmungen zur VO. betreffend das Verbot des Markverkaufs ins Ausland . . . . . . . . . . . . . | 17. Sept. | 218 | 20. Sept. | 903 |
| 31. | Bekanntmachung betreffend Zulassung bisheriger Devisenbanken als Wechselstuben . . . . | 17. Sept. | 217 | 19. Sept. | — |
| 32. | Ausführungsbestimmungen zur VO. auf Grund des Notgesetzes und zu den Durchführungsbestimmungen des Reichspräsidenten über Devisenerfassung vom 7. Sept. 1923 . . . . . . . . | 22. Sept. | 221 | 24. Sept. | — |
| 33. | Änderung der VO. über Devisenbanken . . . . . . . . . . . | 27. Sept. | 225 | 28. Sept. | — |
| 34. | VO. über den Handel mit ausländischen Zahlungsmitteln und Dollarschatzanweisungen zum Einheitskurse . . . . . . . . | 22. Okt. | — | — | 991 |

gebung. (Fortsetzung.)

| Inhaltsangabe |
| --- |
| Devisenbanken sind Banken und Bankiers oder deren Zweigniederlassungen, die Mitglied der an ihrem Sitze befindlichen Abrechnungsstelle der Reichsbank sind. Weitere Zulassungen durch oberste Landesbehörde im Einvernehmen mit dem Kommissar für Devisenerfassung. |
| Allgemeine Verpflichtung zur Ablieferung der Exportdevisen, mindestens 30 vH des Ausfuhrgegenwertes. Bemerkungen zu Nr. 28. Durch den Fortfall der Außenhandelskontrolle war die bisherige Rechtsgrundlage für die Ablieferungspflicht entfallen. Um der Reichsbank und dem Reich die zur Aufrechterhaltung der Wirtschaft erforderlichen Devisenbeträge zu verschaffen, mußte die Ablieferungspflicht der Exporteure auf eine neue Rechtsgrundlage gestellt werden. |
| Konzessionszwang für Devisenmakler. Im übrigen ist die Devisenvermittlung nur den Devisenbanken und den vereideten Kursmaklern gestattet. |
| Erneute Einführung des Einheitskurses für ausländische Zahlungsmittel und Dollarschatzanweisungen war zunächst im Akt der Schärfe gegen die drohende wilde Kursentwicklung, welche unmittelbar politische Gefahren mit sich brachte; empfohlen von der Reichsbank statt der undurchführbaren Zentralisierung des Devisenhandels. Bemerkungen zu Nr. 35. Die Ansichten über die Zweckmäßigkeit und wirtschaftliche Möglichkeit der Erneuerung dieser Maßnahme gingen auch innerhalb der Regierungskreise auseinander. Insbesondere glaubte der Reichswirtschaftsminister auf die bedenklichen Folgen des Einheitskurses hinweisen zu müssen, die er in den zweifellos notwendig werdenden Repartierungen, der daraus sich ergebenden Disparität zwischen In- und Auslandskurs der Mark und der hiernach zwangsläufig eintretenden Übersetzung der Goldmarkpreise im Inlande erblickte. Der Gang der Ereignisse schien dem vom Reichswirtschaftsminister eingenommenen Standpunkt zunächst recht zu geben, so daß er wiederholt die Aufhebung des Einheitskurses forderte; in dieselbe Tonart stimmten die Handelsteile der bedeutenden Tageszeitungen, insbesondere unter Hinweis auf das Scheitern des erstmalig eingeführten Einheitskurses. Bei diesen Kritiken wurde |

Devisengesetz-

| Nr. | Verordnung | vom | Reichsanzeiger Nr. | Reichsanzeiger vom | RGBl. I: Seite |
|---|---|---|---|---|---|
| | | 1923 | | 1923 | |
| 35. | VO. über den Handel mit wertbeständiger Anleihe des Deutschen Reiches (Goldanleihe) zum Einheitskurse . . . . . . . . | 2. Nov. | 256 | 3. Nov. | 1071 |
| 36. | VO. über Änderungen der Devisengesetzgebung . . . . . . . . | 2. Nov. | — | — | 1072 |
| 37. | VO. über Ausfuhrdevisen . . . . | 2. Nov. | — | — | 1074 |
| 38. | Durchführungsbestimmungen zur VO. über Ausfuhrdevisen . . . | 2. Nov. | 259 | 7. Nov. | 1074 |
| 39. | VO. betreffend zeitweise Verweigerung von Leistungen auf Grund eines außerdeutschen Kurses der Reichsmark . . . . . . . . . | 5. Nov. | — | — | 1082 |
| 40. | VO. über die Verpflichtung zur Annahme von Reichsmark bei Inlandsgeschäften . . . . . . | 7. Nov. | — | — | 1081 |
| 41. | VO. über Ausdehnung der Devisengesetzgebung auf Rentenmark, Goldanleihe und wertbeständiges Notgeld . . . . . . . . . | 16. Nov. | 263 | 17. Nov. | 1099 |

gebung. (Fortsetzung.)

Inhaltsangabe

übersehen, daß die Lücke, die den Einheitskurs seinerzeit zu Fall gebracht hatte, nunmehr durch Erlaß des Markausfuhrverbots geschlossen war. Heute dürfte feststehen, daß das System des Einheitskurses, an dem das Reichsfinanzministerium zusammen mit der Reichsbank unbeirrt festgehalten hat, die Grundlage für die inzwischen erfolgreich vorgenommene Stabilisierung der Währung gebildet hat. Der Einheitskurs bildete den festen Punkt, dem sich die zunächst den wildesten Schwankungen unterliegenden Auslandsbewertungen der Mark sehr bald annäherten. Die Vorbedingungen hierzu gaben die scharfen Kreditbeschränkungen der Reichsbank im Zusammenhang mit der Zurückziehung der Papiermark aus dem Verkehr und dem zunächst nur langsamen Einströmen der Rentenmark in die Wirtschaft. Die hieraus folgende außerordentliche Knappheit an Betriebsmitteln zwang die devisenbesitzenden Kreise, sich ihrer Devisenvorräte zu entäußern, so daß gelegentlich der Markt kaum in der Lage war, das herauskommende Devisenmaterial aufzunehmen.

Ausdehnung der Bestimmungen über den Einheitskurs auf den Handel mit wertbeständiger Anleihe des Deutschen Reiches.

Bemerkungen zu Nr. 35. Zum Schutz gegen die abweichende Bewertung der Goldanleihe.

Abbau der Meldepflichten der Banken über Devisengeschäfte.

Aufhebung des für den Kleinhandel geltenden Verbots der Preisstellung in ausländischer Währung bzw. in Goldmark.

Bemerkungen zu Nr. 36. Die Bearbeitung der beim Devisenkommissar eingehenden Meldungen erwies sich als unmöglich, da der hierzu erforderliche Apparat nicht vorhanden war. Die Meldepflicht der Banken wurde daher auf einen Umfang zurückgeführt, der eine praktische Bearbeitung des eingehenden Materials ermöglichte.

Die durch den § 2, Abs. 2 der Valutaspekulationsverordnung vom 8. Mai 1923 verbotene Preisstellung in Devisen bzw. in Goldmark im Einzelhandel war in der Praxis bereits in weitestem Umfange eingeführt. Es handelte sich lediglich um die Legalisierung eines bereits bestehenden Zustandes, der den berechtigten Forderungen des Kleinhandels entsprach.

Ersatz der Verordnung vom 17. September 1923 (s. Nr. 28).

Bemerkungen zu Nr. 41. Die Ausdehnung der Devisengesetzgebung auf Rentenmark, Goldanleihe und wertbeständiges Notgeld erwies sich als erforderlich, da eine von der Papiermark abweichende Bewertung dieser Zahlungsmittel eine erhebliche Gefahr für die Stabilisierung der Währung bedeutet hätte.

Devisengesetz-

| Nr. | Verordnung | vom | Reichsanzeiger Nr. | Reichsanzeiger vom | RGBl. I: Seite |
|---|---|---|---|---|---|
| | | 1923 | | 1923 | |
| 42. | VO. über Annahme ausländischer Zahlungsmittel im Inlandsverkehr . . . . . . . . . . . . | 23. Nov. | 269 | 26. Nov. | 1120 |
| 43. | VO. über Annahme ausländischer Zahlungsmittel im Inlandsverkehr . . . . . . . . . . . . | 21. Dez. | 292 | 22. Dez. | 1251 |
| | | 1924 | | 1924 | |
| 44. | 2. VO. über Änderung der Devisengesetzgebung . . . . . . . . | 13. Febr. | — | — | 70 |
| 45. | Weitere Durchführungsbestimmungen zur VO. über Ausfuhrdevisen vom 2. Nov. 1923 . . | 26. Febr. | — | — | 152 |
| 46. | VO. über das Außerkrafttreten von Devisenvorschriften . . . | 31. Okt. | 264 | 7. Nov. | 729 |
| 47[1]. | VO. zur Änderung der Devisengesetzgebung . . . . . . . . | 8. Nov. | — | — | 729 |

[1] Der weitere Abbau der Devisengesetzgebung war bis Mitte 1926 vollzogen.

gebung. (Fortsetzung.)

Inhaltsangabe

Zulassung der Inlandszahlungen in Devisen bei Geschäften über die Lieferung von Waren und über die Bewirkung von gewerblichen Leistungen.

Bemerkungen zu Nr. 43 und 44. Bereits früher durch besondere Ausnahmebestimmungen des Reichswirtschaftsministers zugelassen. Die Maßnahmen sollen die Mobilisierung ruhender Devisenvorräte durch ihre Verwendung als Zahlungsmittel ermöglichen und der Zahlungsmittelknappheit abhelfen.

Ermächtigung des Reichswirtschaftsministers zur Zusammenfassung der geltenden Devisenvorschriften.

Außerkrafttreten des Verbots des Verkaufs von Reichsmark in das Ausland sowie der VO. des Reichspräsidenten über Devisenerfassung vom 7. September 1923. Neufassung der noch geltenden Vorschriften der Devisengesetzgebung unter Änderung der Wechselstuben-VO. vom 8. Mai 1923 und der Devisenmakler-VO. vom 17. Sept. 1923 sowie Aufhebung folgender VO.:

1. die VO. zur Änderung der Valutaspekulations-VO. und des Kapitalfluchtges. und die VO. über Änderung der Devisengesetzgebung vom 29. Juni, 2. Nov. 1923 (RGBl. I, S. 507, 1072), soweit sie die Änderung des Kapitalfluchtges. betreffen;
2. die Ausführungsbestimmungen zur VO., betreffend das Verbot des Verkaufs von Reichsmark in das Ausland vom 17. August/17. September/2. November 1923 (RGBl. I, S. 830, 903, 1072);
3. die Durchführungsbestimmungen zur VO. des Reichspräsidenten über Devisenerfassung vom 7. September/2. November 1923 (RGBl. I, S. 865, 1972);
4. die VO. über Devisenbanken vom 11./27. September 1923 (Reichsanzeiger Nr. 211, 225 vom 12. und 28. September 1923);
5. die Bekanntmachung, betreffend Zulassung bisheriger Devisenbanken als Wechselstuben, und die Bekanntmachung, betreffend Umwandlung von Devisen in Sorten, vom 17. September 1923 (Reichsanzeiger Nr. 217 vom 19. September 1923);
6. die VO. über Ausfuhrdevisen vom 2. Nov. 1923 und die Durchführungsbest. vom 2. November 1923/26. Februar 1924 (RGBl. 1923 I, S. 1074; 1924 I, S. 152);
7. die VO. über Festsetzung der Höhe der auf Grund der VO. über Ausfuhrdevisen abzuführenden ausländischen Zahlungsmittel vom 29. Dezember 1923/26. Febr. 1924 (Reichsanzeiger Nr. 8, 50 vom 10. Januar und 28. Febr. 1924);
8. die VO. über den Handel mit wertbeständiger Anleihe des Deutschen Reichs (Goldanleihe) zum Einheitskurse vom 2. November 1923 (RGBl. I, S. 1071);
9. die VO., betreffend zeitweise Verweigerung von Leistungen auf Grund eines außerdeutschen Kurses der Reichsmark vom 5. November 1923 (RGBl. I, S. 1082);
10. die VO. über die Verpflichtung zur Annahme von Reichsmark bei Inlandsgeschäften vom 7. November 1923 (RGBl. I, S. 1081);
11. die VO. über Ausdehnung der Devisengesetzgebung auf Rentenmark, Goldanleihe und wertbeständiges Notgeld vom 16. November 1923 (RGBl. I, S. 1099).

Bemerkungen zu Nr. 47. Ausländische Zahlungsmittel und Forderungen dürfen auch weiterhin gegen inländische Zahlungsmittel nur durch Vermittlung der „Devisenbanken" erworben werden.

Termingeschäfte in ausländ. Zahlungsmitteln bleiben verboten.

Der letztbekannte amtliche Berliner Briefkurs gilt als Höchstpreis für Devisenabschlüsse. Sofern für die in Frage stehenden Valuten eine amtliche Notierung in Berlin nicht stattfindet, gilt der zuletzt von einem Ausschuß der Berliner Bedingungsgemeinschaft als Briefkurs ermittelte Preis.

Devisenablieferung. (Ver-

| Nr. | Verordnung | vom | RGBl. I: Seite |
|---|---|---|---|
| | | 1923 | |
| 1. | VO. des Reichspräsidenten über die Ablieferung ausländischer Vermögensgegenstände . . . . . | 25. Aug. | 833 |
| 2. | Durchführungsbestimmungen zur VO. des Reichspräsidenten über die Ablieferung ausländischer Vermögensgegenstände . . . . . . . . . . . | 30. Aug. | 837 |
| 3. | Bekanntmachung auf Grund des § 17 der Durchführungsbestimmungen zur VO. des Reichspräsidenten über die Ablieferung ausländischer Vermögensgegenstände vom 30. August 1923 . | 1. Sept. | 849 |
| 4. | Bekanntmachung über Umrechnungskurse auf Grund des § 17, Abs. 2 der Durchführungsbestimmungen zur VO. des Reichspräsidenten über die Ablieferung ausländischer Vermögensgegenstände vom 30. August 1923 . . . . . . | 7. Sept. | 870 |
| 5. | Zweite Durchführungsbestimmungen zur VO. des Reichspräsidenten über die Ablieferung ausländischer Vermögensgegenstände vom 25. August 1923 . . . . . . . . . . . . . . . . . . . . . | 11. Sept. | 871 |
| 6. | Bekanntmachung über Umrechnungskurse auf Grund des § 17, Abs. 2 der Durchführungsbestimmungen zur VO. des Reichspräsidenten über die Ablieferung ausländischer Vermögensgegenstände vom 30. August 1923 . . . . . . | 20. Sept. | 895 |
| 7. | Dritte Durchführungsbestimmungen zur VO. des Reichspräsidenten über die Ablieferung ausländischer Vermögensgegenstände . . . . . . . | 24. Sept. | 911 |
| 8. | Vierte Durchführungsbestimmungen zur VO. des Reichspräsidenten über die Ablieferung ausländischer Vermögensgegenstände . . . . . . . | 10. Nov. | 1088 |

ordnung vom 25. August 1923.)

Inhaltsangabe

Für je 10000 Mark Brotversorgungsabgabe haben Erwerbsgesellschaften den Gegenwert von 2 Mark Gold, alle übrigen natürlichen und juristischen Personen, Personenvereinigungen und Vermögensmassen den Gegenwert von 1 Mark Gold in ausländischen Vermögensgegenständen abzuliefern, soweit ihnen solche Vermögensgegenstände in der Zeit vom 10.—28. August 1923 gehört haben. Die Ablieferung erfolgt gegen Entschädigung.

Bemerkungen zu Nr. 1. Je eine Gruppe von Berliner Banken und von Provinzbanken hatte dem Reiche im August 1923 größere Beträge zur Finanzierung der Lebensmittelimporte und der Stützungsaktion für die Reichsmark vorgestreckt. Zur Abdeckung dieser Vorschüsse und zur Beschaffung weiterer Devisenmittel wurde durch die VO. vom 25. August 1923 die zwangsweise Ablieferung von ausländischen Vermögensgegenständen gegen Entschädigung angeordnet. Auf Grund dieser VO. sind insgesamt bis zum 22. Februar 1924 135 Millionen Goldmark abgeliefert worden. Ohne diese Ablieferungen wäre mit Wahrscheinlichkeit die Devisenwirtschaft des Reichs zusammengebrochen, so daß die Versorgung der Bevölkerung mit Lebensmitteln ernstlich gefährdet worden wäre. Ohne diese Devisen hätte ferner der Ankauf von Mark im Auslande, der die Stabilisierungsaktion wesentlich unterstützt hat, nicht durchgeführt werden können.

Devisenablieferung.

| Nr. | Verordnung | vom | RGBl. I: Seite |
|---|---|---|---|
| | | 1923 | |
| 9. | VO. über Änderung der vierten Durchführungsbestimmungen zur VO. des Reichspräsid. über die Ablieferung ausländischer Vermögensgegenstände | 19. Nov. | 1102 |
| 10. | VO. des Reichspräsidenten über Entrichtung des Gegenwerts für auf Grund der VO. vom 25. August 1923 nach dem 25. November 1923 abgelieferte ausländische Vermögensgegenstände . . . . . . | 14. Dez. | 1194 |

## Anlage 2.

### Vorschlag des Reichswirtschaftsministeriums betreffend Exportdevisenablieferung gegen Goldgutschrift. (17. Juli 1923.)

Die Notlage auf dem Devisenmarkt, die zu Repartierungen von 2—5 vH geführt hat, erfordert schnelles und energisches Handeln, wenn ein Zusammenbruch der Wirtschaft vermieden werden soll.

Es wird daher folgendes in Vorschlag gebracht:

1. Die seit dem 16. Juli zur Entstehung gelangten oder gelangenden Exportdevisen sind in festzusetzenden hohen Prozentsätzen an die Reichsbank binnen 3 Tagen nach Entstehung abzuliefern.

2. Es ist verboten, den Gegenwert von Exporten länger zu stunden als 8 Tage nach Empfang der Ware. Konsignationssendungen werden vorläufig nicht zugelassen. Ausnahmen können vom Beauftragten des Reichswirtschaftsministers für die Devisenprüfung bewilligt werden.

3. Für den Gegenwert der Exportdevisen erfolgt eine Goldgutschrift bei der Reichsbank, welche auf eine Festmark entweder = $^1/_{100}$ oder $^1/_{20}$ L = 1 sh abzustellen ist.

4. Das Goldkonto ist vor dem 1. Oktober 1923 nicht abhebbar. Ausnahmen durch Reichsbank zu regeln; über das Guthaben kann jedoch durch Goldscheck- oder Goldgiroüberweisung in der Weise verfügt werden, daß der Berechtigte aus der Goldgutschrift wechselt.

5. Die auf das Goldgirokonto der Reichsbank lautenden Goldschecks gelten als gesetzliche Zahlungsmittel bei Forderungen, die auf Gold- oder Valutabasis berechnet werden.

6. Wer in Verstoß gegen 1. nicht binnen 8 Tagen nach entstandener Verfügungsmöglichkeit die Exportdevisen an die Reichsbank abliefert, ist verpflichtet, unbeschadet der Strafvorschriften in 11. die Exportdevisen an die Reichsbank gegen Gutschrift in Papiermark abzuliefern. Der Papiermarkbetrag wird umgerechnet nach dem Berliner Kurse des 8. Tages nach entstandener Verfügungsmöglichkeit über die Devisen seitens des Exporteurs.

7. Vom 1. Oktober 1923 ab sind die Goldkonten nach näherer Vorschrift der Reichsbank in Papiermark abhebbar zum Tageskurse des englischen Pfundes. Ein Goldkonteninhaber kann nicht gezwungen werden, einen Papiermarkbetrag für seine Goldforderungen entgegenzunehmen, der nicht auf einem im freien Verkehr gebildeten, unrepartierten Kurse beruht. Verzinsung der Goldkonten bei längeren Kündigungsfristen. Anschluß der Privatbanken an den Goldgiroverkehr.

8. Vom 15. Januar 1924 ab sind diejenigen Teile der Goldkonten, welche der Inhaber aus eigener Devisenablieferung erworben hat, in Raten von 10 vH des

(Fortsetzung.)

Inhaltsangabe

Gesamtbetrages pro Monat in Devisen nach Wahl des Inhabers abhebbar, soweit der Goldkonteninhaber nach den bestehenden gesetzlichen Vorschriften zum Devisenerwerb berechtigt ist. Die Reichbank regelt das Verfahren im einzelnen nach Zustimmung des Reichswirtschaftsministers.

9. Die der Reichsbank zufließenden Exportdevisen dürfen nur in dem Maße verausgabt werden, als an deren Stelle eine inländische Goldforderung in Gestalt von diskontierten Goldwechseln aus Handel und Industrie tritt. Den auf Gold stehenden Inlandsunternehmen ist solange neuer Papiermarkkredit zu sperren, als nicht neu zu diskontierende Goldwechsel den Betrag diskontierter Papiermarkwechsel der einzelnen Unternehmen erreichen.

10. Das Reich haftet der Reichsbank für eintretende Verluste aus diesem Verfahren. Die Berechnung der Verluste erfolgt in halbjährlichen Zeitabschnitten; zu vergleichen ist der auf Grund des neuen Verfahrens tatsächlich eingetretene Vermögensstand der Reichsbank mit demjenigen Vermögensstand, der vorhanden sein würde, wenn die Reichsbank lediglich Papiermarkwechsel in einem aus der Erfahrung des letzten Jahres geschätzten Umfang diskontiert hätte.

11. Strafvorschriften.

Begründung.

Ohne einen energischen Eingriff in der Richtung des hier gemachten Vorschlages ist die Devisenlage nicht länger haltbar. Es ist aussichtslos, die wegen der differenzierten Kurse gegenwärtig stockende Devisenablieferung aus dem Export schärfer anzuziehen, solange nur Papiermarkgutschriften für die Exportdevisen gewährt werden. Die nach dem Berliner Kurs gewährten Gutschriften sind zu gering, der Verkauf im Auslande bringt 20—30 vH mehr. Das Stehenlassen der Devisen wird gegenüber jedem Übergang in Papiermark bei dem heutigen Zustande allgemein vorgezogen. Nur wenn für den hinzugebenden Goldwert ein äquivalenter Goldwert von seiten der Reichsbank gewährt wird, besteht Aussicht, der Lage noch Herr zu werden.

Die Bestimmung einer allgemeinen hochprozentigen Devisenablieferung wird besonders bei denjenigen Exportkreisen auf Widerstand stoßen, welche eigenen Einfuhrbedarf haben. Diese Kreise haben aber in den letzten Wochen der Repartierung bereits außerordentliche Vorteile vor den reinen Importeuren gehabt, indem sie die bei ihnen anfallenden Exportdevisen unmittelbar zum Import verwerten konnten und damit den Repartierungsschwierigkeiten entgingen. Wenn diesen gemischten Unternehmen jetzt gleichfalls die Devisen genommen werden, so werden sie damit nur auf die gleiche Stufe mit allen Importeuren gebracht, ohne daß ihnen der in der Vergangenheit zugeflossene Vorteil in Frage gestellt wird. Sie müssen sich nunmehr wie alle anderen an die Börse wenden und werden in gleicher Weise wie die anderen aus dem Reservoir der Reichsbank gespeist werden. Eine grundsätzliche Ausnahme von der Ablieferung der Exportdevisen wird vorläufig nicht gewährt, Ablieferung an Exportfabrikanten (Ausfuhrvorgeschäft) darf nicht mehr stattfinden. Die Bezahlung muß hier durch Goldgiro erfolgen.

Nachdem durch die Devisenerfassung die Lage der Reichsbank gebessert sein wird, kann schrittweise ein gewisser Abbau der Erfassung erfolgen, insbesondere ein Ausgleich bei gleichzeitigem Importbedarf des Exporteurs zugelassen werden. Dies darf allerdings erst in Betracht kommen, wenn wieder ein wirklicher Kurs der Mark ohne Repartierungen vorhanden sein wird.

Die Abstellung der Rechnungseinheit auf das Pfund erscheint zweckmäßig, weil in London alle in Betracht kommenden Devisen täglich notiert werden und die Umrechnung sich erleichtert. Anderseits ist der deutsche Export in Pfunden wesentlich größer als derjenige in anderen Währungen, vielleicht noch mit Ausnahme des holländischen Gulden, der aber auch vielfach nur Zwischenstufe vor dem Weiterexport in Länder ist, die mit Pfund rechnen. Es muß zur Erleichterung der Rechnung ein glatter Bruchteil des Pfundes gewählt werden. Mit der Annahme von $^1/_{20}$ Pfund würde man auf den englischen Schilling kommen, nahe an die alte Goldmark. $^1/_{100}$ Pfund würde eine leichtere Rechnungseinheit bringen, was für devalorisierte Länder gemäß südamerikanischen Erfahrungen regelmäßig wirtschaftlich leichter tragbar ist. Auch die später in der neuen Einheit auszudrückenden Arbeitslöhne würden zahlenmäßig höher sein und nicht von vornherein den Vergleich mit den alten Goldlöhnen herausfordern. Die vom Reichsfinanzministerium auf Valutabasis gegebenen Ruhrkredite sind gleichfalls auf 1 Festmark = $^1/_{100}$ Pfund abgestellt.

Falls Bedenken bestehen, ob man durch eine Erfassung nur der neu anfallenden Devisen den betreffenden Kreisen beikommen kann, wäre zu erwägen, ob man in gleicher Weise einen bestimmten Prozentsatz bereits vorhandener Devisen mit Ausnahme der bei Einfuhrinteressenten vorhandenen in gleicher Weise ergreift. Dies könnte ohne besondere Deklaration erfolgen, nur auf Grund einer Bestimmung, daß jeder zum Beispiel $^1/_4$ seines zu einem bestimmten Zeitpunkt vorhandenen Devisenbesitzes gegen Goldgutschrift abzuliefern hätte.

## Anlage 3.

## Schreiben des Reichswirtschaftsministers an den Reichskanzler vom 23. Juli 1923.

Die gegenwärtige Notlage der Wirtschaft drängt mich, meine Ansicht über die Lage im nachfolgenden darzulegen.

Ich darf vorausschicken, daß die Schwierigkeiten, auf die ich seinerzeit im Kabinett hinwies, als ich der Einführung des Einheitskurses widerriet, durch die seither eingetretene Entwicklung bei weitem übertroffen worden sind. Ich will damit keineswegs einen Vergleich herausfordern mit dem, was etwa ohne Einheitskurs sich ereignet hätte, will aber doch den gegenwärtigen, nicht lange mehr haltbaren Zustand kurz schildern.

Während der Kurs der Mark in Berlin nach dem Ermessen der Reichsbank festgesetzt wird, hat sich der Kurs an den Auslandsbörsen auf den normalen Weg von Angebot und Nachfrage um 20—50 vH niedriger eingestellt. Dies hat zunächst alle Devisen von Angebot auf dem deutschen Markt vertrieben, die der Besitzer auf dem Auslandsmarkt absetzen kann oder mindestens nicht auf dem Inlandsmarkt abzusetzen braucht, dazu aber im Ausland starkes Mißtrauen gegen die deutsche Wirtschaft hervorgerufen, da man den deutschen Kurs naturgemäß als nicht objektiv, sondern mehr nach Willkür zustande gekommen ansieht. Endlich sind Schiebungen von billig im Inland zugeteilten Devisen nach den höheren Kursen notierenden Auslandsbörsen nicht nur nicht ausgeschlossen, sondern sicherlich auch tatsächlich vorgekommen. Obgleich es nun Sinn des Einheitskurses ist, daß sich nach ihm wenigstens die Inlandsverhältnisse, insbesondere das Preisniveau im Inlande richten sollen, hat sich nunmehr ganz offensichtlich die innere Wirtschaft auf den Auslandskurs als den maßgeblichen eingestellt. Die Preise im Inlande, insbesondere zunächst für die Einfuhrgüter, gehen nicht nur über das Weltmarktpreisniveau, gemessen am Berliner Kurs, hinaus, sie erreichen nicht nur das Weltmarktniveau umgerechnet über den Auslandskurs, sondern sie gehen noch vielfach nicht unwesentlich darüber hinaus. Die Erklärung dafür liegt in dem Unsicherheitsmoment und in der Unsicherheit, ob der Kaufmann überhaupt Devisen für die Einfuhr bekommt, in welchen Zeitabständen und zu welchem Kurs sie ihm zugeteilt werden; für alle diese Risiken macht er einen besonderen Zuschlag. Die Getreidepreise z. B. haben diese Entwicklung genommen; die Metallbörse hat die Notierungen eingestellt, weil sie keinen allgemein gültigen Umrechnungsmaßstab mehr findet. Der Warenbesitzer auch von Inlandswaren hält mit dem Verkauf zurück, solange nicht der über das Ausland umgerechnete Weltmarktpreis der Waren erzielt wird. Es ist offensichtlich in der ganzen Wirtschaft eine Niederhaltung der Preise nicht erzielt worden, es hat sich vielmehr eine Umstellung der Preisberechnung auf der Grundlage des über den Auslandskurs berechneten Weltmarktpreises eingestellt, und damit ist ein wesentliches Ziel der Einheitskursverordnung verfehlt.

Die Devisenzuteilung in nur geringen Prozenten macht es zunächst schwierig, bereits abgeschlossene Verträge glatt abzuwickeln und raubt damit dem deutschen Importeur einen Teil des Vertrauens, das er sich nach dem Kriege mühsam wieder erworben hat. Kreditschwierigkeiten müssen sich daraus naturnotwendig ergeben. Neue Waren im Auslande zu kaufen, ist bei scharfen Repartierungen naturgemäß außerordentlich schwierig, da eine genaue Kalkulation des An- wie des Verkaufspreises kaum möglich ist. Auch die Annahme von Bestellungen für das Ausland in solchen Artikeln, zu deren Herstellung Auslandsrohstoffe nötig sind, muß bei solchen Beschaffungsschwierigkeiten ins Stocken geraten, obgleich solche Auslandsaufträge zur Verbesserung unserer Devisenanlage durch Ausfuhr deutscher Arbeit besonders erwünscht sind. Die scharfen Repartierungen haben aber auch bereits zu einer Stockung der notwendigen Einfuhr geführt. Auf den verschiedensten Gebieten, insbesondere bei Lebensmitteln und wichtigen industriellen Rohstoffen werden die schwersten Befürchtungen geäußert, ob es noch für wenige Wochen möglich sei, den Inlandsbedarf zu decken. Da tatsächlich das Maß der zugeteilten Devisen (täglich 10—15 Millionen Goldmark) nicht unbeträchtlich ist, da aber anderseits die Devisen nicht ohne weiteres in diejenigen Hände kommen, die sie am nötigsten haben, so scheint mir hier ein auf unzulänglicher Verteilung des vorhandenen Devisenmaterials beruhender tatsächlicher Mangel in vielen Einzelzweigen der Wirtschaft vorzuliegen, der theoretisch bei ideeller Zuteilung vielleicht vermeidbar wäre. Es ist dies die aus der Kriegswirtschaft bekannte Erscheinung.

Neben der objektiv nicht zureichenden bzw. ungünstig verteilten Einfuhr trägt nun aber zu den Schwierigkeiten im Innern bei der Drang jedes einzelnen, die erworbenen Goldwerte in Einfuhrwaren nur gegen volles Äquivalent — das regelmäßig nicht in der Papiermark erblickt wird — abzugeben. Der Umsatz im Warenverkehr des Inlandes ist in äußerst bedenkliche Stockung geraten. Die Verkäufer geben nicht mehr ab, da die Wiederauffüllung der Läger ihnen nicht leicht möglich erscheint und weil sie mit den großen Papiermarksummen, die sie in diesen Wochen von den Abnehmern für frühere Lieferungen erhalten haben, nicht wieder entsprechend Devisen oder neue Waren erwerben können. Diese Stockungen im Warenverkehr müssen natürlich sehr bald Betriebseinschränkungen wegen Mangel an einzelnem Material zur Folge haben.

Es zeigt sich bereits jetzt, daß vielfach Detailgeschäfte bis auf geringe Restbestände leergekauft sind und keine neue Ware hereinkommt. Auf dem Lebensmittelgebiet insbesondere kann dies sehr schnell zu Unruhen der Bevölkerung führen.

Der Export allerdings dürfte noch verhältnismäßig gut laufen, wenngleich man den Ausfall vom besetzten Gebiet mit berücksichtigen muß; aber der Export gibt nicht mehr in früherem Maße die erworbenen Devisen in die Wirtschaft.

Zwar läuft die Pflichtdevisenablieferung aus dem Export mit einem Anfall von täglich 2—3 Millionen Goldmark noch weiter, wenn sie auch gegen früher zurückgegangen ist, aber darüber hinaus angefallene Devisen sucht der Exporteur, solange es irgend geht, zurückzuhalten. Er kann nach der Einheitskursverordnung nur den Berliner Kurs vergütet bekommen und sagt sich, daß er damit weit unter Wert verkaufen würde. Die Folge ist ein Einfrieren der vorhandenen Devisen bei den Stellen, die sie gerade besitzen, da jede Abgabe, die den Gesetzen gemäß ist, entsprechend dem Einheitskurse, zu Verlusten führt, nachdem sich die Preise in der Wirtschaft über den Einheitskurs hinweggesetzt haben.

Zu diesen verschiedenen wirtschaftlichen Stockungen:

1. Stockung der Einfuhr,
2. Stockung des Inlandsumsatzes von Waren,
3. Betriebsstockung,
4. Stockung des inländischen Zahlungsverkehrs,
5. Stockung der Devisenabgabe

kommt nun weiter

6. eine technische Stockung im Devisenhandel, die auf einer durch die übermäßigen Anforderungen und die Konzentrierung in Berlin herbeigeführten Überlastung der Banken beruht. Die Banken haben bereits in letzter Woche am Mittwoch und Sonnabend Devisen nicht notiert und erklären, daß sie künftig an mehr als 3 Tagen der Woche nicht notieren könnten, da sie mit ihren Kräften physisch am Ende seien. Ich habe im Verein mit dem Preußischen Staatskommissar an der Berliner Börse hiergegen naheliegende ernste Bedenken geltend gemacht, weiß aber im Augenblick nicht, ob die Banken denselben zu entsprechen sich in der Lage sehen.

Die hier geschilderten Verhältnisse haben zu vielfachen illoyalen Praktiken einzelner Wirtschaftskreise geführt. So wird bei den Devisenanforderungen weit über den Bedarf angemeldet, weil man nur mit der geringen Zuteilung rechnet. Es werden weiter größere Einfuhrabschlüsse gemacht als unbedingt nötig, um darauf Devisenanforderungen zu stützen. Solche Einfuhrwaren werden auch, nachdem sie mit zugeteilten Devisen erworben worden sind, im Auslande wieder verkauft, ohne daß die Devisen in die deutsche Wirtschaft zurückgeleitet werden. Daß anderseits sich niemand ohne Zwang gegenwärtig von Devisen, die er bereits besitzt, trennt, ist bereits gesagt.

Zur Abhilfe bei einem derartigen Zustande der Wirtschaft, der im kurzen zur Katastrophe zu führen droht, habe ich in folgender Richtung Maßnahmen ergriffen:

1. Ich habe auf die Reichsbank eingewirkt, den Berliner Kurs der Devisen näher an die Auslandsnotierung heranzusetzen, d. h. zu erhöhen, verhehle mir allerdings nicht, daß der Auslandskurs auch dem gestiegenen Berliner Kurs wieder davonlaufen wird. Immerhin dürfte bei gestiegenem Kurs zunächst eine relative Geldverknappung eintreten, da die Notenpresse erst etwas langsamer

nachkommt. Diese Geldverknappung dürfte aber auf Einschränkung der Anforderungen hinwirken.

2. Die Reichsbank hat nach Beratung der zuständigen Ressorts die Anforderungen von Devisen bei den Banken vom Vorhandensein entsprechender Bardeckung abhängig gemacht, was in den letzten Tagen anscheinend schon zu einer gewissen Zurückschraubung der Anmeldungen geführt hat.

3. Es ist dahin gewirkt worden, daß die lebensnotwendigen Einfuhren, insbesondere diejenigen an Lebensmitteln, bevorzugt bedacht werden; es wird auch darauf hingearbeitet, bei einzelnen Industriegruppen die Devisenanforderungen zentral zusammenzufassen, um die Überanmeldungen vorher auszuschalten. Es ist allerdings fraglich, ob dies zum Erfolge führt, da es schlechterdings kaum möglich ist, von außen her das Notwendige vom Überflüssigen in der ganzen Wirtschaft zu scheiden, wenn man nicht wieder zu voller Zwangswirtschaft kommen will.

4. Ich werde ferner in den Ausführungsbestimmungen zur Valutaspekulationsverordnung noch einige Verbesserungen bringen, insbesondere zwecks Sicherung der Kontrolle voraussichtlich ein Devisenverkehrsbuch in den einzelnen Betrieben, in denen Devisenumsätze erfolgen, vorschreiben.

5. Ich bin mir klar, daß diese Mittel dem Übel noch nicht an die Wurzel gehen. In vollem Maße ist dies bei der dermaligen Lage der Reparationsfrage unserer Handelsbilanz nicht möglich. Immerhin habe ich als eine schnell wirksame Notmaßnahme zwecks Behebung der Waren- und Zahlungsstockung im Wege der Ausnahme gestattet, daß die Devisen, die in der Wirtschaft vorhanden sind, unter gewissen Voraussetzungen zur Bezahlung von Einfuhrwaren verwandt werden. Dadurch dürfte eine Mobilisierung nutzloser Devisenbestände im Interesse der Einfuhr erreicht und eine gewisse Entlastung der Reichsbank von Devisenanforderungen erzielt werden...

Als stark wirksames Mittel wird man bei der gegenwärtigen Lage nur eine weitgehende Erfassung der Exportdevisen ansehen können. Ich sehe mich aber außerstande, diese Erfassung auf dem bisherigen Wege gegen Papiermarkgutschrift durchzuführen; denn ich sehe voraus, daß in diesem Falle das entgegenstehende Einzelinteresse an der Zurückhaltung der Devisen sich als das stärkere gegenüber staatlichen Eingriffen erweisen würde. Man müßte daher an eine Erfassung der Devisen gegen eine Goldgutschrift bei der Reichsbank denken, über die dann zur Leistung von Zahlungen im Inlandsverkehr durch Goldscheck verfügt werden könnte. In Verfolg dieser Maßnahmen würde auch die Papiermarkwechseldiskontierung der Reichsbank eingeschränkt werden müssen zugunsten einer Goldwechseldiskontierung. Das nähere bitte ich aus dem hier beigefügten Referatenentwurf zu ersehen, der in einzelnen Punkten änderungsbedürftig sein wird, der aber doch in einer Vorbesprechung mit Reichsbank und Reichsfinanzministerium auch von der Reichsbank — wie das bei dem grundsätzlich ablehnenden Standpunkt der Reichsbank gegenüber dem allgemeinen Goldkreditverkehr zunächst möglich schien — keineswegs von vornherein abgelehnt worden ist; es wird darüber in diesen Tagen näher verhandelt werden.

Als weiteres Mittel kommt eine wertbeständige Reichsanleihe in Betracht. Ich habe Bedenken, ob bei der rechtlichen Lage auf Grund des Vertrages von Versailles hier den Zeichnern die notwendige Sicherheit gegeben werden hann, und ob der Zeichnungserfolg gesichert werden könnte. Eine Gutsage der Reichsbank für die Anleihe scheint nach der Haltung der Reichsbank nicht in Betracht zu kommen. Diese Anleihe würde freilich das Risiko der Wertbeständigkeit allein auf das Reich legen, während bei dem vorhin angedeutetem Plane das Risiko auf die Wirtschaft umgelegt wird durch die Goldkredite. Ich vermag aber auch bei vollem Erfolg der Reichsanleihe eine grundsätzliche Änderung und

Besserung der Verhältnisse nicht zu erhoffen, wenn nicht gleichzeitig in der Richtung des Goldkreditverkehrs in der Wirtschaft entscheidende Schritte getan werden. Hierzu darf ich mich im einzelnen auf frühere Ausführungen berufen.

Der Einrichtung einer Devisenzentrale stehen die vielfach erörterten technischen Schwierigkeiten entgegen. Die Vorprüfung der Devisenanforderungen, der wesentliche materielle Zweck einer Zentrale, wäre an sich auch beim jetzigen Zustande möglich; vielleicht gelingt es der Reichsbank, bei ihren örtlichen Hauptstellen eine materielle Vorprüfung zu organisieren.

Die Möglichkeit des Eingriffes würde sich theoretisch noch auf der Einfuhrseite der Wirtschaft bieten. Auf dem Gebiete der Luxuseinfuhr ist allerdings im wesentlichen bereits alles getan, was getan werden könnte, wobei ich auf meine früheren Darlegungen verweisen darf. Auf dem Gebiete der Einfuhr von Rohstoffen und Lebensmitteln ist sicherlich eine Einschränkung an gewissen Stellen, die sich übermäßig versorgen, möglich, aber auch hier dürfte das individuelle Interesse der Anlage des Vermögens in Sachwerten oder Devisen kaum zu unterdrücken sein durch andere Maßnahmen, solange nicht an Stelle der Papiermark auch hier eine wertbeständige Anlage geboten werden kann.

Zusammenfassend muß ich sagen, daß ich die Lage als außerordentlich bedenklich ansehe, wenn sie auch durch die oben angegebenen Maßnahmen für gewisse Zeit noch gemildert werden kann. Dazu wäre freilich auch die Verminderung der Inflation durch Vermehrung der Reichseinnahmen auf wertbeständigere Grundlage unbedingt nötig. Ich gestatte mir daher die dringende Bitte, daß auch auf diesem Gebiete diejenigen Schritte getan werden möchten, die eine Entspannung der wirtschaftlichen Lage herbeizuführen geeignet sind.

## Anlage 4.

### Eingabe des Reichsverbandes der Deutschen Industrie, der Hauptgemeinschaft des Deutschen Einzelhandels und des Zentralverbandes des Deutschen Großhandels an das Reichswirtschaftsministerium. (29. August 1923.)

Die unterzeichneten Verbände haben bereits im Dezember v. J. bzw. Anfang Januar 1923 der Regierung in ausführlichen Eingaben dargelegt, daß die Schaffung einer neuen Rechnungswährung auf Basis einer einwandfreien ausländischen Goldwährung, nämlich der nordamerikanischen Dollarwährung die einzige Möglichkeit ist, um einem vollkommenen Chaos des Wirtschaftslebens vorzubeugen. Für die Wahl des Dollars als Grundlage der neuen deutschen Rechnungswährung treten wir aus bereits bekanntgegebenen Gründen ein und lehnen jede andere ausländische Goldwährung als nicht gleich geeignet ab. Die unterzeichneten Verbände haben damals die Notwendigkeit anerkannt, daß die Schaffung einer solchen Rechnungswährung, d. h. die Einführung von Goldkonten und eines Goldgiroverkehrs nicht möglich ist, wenn nicht das ganze Kreditsystem gleichfalls von der Papierwährung auf die Goldbasis umgeschaltet wird. Wie wir aus den Ausführungen der Reichsbank in den letzten Tagen entnehmen, glaubt die Reichsbank wegen der großen Schwierigkeiten diese Fragen nur mit äußerster Zurückhaltung lösen zu können. Wir verkennen keineswegs die Schwierigkeiten, müssen aber darauf aufmerksam machen, daß diese Schwierigkeiten heute besonders deshalb so groß sind, weil inzwischen unsere vor $^3/_4$ Jahren geäußerten Befürchtungen zu Tatsachen geworden sind. Diese Tatsachen bestehen in einem völligen Chaos des Wirtschaftslebens, Störungen und Stockungen in Produktion und Absatz und der Unmöglichkeit für jeden Kaufmann, überhaupt noch zu rechnen. Die Schwierigkeiten wären nicht vorhanden gewesen, wenn man unseren gemeinsamen Vorstellungen nicht erst jetzt, sondern bereits Anfang d. J. Rechnung getragen haben würde. Wir müssen ferner darauf aufmerksam machen, daß die von der Reichbank geäußerten Bedenken die übertriebene Zuspitzung an sich richtiger Gedanken sind. Selbst aber zugegeben, daß erhebliche Schwierigkeiten bestehen, so können diese Schwierigkeiten immer nur in dem Verhältnis anerkannt werden, in dem sie zu den Schwierigkeiten und zu den Notwendigkeiten des Wirtschaftslebens und der Staatsfinanzen stehen. Wir bedauern außerordentlich, feststellen zu müssen, daß diese Schwierigkeiten im Wirtschaftsleben offenbar seitens der maßgebenden Instanzen vollkommen unterschätzt werden. Wir betrachten sie als ungeheuer viel größer als die Schwierigkeiten, die eventuell den Banken und der Reichsbank durch eine Umänderung der Papiermarkwährung auf Dollarrechnungswährung entstehen. Die unterzeichneten Verbände bemühen sich seit Wochen, den Verkehr zwischen Industrie und Großhandel, Großhandel und Einzelhandel aufrecht zu erhalten; seit Wochen ergeben sich die unerträglichsten Auseinandersetzungen über die Durchführung kaufmännischer Kontrakte. Für alle beteiligten Wirtschaftsgruppen muß die Goldmarkrechnung grundsätzlich durchführbar und zulässig gestaltet werden. Die unterzeichneten Verbände erklären übereinstimmend, daß es auf der Basis des jetzigen Systems überhaupt unmöglich ist, einen geordneten Wirtschaftsverkehr fortzuführen. So dankenswert die Bereitwilligkeit der Reichsbank ist, dem Rechnung zu tragen, geht doch aus den Ausführungen und Maßnahmen der Reichsbank hervor, daß sie das Ausmaß der Notwendigkeit im Wirtschaftsleben völlig unterschätzt. Es ist einfach keine Zeit mehr, dieses Problem behutsam anzufassen, sondern binnen weniger Tage müssen die notwendigen Maßnahmen durchgeführt sein, soll es nicht zu einem völligen Zusammenbruch des Wirtschaftslebens kommen. Wir wollen bei dieser Gelegenheit auch noch darauf hinweisen, daß Industrie, Großhandel und Einzelhandel durchaus anerkennen, daß eine Sanierung der Staatsfinanzen erforderlich ist, ja daß sich zu diesem Zwecke ungeheure Steuern gar nicht umgehen lassen, sie sind aber der Auffassung, daß das ganze Steuersystem auf schwankender Grundlage steht, solange in der gesamten Wirtschaft nicht einheitlich in fester Goldwährung gerechnet wird und gerechnet werden muß. Das Chaos und die Unübersichtlichkeit der Papiermarkrechnung sind so groß, daß ein Kaufmann noch nicht einmal selbst übersehen kann, ob und wieviel er verdient oder verliert und welches Vermögen er noch hat. Daß diese Unklarheit gegenüber der Steuerverwaltung nicht nur dazu dient, sondern auch von weiten Kreisen dazu benutzt wird, sich den Steuern zu entziehen, kann nicht Wunder nehmen. Eine Sanierung der Reichsfinanzen und ein Heranziehen aller Steuerpflichtigen zur Steuerzahlung ist erst dann wieder möglich, wenn alle Steuerpflichtigen auf Goldbasis ihre Steuern zu errechnen gezwungen sind und bezahlen müssen. Im jetzigen Zustand bleibt die Zahl der Steuerzahler immer mehr hinter der Zahl der Steuerpflichtigen zurück, die Steuertarife werden immer höher, die Zahl der verschiedenen Steuern wird immer größer und der Steuerertrag immer geringer.

Die unterzeichneten Verbände bitten deshalb das Reichswirtschaftsministerium, unverzüglich mit einigen ihrer Vertreter in Verhandlungen darüber einzutreten, in welcher Form in den nächsten Tagen der Goldkontenverkehr und der Goldkreditverkehr eingerichtet werden können. Das System der wertbeständigen Lombardkredite der Reichsbank ist ein kaufmännisches Unding und schon deshalb völlig unbrauchbar, weil seiner Natur nach Goldkonten als Gegendeckung für die Kredite gar nicht geschafft werden können und außerdem überflüssig werden. Die Kürze der Zeit erlaubt uns nicht, in eine ausführliche Erörterung aller Einzelheiten des Problems nochmals einzugehen. Wir stehen auch auf dem Standpunkt, daß alle Seiten des

Problems in den letzten Monaten schon erörtert sind und können uns im übrigen nur auf unsere früheren Darlegungen beziehen, die wir auch heute noch für völlig zutreffend erachten.

Hochachtungsvoll

gez.: Dr. Becker.

## Anlage 5.

## Rede des Reichsfinanzministers Dr. Hilferding vom 23. August 1923.

— — — — — — — — — — — — — — — — — — — — — —

Zusammenfassend ist unsere Situation so, daß trotz der neuen Steuern ein sehr starker Fehlbetrag des Reiches vorhanden ist, und daß es Aufgabe der Reichsfinanzverwaltung sein wird, Ihnen Vorschläge zu machen, wie dieser Fehlbetrag unter Umständen noch vermindert werden kann, eventuell durch gewisse Steuererhöhungen. Über das Ausmaß läßt sich im gegenwärtigen Augenblick nichts sagen, weil das zum Teil mit von dem Erfolg abhängt, den die Goldanleihe haben wird. Aber darüber muß man sich unbedingt klar sein: In unserer jetzigen Situation können wir Steuern nicht abbauen und nicht mildern. Ich verkenne durchaus nicht, daß vom Standpunkt sozusagen der reinen Steuervernunft die Art, wie wir im Juli und August Finanzpolitik haben treiben müssen, außerordentlich starker Kritik unterliegt. Es unterliegt namentlich der Kritik, daß einmal der Zeichnungstermin der Anleihe und der Fälligkeitstermin der Steuern so nahe aneinandergerückt sind, so daß selbstverständlich eine gewisse Betriebsmittelknappheit und Geldknappheit, die durch die Steuereinziehung hervorgerufen werden wird, den Erfolg der Anleihe mindert. Es ist ebenso richtig, daß überhaupt die ganze Komprimierung all dieser Steuern auf einen einzigen Monat wirtschaftlich gewisse Schwierigkeiten verursachen kann und gewisse Härten mit sich bringt. Aber wir sind heute in keiner geringeren Zwangslage als damals, wo Sie diese Steuern beschlossen haben. Wir konnten uns ja nicht helfen, wir mußten diese Sachen zusammenlegen und zusammenziehen, weil eben Versäumnisse aus früherer Zeit gutzumachen waren. Es war in dieser Situation vom währungspolitischen Standpunkt, der sich — und das ist das Bedauerlichste an der Entwicklung unserer Verhältnisse — augenblicklich in einem gewissen Gegensatz befinden muß zu den wirtschaftspolitischen Bedürfnissen, auch von einem gewissen Vorteil, daß so verfahren wurde, weil wir diese Geldverknappung brauchen. Wir haben gesehen, daß bei Geldflüssigkeit eine jede Stützungsaktion, jeder Eingriff in den Devisenmarkt außerordentlich schwer und kostspielig ist. Ich wünsche eine gewisse Verknappung des Geldmarktes und einen gewissen Druck auf die Wirtschaft, damit sie gezwungen wird, erstens ihre Warenvorräte zu vermindern und zweitens aus ihren Beständen an Devisen und ausländischen Effekten Verkäufe vorzunehmen, damit Devisen in die Hände des Reiches kommen, und damit umgekehrt der Ankauf von Devisen gehemmt wird. In der Situation wird es dann möglich sein, auch mit energischeren Mitteln und in großzügigerer Weise, als es bisher möglich gewesen ist, dem Reich die Herrschaft über den Devisenmarkt zu verschaffen. Das muß das Ziel unserer nächsten Aktion sein. Wir können ohne eine Beherrschung des Dollarkurses überhaupt keine Lohnpolitik treiben. Wenn die Löhne bei einem Dollarstand von 3 Millionen in einzelnen Berufszweigen über Friedensparität hinausgelangt sind, so sind sie natürlich bei 6 Millionen halbiert gewesen und würden bei 12 Millionen auf den vierten Teil heruntergekommen sein. Wir hätten dann die neue Lohnbewegung mit all ihren Konsequenzen. Dasselbe gilt für die Preise. Man kann keine Preispolitik treiben, man kann nicht irgendwie vernünftig einen Kohlenpreis festsetzen, wenn der Dollar jeden Tag um 100—200 vH hinaufgeht. Sie können weder innere noch äußere Politik überhaupt treiben, wenn wir nicht dieser Dollarbewegung Herr werden. Es ist gar kein Zweifel, daß nichts die Außenpolitik des Reiches schwieriger macht als die Erwartung, daß die Zeit gegen Deutschland arbeitet, daß es ohnedies zu einem Zusammenbruch kommen müßte, daß man infolgedessen nur abzuwarten brauche, bis Deutschland kapituliere.

Unsere ganze Politik ist heute gar nichts anderes als eine Funktion des Dollarkurses im mathematischen Sinne. Alles andere kann sich erst aufbauen, wenn wir durch eine Beherrschung des Devisenmarktes die Grundlage für eine programmatische Politik geschaffen haben. Deswegen ist erforderlich, einmal die strengste und — ich sage es ganz ausdrücklich, und das soll in die Öffentlichkeit — eine brutale Steuerpolitik. Ich sage noch weiter: Die wirtschaftspolitischen Bedenken und Forderungen müssen jetzt zurückgestellt werden hinter die währungspolitischen Notwendigkeiten, weil diese währungspolitischen Notwendigkeiten augenblicklich die Bedingungen des Bestandes und der Existenz des Deutschen Reiches geworden sind. Deswegen brauche ich noch etwas anderes. Ich kann diese ganze Politik nur führen, und kann die Grundlage nur schaffen, wenn ich für die Beherrschung des Devisenmarktes den nötigen Devisenfonds zur Verfügung habe, wenn die Wirtschaft einsieht, daß es sich um ihre eigene Existenz ebenso wie die des Reiches handelt, und daß sie deswegen das Äußerste daran setzen muß, um dem Reich die notwendigen Devisen zur Verfügung zu stellen, die ich brauche für die Aufrechterhaltung der Ernährung, für die Aufrechterhaltung unserer Reichsbahn und vor allem für die Beherrschung des Devisenmarktes. Deshalb hat es die neue Regierung als eine ihrer ersten Aufgaben betrachtet, in diesem Sinne mit den Wirtschaftskreisen in Fühlung zu treten. Sowohl die Vertreter der Großbanken als die Vertreter der Industrie sind bereits gehört worden. Mit den Vertretern des Handels und der Landwirtschaft wird in den allernächsten Tagen die Fühlung wieder aufgenommen werden. Die Wirtschaftskreise haben bisher erklärt, daß sie die Reichsregierung unterstützen werden, weil sie einsehen, daß diese Regierung im Grunde genommen die letzte politische Reserve ist, über die heute Deutschland verfügt, weil sie einsehen, daß, wenn diese Regierung, die auf dieser breiten parlamentarischen Grundlage errichtet ist, die begründet worden ist als eine Notgemeinschaft all derjenigen, die einsehen, daß die verfassungsmäßige Regierung überhaupt aufhören würde, wenn diese Regierung bankrott machen würde, weil diese Regierung nun eben unterstützt werden muß auch einigermaßen aus Kreisen der Wirtschaft. Wir haben eingehend über die Möglichkeiten gesprochen, wie ein solcher Devisenfonds aus den Mitteln der Wirtschaft beschafft werden kann. Es ist uns aus Wirtschaftskreisen selbst gesagt worden: Mit dem Weg der Freiwilligkeit geht es nicht; wir brauchen gegen diejenigen, die noch immer die Not des Reiches nicht begreifen, die noch immer nicht begreifen, daß zwischen Politik und Wirtschaft, zwischen dem Interesse des Reiches und dem der Wirtschaft in letzter Linie und auf die Dauer kein Widerspruch sein kann, weil mit dem Untergang des Staates, mit dem Untergang des Reiches, natürlich der Untergang der deutschen Wirtschaft sofort verbunden wäre, auch Zwangsmaßnahmen. Wir haben diese Dinge bisher eingehend geprüft und sind vorläufig im Einvernehmen mit den Wirtschaftskreisen zu einer Lösung gekommen, die, wie ich hoffe, uns in nächster Zeit ausreichende Devisenmittel zur Verfügung stellen wird. Dabei habe ich persönlich die Überzeugung, daß die Devisenmittel um so rascher einfließen, je weniger Zwang notwendig ist und je mehr die Wirtschaft aus eigener Einsicht dem Reiche die Devisen, über die sie doch in einem sehr ausreichenden Maße verfügt, wirklich zur Verfügung stellt.

Wir sind infolgedessen etwa zu einem Vorschlag gekommen, der sich in folgenden Linien bewegt. Ich kann alle Einzelheiten hier noch nicht vortragen, weil der Entwurf noch nicht definitiv fertiggestellt ist. Ich hoffe, daß das in ein paar Stunden der Fall sein wird. Wir gehen davon aus, daß für je 10000 Mark, die auf die erste Rate der Brotversorgungsabgabe gezahlt worden sind — wir legen also die Erklärung zur Zwangsanleihe zugrunde — ein Betrag von 1 Goldmark in Devisen bis 15. September 1923 abzuliefern ist. Die Ablieferungspflicht wird sich nach dem Besitzstand an Devisen an einem bestimmten Tage richten. Der Stichtag wird natürlich vor der Veröffentlichung dieser Erklärung liegen. Wird der entsprechende Betrag an Devisen nicht abgeliefert, so ist unter Eid zu versichern, daß ein ausreichender Besitz an Devisen an diesem Stichtage nicht vorhanden war. Diese Erklärung wird geprüft werden, und wenn eine Verletzung der eidesstattlichen Versicherung stattgefunden hat, so steht diese falsche Erklärung unter den Zuchthausstrafen, die für Meineid vorgesehen sind, und unter Konfiskation des Vermögens. Für die Nachprüfung dieser Erklärung werden wir Vorsorge treffen durch besonders ausgewählte und sachverständige Kontrollorgane. Als Gegenleistung für die abgelieferten Devisen soll nach Wahl der Abliefernden gegeben werden entweder Goldanleihe oder eine Anschreibung auf ein Goldkonto. In dem Fall, daß tatsächlich nachgewiesen wird, daß eine Devisenzahlung dem Steuerpflichtigen nicht möglich ist, wird dann die Zahlung eventuell in auf Gold umgerechneter Papiermark angenommen. Ein Punkt wird noch erwogen. Es fragt sich, ob man einen Teil dieser Devisenzahlung auch annehmen kann als Gutschrift auf Steuergoldkonto. Ich erwarte, da weder eine Neuveranlagung notwendig ist, noch zunächst überhaupt ein Eingreifen der Finanzverwaltung, daß auf diese Weise tatsächlich ein ausreichender Devisenfonds zur Verfügung gestellt wird. Sollte diese Erwartung nicht zutreffen, dann werden wir sofort in Erwägungen eintreten, welche weiteren Maßnahmen notwendig sind. Den Devisenfonds müssen wir haben, und die Reichsregierung ist entschlossen, vor keinem zweckdienlichen Mittel zurückzuschrecken, um sich diesen Devisenfonds zu verschaffen.

Zum Schlusse noch ein ganz kurzes Wort, das mit der Finanzpolitik im engsten Zusammenhange steht. Ein Wort über die Währungspolitik. Wir brauchen eine grundsätzliche und schleunige Änderung der Reichsbankpolitik in dem Sinne des Übergangs der Reichsbank zur wertbeständigen Kredithergabe auf der einen Seite und zur Annahme von Goldkonten auf der anderen Seite. Ein großer Teil des Devisenbedarfs der Wirtschaft ist hervorgerufen durch das außerordentliche Bedürfnis der Wirtschaft nach Wertbeständigkeit. Es ist gar kein Zweifel, daß für die Wirtschaft wertbeständige Reserven notwendig sind, aber die Wirtschaft hatte bisher keine Gelegenheit, sich im Grunde genommen wertbeständig zu sichern, außer indem sie in die Ware ging, also indem sie ihre Vorräte über das sonst volkswirtschaftlich und privatwirtschaftlich notwendige Maß vermehrte, oder aber, indem sie eben Devisen anschaffte. Es ist ganz interessant, wie schwer es unter Umständen der Wirtschaft gemacht war, dieses Bedürfnis nach Wertbeständigkeit anders zu befriedigen. Ich kenne den Fall eines großindustriellen Konzerns, der eine Entschädigung bekam, weil seine Fabrik von den Franzosen im besetzten Gebiet ausgeraubt wurde. Es war eine Entschädigung, die rund 300 Milliarden Papiermark betrug. Dieser Konzern wandte sich an die Reichsbank und erklärte: Diese 300 Milliarden können wir jetzt unmöglich sofort anlegen. Die Fabrik war von den Franzosen besetzt. Wir können aber natürlich das Geld nicht in Papiermark liegen lassen. Nehmen Sie es uns auf ein wertbeständiges Konto. Die Reichsbank hat das abgelehnt, und der Konzern hat gar keinen Hehl daraus gemacht, daß er gezwungen war, weil er auch nicht in die Ware gehen konnte, in die Devise zu gehen. Dieser Mangel an der Möglichkeit, sich wertbeständig zu sichern, ohne in die Devisen zu gehen, muß endlich beseitigt werden. Durch eine Änderung der Reichsbankpolitik muß dahin gewirkt werden, daß nicht diejenigen, die nicht unmittelbar für Importzwecke Devisen brauchen, gezwungen sind, aus privatwirtschaftlichen Gründen gegen das volkswirtschaftliche Interesse sich Devisen anzuschaffen, weil das die einzige Möglichkeit ist, sich tatsächlich wertbeständig zu sichern. Es ist überhaupt notwendig, daß ebenso wie die einzelnen Ressorts innerhalb der Reichsregierung eng und einverständlich zusammenarbeiten müssen — und ich werde auch im Kabinett die Ansicht vertreten, daß die ganze finanzielle Gebarung der Ressorts stärker unter die Kontrolle des Finanzministeriums kommt als bisher —, so ist es auch notwendig, daß die Finanz- und Wirtschaftspolitik des Kabinetts und die Politik der Reichsbank in Übereinstimmung gebracht, daß sie aufeinander abgestimmt werden. Sonst ist es überhaupt unmöglich, irgendeine Politik zu treiben, am wenigsten in einer Zeit, wo die Währungspolitik, die zu betreuen Hauptpflicht der Reichsbank ist, überhaupt den wichtigsten Teil der gesamten Politik bilden. Es wird Aufgabe der Reichsregierung sein, dafür zu sorgen, daß diese Übereinstimmung hergestellt wird.

Ich darf zusammenfassen: Die Finanzlage, die wir als Erbschaft übernehmen mußten, ist außerordentlich ernst. Es wird aller Anstrengungen bedürfen, um eine Verschlechterung zu verhüten, um eine Verbesserung durchzusetzen Dazu brauchen wir natürlich in erster Linie Ihre Unterstützung und dann die Unterstützung der gesamten Wirtschaftskreise. In den nächsten Wochen und Monaten muß sich jeder Deutsche darauf einstellen, daß gegenwärtig das Primat des Staates unbedingt gewahrt werden muß. Er muß sich darauf einstellen, weil sonst ein Zusammenbruch nicht verhütet werden könnte. Das Chaos, das dann eintreten würde, brauche ich Ihnen nicht auszumalen, das können Sie sich selbst vorstellen. Deshalb müssen alle egoistischen Interessen, alle Rücksichten auf die privaten Interessen in der nächsten Zeit einmal ausgeschaltet werden. Wir müssen zunächst durch eine Sanierung der Finanzen, durch eine Besserung unserer Währungsverhältnisse dazu gelangen, daß wir die Grundlagen unter die Füße bekommen, von denen aus überhaupt eine Politik möglich ist. Aufgabe dieser Politik wird es dann sein, das Werk, das wir mit diesen Vorbereitungen beginnen, schließlich zu einem gedeihlichen Ende zu führen.“

## Anlage 6.

## Denkschrift des Ernährungsministers an den Reichskanzler betreffend Notwendigkeit der Schaffung eines wertbeständigen Zahlungsmittels. (22. August 1923.)

Ich wiederhole meinen seit längerer Zeit schon im alten Kabinett und sofort dringend beim neuen Kabinett gestellten Antrag auf sofortige Schaffung eines wertbeständigen Zahlungsmittels. Die Angelegenheit verträgt nach meiner Überzeugung keinerlei Aufschub mehr. Ich will das des näheren an der Frage der Hereinschaffung und Bezahlung der neuen Getreideernte erläutern:

Was mit den jetzt vorhandenen Mitteln angesichts der ungeheuren täglichen Schwankungen des Markstandes möglich ist, um das Getreide in Bewegung zu bringen, ist geschehen. Den Landwirten ist ein Steuerdruck auferlegt, der sie zum Verkauf nötigt, und auf der anderen Seite hat sich die Reichsgetreidestelle bereit erklärt, jede ihr angediente Roggenmenge neuer Ernte aufzunehmen, wobei der Preis unter Anlehnung an die Notierung der Berliner Produktenbörse so auszuhandeln ist, daß der Weltmarktpreis nicht überschritten wird. Diese Maßnahmen werden sicher einen Teilerfolg haben, obwohl ein solcher bisher nicht in Erscheinung getreten ist. Die Brotversorgung kann aber nur sichergestellt werden, wenn der Landwirt nicht nur unter Steuerdruck, sondern unter natürlichem wirtschaftlichem Antrieb verkauft und wenn die Händler, Mühlen und Genossenschaften zu kaufen bereit und in der Lage sind. Beide Voraussetzungen sind solange nicht zu erfüllen, als das Getreidegeschäft wegen der ungeheueren Markschwankungen den Charakter einer wilden Spekulation trägt. Auch das Hingeben von Krediten an den Handel und die Genossenschaften stellt keine Abhilfe dar. Denn nichtwertbeständige Kredite schließen bei den jetzigen Verhältnissen die große Gefahr ein, daß das Getreide aus spekulativen Gründen in der Zwischenhand hängen bleibt. Auf wertbeständige Kredite aber kann die Zwischenhand solange nicht eingehen, wie nicht auch der Verbraucher wertbeständig zahlt. Die Geschäfte, die trotz aller dieser Schwierigkeiten schließlich zustande kommen, vielfach wohl auf Grund besonderer geschäftlicher Beziehungen außerhalb der Börse, werden bei solcher Gestaltung des Marktes naturgemäß mit hohen Risikozuschlägen versehen, die dem Verbraucher das Brot verteuern.

Der einfachste Ausweg aus allen diesen Schwierigkeiten, nämlich die Einfuhr von ausländischem Getreide, durch das die Preisentwicklung gehemmt und die Verknappung des Marktes behoben werden könnte, ist durch die ungeheuere Schwierigkeit in der Beschaffung von Devisen behindert. Dabei sei vorsorglich bemerkt, daß die Brotversorgung auf keinen Fall, auch nicht bei Einführung einer wertbeständigen Währung, ja nicht einmal bei einer zwangsweisen Erfassung des Getreides, ohne nennenswerte Einfuhren sichergestellt werden kann. Das beruht einmal darauf, daß selbst bei günstigstem Ernteertrag unsere Getreidemenge nicht ausreichen kann, um gleichzeitig die Brotversorgung der Bevölkerung und das selbst für einen herabgesetzten Viehstand erforderliche Futtergetreide zu sichern. Zum zweiten aber kann das besetzte Gebiet überhaupt nur auf dem Wasserweg des Rheins mit Brotgetreide versehen werden, also nur mit ausländischem Getreide. Allein der Devisenbedarf für diesen letzteren Zweck ist auf monatlich rund 16 Millionen Goldmark zu schätzen.

Im Hinblick auf all diese Schwierigkeiten ist von manchen Seiten die Frage angeregt worden, ob nicht irgendwelche wirtschaftliche Zwangsmaßnahmen zur Erfassung des Getreides sachdienlich sind. In erster Linie ist hier ein Getreide-Handelsmonopol angeregt worden, wobei der leitende Gedanke war, die Aufspeicherung des Getreides in der Zwischenhand zu verhindern. Die Errichtung eines solchen Monopols in kurzer Frist ist unmöglich; die Zahl der Angestellten, die den Aufkauf zu besorgen hätten, würde 10000 und mehr betragen; bei alldem wäre eine Gewähr dafür, daß der Landwirt verkauft, nicht gegeben. Weiter ist der Gedanke eines Getreide-Handelsmonopols früher immer nur von Erzeugerseite als Mittel zur Preisstützung betrieben, nicht aber von Verbraucherseite als Mittel der Versorgungssicherung betrachtet worden. Geht man vom Gedanken der Versorgungssicherung aus, so führt das, sobald man an Zwangsmaßnahmen denkt, logisch zur vollen Zwangswirtschaft, die als solche auch dann bestehen würde, wenn man sie etwa in die mehr private Form eines Getreide-Syndikats kleidete. Die sehr schweren politischen Bedenken gegen eine zwangsmäßige Erfassung des Getreides liegen auf der Hand. Die Sachlage nach dieser Richtung ist meines Erachtens so schwierig, daß ohne gleichzeitige Einführung eines wertbeständigen Zahlungsmittels der Zwang, von allen anderen Folgen abgesehen, voraussichtlich nicht einmal zur Erfassung einer hinreichenden Getreidemenge führen würde. Wie man das aber auch bewerten mag, entscheidend ist meines Erachtens der Umstand, daß, wenn ein wertbeständiges Zahlungsmittel zur Verfügung steht, der Zwang überhaupt überflüssig ist.

Da demnach von einem Zwange abzusehen ist, andererseits aber die Brotversorgung angesichts der jetzigen Verhältnisse vom 15. Oktober an nicht in dem bisher beabsichtigten Umfang der freien Wirtschaft überlassen bleiben kann, so werde ich demnächst dem Kabinett eine Vorlage für eine neue gesetzliche Regelung machen, deren Hauptinhalt folgender ist:

Die Reichsregierung hat seinerzeit dem Reichstag für die Brotversorgung 1923 eine Vorlage gemacht, wonach die Markenbrotversorgung ganz oder teilweise „bis auf weiteres“ fortgesetzt werden und die nötige Getreidemenge als sogenannte Reserve durch Lieferungsverträge und Einfuhr sichergestellt werden sollte. Der Reichstag hat die Reserve auf eine Million Tonnen begrenzt, die Lieferungsverträge beseitigt und das Ende der Markenbrotversorgung auf spätestens den 15. Oktober festgelegt. Auf den ursprünglichen Regierungsplan zurückzukommen, ist schon deshalb unmöglich, weil nicht mehr mit entsprechend großen Einfuhrmengen gerechnet werden kann. Ich werde deshalb nur vorschlagen, die Reserve über den Betrag von einer Million Tonnen hinaus zu erhöhen und den Bedarfskommunalverbänden ein Recht auf Belieferung daraus in der Weise zu geben, daß jeder Kommunalverband, der nicht nach den Verhältnissen der letzten Jahre das erforderliche Getreide aus sich selbst aufbringen kann, bei der Reichsgetreidestelle zum Tagespreis nach einem Maßstab von 150 g Mehl täglich auf den Kopf der versorgungsberechtigten Bevölkerung Getreide anfordern kann. Nur im besetzten Gebiet, das in Wirklichkeit, wenn Versorgungsstörungen ausgeschlossen sein sollen, allein durch die Reichsgetreidestelle versorgt werden kann, soll es bei dem bisherigen Satz von 200 g bleiben. Ob der einzelne Kommunalverband auf dieser Grundlage eine Markenbrotverteilung aufrecht erhält, soll ihm völlig überlassen sein. Die Regelung möchte ich jedenfalls bis zum 15. April gesichert haben. Es steht zu hoffen, daß bei dieser Art der Regelung die Kommunalverbände, vielfach wohl auch auf Antrieb des ortsansässigen Getreidehandels, die Reichsgetreidestelle nicht in Anspruch nehmen, sondern dafür sorgen werden, daß das Getreide im freien Markte aufkommt. Aber für alle Fälle ist die erforderliche Sicherheit vorhanden. Die Begrenzung bis zum 15. April gibt die Möglichkeit, daß je nach der Entwicklung der Dinge entweder die Reserve der Reichsgetreidestelle noch verstärkt wird oder, wenn ihr weniger Getreide abgefordert wird, die allgemeine Reserve für das Sommerhalbjahr dann zur Verfügung steht. Die Reichsgetreidestelle wird, falls es nicht doch noch gelingt Devisen für Auslandsgetreide zu erhalten, versuchen müssen, die somit erhöhte Reserve auf dem freien Inlandsmarkt zu beschaffen, wobei ihr zweifellos der Umstand zu Hilfe kommen wird, daß sie jederzeit in der Lage ist, das ihr angediente Getreide sofort bar zu bezahlen. Auch bereits vorbereitete Verhandlungen mit Landwirtschaft, Genossenschaften und Handel dürften den Weg erleichtern. Die Preisfrage aber bleibt selbstverständlich bedenklich, solange nicht Devisen in hinreichender Menge für den Einkauf ausländischen Getreides zur Verfügung stehen.

Auf dem vorgeschilderten Wege kann das nötige Brot für die Bevölkerung nur gesichert werden, wenn neben der Belieferung durch die Reichsgetreidestelle ein flüssiges privates Getreidegeschäft sich entwickelt. Dafür ist wieder Voraussetzung das Vorhandensein eines wertbeständigen Zahlungsmittels.

Sobald unsere Volkswirtschaft auf ein wertbeständiges Zahlungsmittel umgestellt ist, wird die Beschaffung der Devisen (für das benötigte Auslandsgetreide) auch keine Schwierigkeit mehr machen. Dies wird namentlich dann richtig sein, wenn gleichzeitig Goldkonten eingerichtet werden. Diese Goldkonten werden die Devisen hervorlocken, deren Zurückhaltung ja auch für die Privatunternehmung und den Privatmann mangels Zinsertrages ein unwirtschaftliches Verfahren darstellt, das obendrein eine unbegründete Bereicherung des Auslandes enthält.

Man kann die Getreideversorgungsfrage also drehen und wenden wie man will: Es bleibt immer das gleiche Ergebnis, daß ohne ein wertbeständiges Zahlungsmittel die Brotversorgung der Bevölkerung nicht zu sichern ist. Gleiches wird für alle landwirtschaftlichen Erzeugnisse gelten, die nach ihrer Art und nach der Art des landwirtschaftlichen Betriebes zurückgehalten werden können.

Eines Einzelvorschlages, wie das wertbeständige Zahlungsmittel zu schaffen ist, enthalte ich mich, möchte aber auf den in paragraphierter Form vorliegenden Entwurf hinweisen, den Herr Dr. Helfferich, M.d.R., dem Herrn Reichsfinanzminister zur Verfügung gestellt hat. Die Goldanleihe kann aus den bekannten Gründen einen Ersatz für ein wertbeständiges Zahlungsmittel nicht bieten...

gez.: Dr. Luther.

# Anlage 7.

## Projekt Helfferich.

Ursprüngliche Fassung.

### Die Roggenpfundmark. Der Gesetzentwurf Helfferichs.

Artikel I.

§ 1.

Die wirtschaftlichen Berufsstände Deutschlands, Landwirtschaft, Industrie und Handel, einschließlich des Transport- und Bankgewerbes, errichten zum Zweck der Schaffung eines neuen Geldes, der Roggenmark (Art. V § 2) die Währungsbank.

§ 2.

Das Grundkapital der Währungsbank beträgt 1000 Millionen Roggenmark. Es wird zu gleichen Teilen von der Landwirtschaft einerseits, der Industrie und dem Handel andererseits aufgebracht (Art. II).

§ 3.

Die Satzungen der Währungsbank werden von den Spitzenverbänden der Landwirtschaft, der Industrie und des Handels festgelegt und bedürfen, eben-

### Die der Beratung Anfang September zugrundegelegte Fassung.

Artikel I.

§ 1.

Die wirtschaftlichen Berufsstände des Reichs, Landwirtschaft, Industrie, Gewerbe und Handel, einschließlich des Transport- und Bankgewerbes, errichten zum Zwecke der Schaffung eines neuen Geldes, der Roggenmark, die Währungsbank.

Die Währungsbank hat ihren Hauptsitz in Berlin. Sie ist berechtigt, im Reichsgebiet Zweiganstalten zu errichten. Die Währungsbank hat die Eigenschaft einer juristischen Person.

§ 2.

Das Grundkapital der Währungsbank beträgt 1,250 Millionen Roggenmark; daneben wird eine Grundrücklage gebildet. Grundkapital und Grundrücklage werden zu gleichen Teilen von der Landwirtschaft einerseits und von Industrie, Gewerbe und Handel andererseits aufgebracht. Der städtische Grundbesitz ist nach Maßgabe der Aufhebung der Zwangswirtschaft zum Zwecke der Erhöhung des Grundkapitals und der Grundrücklage der Währungsbank heranzuziehen.

§ 3.

Die Satzung der Währungsbank wird von den Spitzenverbänden der Landwirtschaft, der Industrie, des Gewerbes und des Handels festgestellt. Sie bedarf so wie spätere Änderungen, der Genehmigung des Reichskanzlers.

§ 4.

In ihrer Verwaltung und in ihrer Geschäftsführung ist die Währungsbank, soweit nicht in diesem Gesetze besondere Bestimmungen getroffen worden sind, selbständig; desgleichen hinsichtlich der Anstellung ihres Personals. Jedoch unterliegt die Wahl des Präsidenten der Bankverwaltung der Genehmigung des Reichskanzlers mit der Maßgabe, daß dieser nach Ablehnung zweier Vorschläge einem dritten die Genehmigung nicht vorenthalten kann.

§ 5.

Die Währungsbank ist von allen Steuern des Reiches und der Länder aus Vermögen, Einkommen und Gewerbebetrieb befreit; desgleichen von jeder Steuer auf ihre Gründung und auf die Ausfertigung und Ausgabe ihrer Rentenbriefe (Art. IV). Ebenso ist die Eintragung der Hypotheken (Art. II, §§ 2 und 3, Abs. 1 und 2) sowie die Ausstellung und Übereignung der Schuldverschreibungen (Art. II, § 3, Abs. 3) von Steuern und Stempeln befreit.

Artikel II.

§ 1.

Zum Zweck der Aufbringung des Grundkapitals und einer Grundrücklage der Währungsbank, gleichzeitig zum Zweck der Fundierung des neuen Geldes durch eine volle Deckung in Sachwerten, werden die in den §§ 2 und 3 enthaltenen Maßnahmen getroffen.

§ 2.

Auf die land- und forstwirtschaftlich sowie gärtnerischgenutzten Grund-

der Genehmigung der Reichsregierung. Welche Verbände als Spitzenverbände gelten, bestimmt die Reichsregierung.

Ist bis zum Ablauf von zwei Wochen nach Inkrafttreten dieser Verordnung die Satzung nach Maßgabe des Absatzes 1 nicht zustande gekommen, so wird sie von der Reichsregierung erlassen.

§ 4.

Die Währungsbank ist, soweit nicht in dieser Verordnung oder in der Satzung etwas anderes bestimmt ist, in der Verwaltung und Geschäftsführung selbständig, desgleichen in der Anstellung des Personals. Die Wahl des Präsidenten der Bankverwaltung bedarf der Genehmigung der Reichsregierung nach Anhörung des Reichsrats mit der Maßgabe, daß nach Ablehnung zweier Vorschläge ein dritter Vorschlag nicht abgelehnt werden kann.

§ 5.

Die Währungsbank ist von allen Steuern des Reichs, der Länder und Gemeinden (Gemeindeverbände) vom Einkommen, Vermögen und Gewerbebetrieb befreit. Aus Anlaß ihrer Gründung, Kapitalerhöhung, der Ausgabe ihrer Rentenbriefe und des Umtausches ihrer Noten gegen solche Rentenbriefe dürfen Abgaben und Kosten irgendwelcher Art nicht erhoben werden. Das gleiche gilt für die Eintragung der Grundschulden, die Ausstellung und die Übereignung der Schuldverschreibungen sowie die Übereignung von Gold und ausländischen Zahlungsmitteln.

Artikel II.

§ 1.

Zum Zwecke der Aufbringung des Grundkapitals und der Grundrücklage der Währungsbank sowie zum Zwecke der vollen Deckung des neuen Geldes durch Sachwerte werden folgende Maßnahmen getroffen.

§ 2.

Die Währungsbank erwirbt an den Grundstücken, die dauernd land-, forststücke des Deutschen Reiches werden auf Roggenmark (Art. IV, § 2) lautende Roggenwert-Grundschulden in Höhe von 5 vH des Wehrbeitragswertes mit Rang vor allen anderen Belastungen zugunsten der Währungsbank eingetragen.

Die Roggenwerthypotheken sind mit 5 vH jährlich verzinslich.

wirtschaftlichen oder gärtnerischen Zwecken dienen und der Besteuerung nach dem Gesetz über die Besteuerung der Betriebe vom 11. August 1923 — RGBl. Teil I, S. 769 — unterworfen sind, in Höhe von 5 vH des Wehrbeitragswertes eine auf Roggenwert lautende Grundschuld. Die Grundschuld geht, soweit nicht mit anderen Staaten getroffene Vereinbarungen entgegenstehen, allen anderen Lasten im Range vor.

Bei der Berechnung der Grundschuld in Roggenwert wird für je 8 Mark des Wehrbeitragswertes ein Zentner Roggen angesetzt.

[Wehrbeitragswert ist der Wert, der auf Grund des Wehrbeitragsgesetzes oder des Gesetzes über Steuernachsicht für das Grundstück ohne Abzug von Schulden und Lasten endgültig zugrunde gelegt worden ist oder, wenn eine Veranlagung zum Wehrbeitrag nicht stattgefunden hat, zugrunde zu legen gewesen wäre (Art. II, § 2).]

Das Kapital der Grundschuld ist mit 5 vH jährlich zu verzinsen. Die Zinsen sind vom Tage des Inkrafttretens dieser Verordnung ab am 1. April und 1. Oktober jedes Jahres ab, zum ersten Male am 1. April 1924, innerhalb dreier Tage nach Fälligkeit nach Roggenwert am Sitze der Währungsbank zu entrichten. Für die Berechnung des Roggenwertes ist die durchschnittliche Notierung für märkischen Roggen an der Berliner Börse während der ersten drei Wochen des dem Fälligkeitstage vorangehenden Kalendermonats maßgebend.

Das Kapital der Grundschuld ist beiderseits unkündbar. Nach Ablauf von fünf Jahren kann die Währungsbank unter den von ihr festzustellenden Bedingungen eine Tilgung zulassen.

Wegen der Zinsforderung findet auf Antrag der Währungsbank die sofortige Zwangsvollstreckung statt. Der Antrag ersetzt den vollstreckbaren Titel. Auf Ersuchen der Währungsbank hat die örtlich zuständige landschaftliche oder ritterschaftliche Kreditanstalt, oder falls eine solche nicht vorhanden ist, eine andere hierfür nach der Verord-

§ 3.

Ein gleicher Betrag an Roggenwert, wie er sich nach dem § 2 für die Belastung der Land- und Forstwirtschaft und Gärtnerei ergibt, wird von Industrie und Handel durch Eintragung von Grundschulden auf ihren für eine solche Belastung geeigneten Besitz aufgebracht, und zwar gleichfalls mit Rang vor allen anderen Belastungen.

Die einzutragenden Grundschulden können mit Zustimmung der Währungsbank statt auf Roggenwert auch auf Kohlenwert, Kaliwert, Goldwert und den Wert anderer Sachgüter lauten. In bezug auf die Verzinsung entsprechen sie den Roggenwerthypotheken (§ 2, Abs. 3).

Soweit in bestimmten Betrieben des Handels und der Industrie Werte, die sich für die vorgesehene Belastung eignen, überhaupt nicht oder nicht in ausreichendem Maße vorhanden sind, sind der Währungsbank auf Roggenwert lautende und in Roggenpfunden zahlbare Schuldverschreibungen zu übereignen, die in bezug auf Verzinsung sowie in bezug auf den Vorrang vor allen anderen Verpflichtungen den vorgesehenen Grundschulden entsprechen.

Die Spitzenverbände des Handels und der Industrie werden mit der Umlegung des nach Abs. 1 aufzubringenden Betrages beauftragt. Falls innerhalb eines Monats eine freiwillige Vereinbarung über die Umlegung nicht zustande gekommen sein sollte, ist die Umlegung vom Reichsfinanzminister auf der Grundlage der Veranlagung zur Zwangsanleihe festzusetzen.

nung der Reichsregierung geeignete Stelle die Zwangsverwaltung zu übernehmen.

§ 3.

[Steht für mehrere Grundstücke eines Eigentümers lediglich ein Gesamtwehrbeitragswert fest, so sind die Grundstücke mit einer Gesamtgrundschuld belastet.

Auf Antrag des Grundstückseigentümers ist die Gesamtgrundschuld auf die einzelnen Grundstücke nach Maßgabe ihres Wehrbeitragsteilwertes in der Weise zu verteilen, daß jedes Grundstück nur mit dem zugeteilten Betrage haftet.

Gehen Teile eines Grundstücks auf einen anderen Eigentümer über, so ist auf Antrag eines der beteiligten Grundstückseigentümer eine gleiche Verteilung vorzunehmen. Die Verteilung erfolgt durch die örtliche Berufsvertretung.

Im Falle der Abtrennung eines unbedeutenden Teiles eines Grundstücks kann die örtliche Berufsvertretung mit Zustimmung der Währungsbank diesen Teil von der Belastung der Grundschuld befreien.]

§ 4.

Ist das mit der Grundschuld belastete Grundstück verpachtet, so kann der Verpächter von dem Pächter die Erstattung der Hälfte der von ihm an die Währungsbank geleisteten Zinsen verlangen.

§ 5.

Die industriellen, gewerblichen und Handelsbetriebe werden, soweit sie der Besteuerung nach dem Gesetz über die Besteuerung der Betriebe vom 11. August 1923 — RGBl. Teil I, S. 769 — unterliegen, in ihrer Gesamtheit zugunsten der Währungsbank mit demselben Betrage in Roggenwert belastet, wie die Gesamtheit der dauernd landwirtschaftlichen, forstwirtschaftlichen oder gärtnerischen Zwecken dienenden Grundstücke. Diese Last ist durch die Organisationen der Industrie, des Gewerbes und des Handels auf die einzelnen Unternehmer der bestehenden Betriebe umzulegen. Ist die Umlegung durch die Organisationen innerhalb eines Monats seit Inkrafttreten dieser Verordnung nicht durchgeführt, so kann die Reichsregierung die Last ihrerseits umlegen.

Neu entstehende Unternehmungen sind in entsprechender Weise von den Organisationen heranzuziehen.

Ist der Unternehmer Eigentümer eines dem Betriebe dienenden Grundstücks, so erwirbt die Reichsregierung an diesem Grundstück in Höhe von 5 vH des Wehrbeitragswertes, aber nicht über den Umlagebetrag hinaus, eine auf Roggenmark lautende Grundschuld. Die Grundschuld geht, soweit nicht mit anderen Staaten getroffene Vereinbarungen entgegenstehen, allen anderen Lasten im Range vor. Die Vorschriften des § 2, Abs. 2—4 und Abs. 5, Satz 1 und der §§ 3 und 4 finden Anwendung.

Soweit die auf den einzelnen Unternehmer entfallende Last durch eine Grundschuld nicht gedeckt ist, ist der Währungsbank eine auf Roggenwert lautende Schuldverschreibung des Unternehmers auszuhändigen. Der Anspruch aus der Schuldverschreibung geht in Ansehung der Befriedigung aus dem Vermögen des Schuldners allen anderen Verpflichtungen im Range vor, soweit nicht mit anderen Staaten getroffene Vereinbarungen bestehen. Kommt der Unternehmer dieser Verpflichtung innerhalb einer Frist von zwei Wochen seit Aufforderung nicht nach, so hat auf Antrag der Währungsbank die Reichsregierung oder die von ihr zu bezeichnende Stelle einen Vertreter zu bestimmen mit der Ermächtigung, die Schuldverschreibung mit Wirkung für den Unternehmer auszustellen und der Währungsbank auszuhändigen.

Innerhalb einer Frist von zwei Monaten nach Inkrafttreten dieser Verordnung kann auf Antrag des Belasteten mit Zustimmung der Währungsbank die Roggenwertgrundschuld in eine Grundschuld über den Wert einer bestimmten Menge von Feingold umgewandelt werden. Für die Umrechnung ist das Wertverhältnis zwischen Roggen und Feingold zur Zeit der Umwandlung maßgebend. In gleicher Weise können mit Zustimmung der Währungsbank die Schuldverschreibungen auf Feingold ausgestellt werden.

Wird das Unternehmen veräußert, so haftet aus der Schuldverschreibung neben dem Veräußerer der Erwerber; die Währungsbank kann den Erwerber oder den Veräußerer aus der Verpflichtung entlassen. Die Unternehmer sind berechtigt, sich von der Belastung mit der Grundschuld, der Verpflichtung zur Aushändigung der Schuldverschreibung sowie der Verpflichtung aus der ausgehändigten Schuldverschreibung durch Leistung von Gold oder Zahlungsmitteln in ausländischer Währung zu befreien.

Unternehmer neu entstehender Betriebe sind in entsprechender Weise zum Zwecke der Erhöhung des Grundkapitals heranzuziehen.

§ 6.

Die Grundschuld ist auf Ersuchen der Währungsbank oder auf Antrag des Grundstückseigentümers in das Grundbuch einzutragen. Ist oder wird ein Grundstück von der Belastung der Grundschuld befreit, so ist dies auf Antrag des Grundstückseigentümers im Grundbuch zu vermerken.

Artikel III.

§ 1.

Der Gegenwert der nach den §§ 2 und 3, Abs. 1 und 2 des Art. II einzutragenden Grundschulden und der

Artikel III.

§ 1.

Der Gegenwert der Grundschulden, der Schuldverschreibungen, des Goldes und der ausländischen Zahlungsmittel nach Art. II, § 3 auszufertigenden Schuldverschreibungen stellt bis zum Betrage von 1000 Millionen Roggenmark das Grundkapital der Währungsbank dar; der überschießende Betrag bildet die Grundrücklage der Währungsbank.

§ 2.

An dem Grundkapital sind die Berufsstände im Verhältnis der von ihnen nach Art. II eingebrachten Grundschulden und Schuldverschreibungen beteiligt.

Eine Ausfertigung von Anteilscheinen findet nicht statt. Die Anteile sind unveräußerlich und nicht übertragbar.

Die Vertretung der Anteilsrechte der Berufsstände wird in den Satzungen der Währungsbank geregelt.

Artikel IV.

§ 1.

Auf Grund der zugunsten der Währungsbank eingetragenen Grundschulden (Art. II, §§ 2 und 3, Abs. 1 und 2) und der ihr übereigneten Schuldverschreibungen (Art. II, § 3, Abs. 1) fertigt die Währungsbank Rentenbriefe aus.

Soweit die der Ausfertigung der Rentenbriefe zugrunde liegenden Grundschulden und Schuldverschreibungen nicht auf Roggenwert, sondern auf Kohlenwert, Kaliwert oder einen anderen Sachwert lauten, dürfen Roggenrentenbriefe nur in Höhe von 70 vH desjenigen Wertes ausgefertigt werden, der zur Zeit der Ausfertigung den jeweiligen Preisen der zugrunde liegenden Sachwerte entspricht.

Die Rentenbriefe sind mit 4 vH jährlich verzinslich und können nach Ablauf von fünf Jahren von der Währungsbank zur Rückzahlung zu ihrem Nennwerte im ganzen oder in Serien aufgekündigt werden. Eine frühere Aufkündigung ist nur im Falle der Liquidation (Art. VIII, § 1) zulässig.

§ 2.

Die nach § 1 auszufertigenden Ren-

stellt in Höhe von 1,250 Millionen Roggenmark das Grundkapital der Währungsbank dar; der überschießende Betrag bildet die Grundrücklage der Währungsbank.

§ 2.

An dem Grundkapital sind die belasteten Eigentümer und Unternehmer in dem Verhältnis der von ihnen eingebrachten Grundschulden, Schuldverschreibungen, Goldbeträge und Zahlungsmittel in ausländischer Währung beteiligt.

Anteilscheine werden nicht ausgefertigt. Die Anteile sind nur mit Genehmigung der Währungsbank übertragbar. Die Vertretung der Anteilsrechte wird in der Satzung der Währungsbank geregelt.

Artikel IV.

§ 1.

Die Währungsbank stellt auf Grund der für sie begründeten Grundschulden und der ihr übergebenen Schuldverschreibungen Rentenbriefe aus. Die Rentenbriefe lauten auf eine Tonne Roggenwert oder ein Vielfaches davon.

Die Rentenbriefe sind mit 4 vH jährlich verzinslich und können nach Ablauf von fünf Jahren von der Währungsbank zur Rückzahlung zu ihrem Nennwerte im ganzen oder in Serien aufgekündigt werden. Eine frühere Aufkündigung ist nur im Falle der Liquidation zulässig.

In Ansehung der Befriedigung aus den für die Währungsbank begründeten Grundschulden und den der Währungsbank ausgehändigten Schuldverschreibungen gehen die Forderungen der Rentenbriefgläubiger den Forderungen aller anderen Gläubiger der Währungsbank vor.

Verringert sich die Deckung, so ist der entsprechende Betrag von Rentenbriefen zu vernichten.

§ 2.

Die Rentenbriefe dienen als Deckung

tenbriefe dienen als Deckung für die von der Währungsbank auszugebenden Geldscheine (Roggenmarknoten).

Die Werteinheit dieser Geldzeichen ist die Roggenmark, die in 100 Roggenpfennige eingeteilt wird.

§ 3.

Für je eine Tonne Roggenwert, enthalten in den im Eigentum und Verwahr der Währungsbank befindlichen Rentenbriefen, dürfen Geldscheine im Betrage von 200 Roggenmark ausgegeben werden.

Soweit die in Abs. 1 vorgesehene Deckung nicht vorhanden ist, ist die Ausgabe von Geldzeichen nicht gestattet.

§ 4.

Die von der Währungsbank auszugebenden Roggenmarknoten sind in Roggenrentenbriefen einlösbar.

Die Währungsbank verabfolgt dem Einlieferer von Roggenmarknoten im Betrage von mindestens 200 Roggenmark auf Verlangen für je 200 Roggenmark Roggenrentenbriefe, lautend auf eine Tonne Roggenwert.

§ 5.

Gegen Einlieferung ihrer eigenen Roggenrentenbriefe verabfolgt die Währungsbank Roggenmarknoten im Verhältnis von je 200 Roggenmark in Noten für einen Rentenbrief auf eine Tonne Roggenwert.

Artikel V.

§ 1.

In Abgeltung der Abgabe von den Betrieben (Gesetz über die Besteuerung der Betriebe vom 11. August 1923 —RGBl. S. 769) zahlt die Währungsbank aus den Mitteln ihrer Grundrücklage (Art. II, § 1) dem Reich innerhalb dreier Monate nach ihrer Errichtung den Wert von 300 Millionen Goldmark in Roggenmarknoten.

Diese Zahlung ist in erster Reihe be-

für die von der Währungsbank auszugebenden Geldzeichen.

Die Werteinheit dieser Geldzeichen ist die Roggenmark, die in 100 Roggenpfennige eingeteilt ist.

§ 3.

Auf Grund je eines über eine Tonne Roggenwert lautenden Rentenbriefes dürfen Geldzeichen im Betrage von 200 Roggenmark ausgegeben werden.

Soweit die im Abs. 1 vorgesehene Deckung nicht vorhanden ist, ist die Ausgabe von Geldzeichen nicht gestattet.

Auf die Geldzeichen finden die Vorschriften des § 4, Abs. 2, 3, § 5 und § 59, Abs. 1, Ziffer 3 des Bankgesetzes entsprechende Anwendung.

§ 4.

Die Währungsbank ist verpflichtet, die von ihr ausgegebenen Geldzeichen jederzeit auf Verlangen derart gegen Roggenrentenbriefe einzulösen, daß auf 200 Roggenmark ein Roggenrentenbrief über eine Tonne Roggenwert mit Zinsenlauf vom nächsten Fälligkeitstermin ab gewährt wird.

§ 5.

Die Währungsbank ist verpflichtet, gegen Einlieferung eines Rentenbriefes über eine Tonne Roggenwert mit Zinsenlauf vom nächsten Fälligkeitstermin ab dem Einlieferer 200 Roggenmark zu verabfolgen.

Artikel V.

§ 1.

In Abgeltung der Abgabe von den Betrieben (Gesetz über die Besteuerung der Betriebe vom 11. August 1923, RGBl. Teil I, S. 769) zahlt die Währungsbank alsbald nach ihrer Errichtung aus den Mitteln ihrer Grundrücklage dem Reiche den Betrag von 375 Millionen Roggenmark.

Die Verpflichtung zur Entrichtung der Abgabe der industriellen, gewerbstimmt zur Einlösung der vom Reich ausgegebenen kurzfristigen Schatzanweisungen.

Die Einlösung erfolgt auf Grund eines Wertverhältnisses von einer Roggenmark. Einem Roggenpreis von 75 Millionen Mark würde ein Wertverhältnis von 7500000 Papiermark für die Roggenmark entsprechen.

Die Reichsfinanzverwaltung wird nach Durchführung der in Abs. 1 vorgesehenen Zahlung bei der Reichsbank weitere Schatzanweisungen nicht diskontieren.

§ 2.

Die Reichsbank ist verpflichtet, die Roggenmarknoten, die ihr bei der Einlösung der in ihrem Besitz befindlichen Reichsschatzanweisungen zufließen, vorweg zur Deckung der umlaufenden Reichsbanknoten zu verwenden und besonders zu verwalten.

Sie hat, soweit die Einlösung der in ihrem Besitz befindlichen Schatzanweisungen erfolgt ist, die Einlösung ihrer Banknoten gegen Roggenmarknoten zu dem in § 1, Abs. 3 vorgesehenen Verhältnis aufzunehmen.

§ 3.

Von einem von der Reichsregierung mit Zustimmung des Reichsrats zu bestimmenden Tage an ist die Roggenpfundnote gesetzliches Zahlungsmittel zu dem in § 1, Abs. 3 festgesetzten Verhältnis.

Artikel VI.

§ 1.

Die Währungsbank ist für eine auf zwei Jahre bemessene Übergangszeit ermächtigt, auf Roggenmark lautende

lichen und Handelsbetriebe auf Grund von Lohnzahlungen, die bis zum Inkrafttreten dieser Verordnung zu bewirken waren, bleibt unberührt. Das gleiche gilt für die Abgabe der landwirtschaftlichen, forstwirtschaftlichen und gärtnerischen Betriebe, soweit der gesetzliche Fälligkeitstag vor dem Inkrafttreten dieser Verordnung liegt.

Die in Abs. 1 vorgesehene Zahlung ist in erster Reihe zur Einlösung der vom Reich ausgegebenen kurzfristigen Schatzanweisungen bestimmt.

Das der Einlösung zugrunde zu legende Wertverhältnis wird von der Reichsregierung im Einvernehmen mit der Reichsbank und der Währungsbank bestimmt und im RGBl. bekannt gemacht.

Die Reichsfinanzverwaltung wird nach Durchführung der in Abs. 1 vorgesehenen Zahlung bei der Reichsbank weitere Schatzanweisungen nicht diskontieren.

§ 2.

Die Reichsbank ist verpflichtet, die Roggenmarkbeträge, die ihr bei der Einlösung der in ihrem Besitz befindlichen Reichsschatzanweisungen zufließen, vorweg zur Deckung der umlaufenden Reichsbanknoten zu verwenden und besonders zu verwalten.

Die Reichsbank hat, sobald die Einlösung der in ihrem Besitz befindlichen Reichsschatzanweisungen erfolgt ist, ihre Banknoten auf Verlangen des Inhabers gegen Roggenmark zu dem auf Grund des § 1, Abs. 3 bestimmten Wertverhältnis einzulösen.

§ 3.

Von einem von der Reichsregierung mit Zustimmung des Reichsrats zu bestimmenden Tage an ist die Roggenmark gesetzliches Zahlungsmittel zu dem auf Grund des § 1, Abs. 3 bestimmten Wertverhältnis.

Artikel VI.

§ 1.

Die Währungsbank ist für eine auf zwei Jahre bemessene Übergangszeit ermächtigt, auf Roggenmark lautende

Schatzanweisungen des Reiches zu diskontieren; jedoch dürfen die Diskontierungen mit Einschluß der in Art. 5, § 1, Abs. 1 erwähnten Zahlung in den zwei Jahren nicht höher sein als die Hälfte des Grundkapitals und der Grundreserve der Währungsbank.

§ 2.

Andere als die in § 1 erwähnten Kredite darf die Währungsbank dem Reiche nicht gewähren.

Desgleichen darf die Währungsbank für das Reich keinerlei Bürgschaften übernehmen.

§ 3.

In ihren Kreditgeschäften mit Privaten ist die Währungsbank innerhalb der durch ihre Satzungen gegebenen Vorschriften frei mit der Maßgabe, daß die durch die volle Deckung der Roggenmarknoten (Art. 4, § 3) gezogene Grenze unter allen Umständen innegehalten werden muß.

Artikel VII.

§ 1.

Der bilanzmäßige Reingewinn der Währungsbank wird wie folgt verwendet:

1. Vorweg werden 20 vH des Reingewinns zur Wiederauffüllung der Grundrücklage (Art. III, § 1) um den nach Art. V, § 1, Abs. 1 an das Reich gezahlten Betrag verwendet.

2. Von dem Überschuß wird den Anteileignern ein Betrag bis zur Höhe von 5 vH des Wertes der von ihnen eingebrachten Grundschulden und Schuldverschreibungen (Art. III, § 1) jedoch nicht mehr als 60 vH des bilanzmäßigen Reingewinns in der Weise zugeführt, daß der hiernach verfügbare Betrag aus dem Reingewinn eines Jahres auf die im folgenden Jahre von den Einbringern der Grundschulden und Schuldverschreibungen (Art. II, §§ 2 und 3) zu zahlenden Zinsen verrechnet wird.

3. Von dem Restbetrag wird die Hälfte dem Reiche als Gewinnanteil zugewiesen, über die andere Hälfte

Schatzanweisungen des Reiches zu diskontieren. Die aus der Diskontierung sich jeweils ergebende Schuld des Reiches darf den Betrag von 2125 Millionen Roggenmark nicht übersteigen.

§ 2.

Andere als die in § 1 erwähnten Kredite darf die Währungsbank dem Reiche nicht gewähren.

Bürgschaften darf die Währungsbank für das Reich nicht übernehmen.

§ 3.

Soweit § 2 nichts anderes bestimmt, ist die Währungsbank in ihren Kreditgeschäften innerhalb der durch die Satzung gegebenen Vorschriften frei mit der Maßgabe, daß die durch die volle Deckung der Roggenmark gezogene Grenze unter allen Umständen innegehalten werden muß.

Artikel VII.

§ 1.

Der bilanzmäßige Reingewinn der Währungsbank wird wie folgt verwendet:

1. Vorweg werden 20 vH des Reingewinns zur Wiederauffüllung derGrundrücklage um den nach Art. V, § 1, Abs. 1 an das Reich gezahlten Betrag verwendet.

2. Von dem Überschuß wird den Anteilseignern ein Betrag bis zur Höhe von 5 vH des Wertes der von ihnen eingebrachten Grundschulden, Schuldverschreibungen, Goldbeträge und Zahlungsmittel in ausländischer Währung, jedoch nicht mehr als 60 vH des bilanzmäßigen Reingewinns zugeführt. Soweit die Einlagen in Grundschulden und Schuldverschreibungen bestehen, wird der verfügbare Betrag aus dem Reingewinn eines Jahres auf die im folgenden Jahre von den Einbringern zu zahlenden Zinsen verrechnet.

3. Von dem Restbetrag wird die Hälfte dem Reiche als Gewinnanteil zugewiesen, über die andere Hälfte verfügt die

verfügt die Währungsbank nach Maßgabe ihrer Satzungen.

Artikel VIII.

§ 1.

Im Falle einer Wiederherstellung der Goldwährung und einer Zurückzahlung der von der Währungsbank dem Reiche mit der Diskontierung von Schatzanweisungen gewährten Vorschüsse (Art. VI, § 1) kann das Reich das Recht der Währungsbank zur Ausgabe von Roggenmarknoten durch die Währungsbank aufheben und die Einziehung der umlaufenden Geldzeichen durch die Währungsbank verlangen.

Die Währungsbank ihrerseits ist in diesem Falle berechtigt, entweder zu liquidieren oder sowohl die zu ihren Gunsten eingetragenen Hypotheken und die ihr übereigneten Schuldverschreibungen (Art. II, §§ 2 und 3) als auch die von ihr ausgefertigten Roggenrentenbriefe (Art. IV, § 1) in Goldwährung zu konvertieren.

Im Falle der Auflösung ist der Liquidationserlös vorweg zur Rückzahlung der Anteile der Währungsbank im Wege der Verrechnung auf die bei der Errichtung der Währungsbank eingebrachten Grundschulden und Schuldverschreibungen (Art. II, §§ 2 und 3) auszuschütten. Ein etwa verbleibender Überschuß wird zur Hälfte nach der Bestimmung der an der Errichtung der Währungsbank beteiligten Organisationen der wirtschaftlichen Berufsverbände für Zwecke der Förderung der deutschen Wirtschaft verwendet. Über die andere Hälfte ist durch ein Reichsgesetz Verfügung zu treffen.

Währungsbank nach Maßgabe ihrer Satzung.

Artikel VIII.

§ 1.

Im Falle der Wiederherstellung der Goldwährung und einer Rückzahlung der von der Währungsbank dem Reiche mit der Diskontierung von Schatzanweisungen gewährten Vorschüsse kann das Reich das Recht der Währungsbank zur Ausgabe von Geldzeichen aufheben und die Einziehung der umlaufenden Geldzeichen durch die Währungsbank verlangen.

Die Währungsbank ist in diesem Falle berechtigt, entweder zu liquidieren oder sowohl die zu ihren Gunsten eingetragenen Grundschulden und die ihr ausgehändigten Schuldverschreibungen als auch die von ihr ausgestellten Rentenbriefe in Goldwährung zu konvertieren.

Im Falle der Auflösung der Währungsbank sind vorweg die auf das Grundkapital und die Grundrücklage gemachten Einlagen zurückzuzahlen.

Ein etwa verbleibender Überschuß wird zur Hälfte nach der Bestimmung der an der Errichtung der Währungsbank beteiligten Organisationen der wirtschaftlichen Berufsstände für Zwecke der Förderung der deutschen Wirtschaft verwendet. Über die andere Hälfte ist durch ein Reichsgesetz Verfügung zu treffen.

Artikel IX.

Die Reichsregierung wird ermächtigt, die zur Durchführung dieser Verordnung erforderlichen Verwaltungs- und Rechtsvorschriften zu erlassen.

## Anlage 8.

### Roggenrentenbrief —, Roggen- und Dollarkurs.

(Nach den Veröffentlichungen der Roggenrentenbank Aktiengesellschaft.)

| Tag | Roggenrentenbrief | Roggenpreis in Papiermark | Dollarkurs |
|---|---|---|---|
| | | **Oktober 1923.** In Tausend Mark. | |
| 1. | 580000 | 345000 | 242000 |
| 12. | 10000000 | 6150000 | 4000000 |
| 22. | 50000000 | 69000000 | 40000000 |
| 31. | 135000000 | 144569000 | 72500000 |
| | | **November 1923.** In Millionen Mark. | |
| 2. | 1500000 | 776190 | 320000 |
| 12. | 6000000 | 1245000 | 630000 |
| 23. | 11000000 | 9050000 | 4200000 |
| | | **Dezember 1923.** In Millionen Mark. | |
| 3. | 8000000 | 8800000 | 4200000 |
| 12. | 6000000 | 7300000 | 4200000 |
| 21. | 5700000 | 6400000 | 4200000 |
| 31. | 5500000 | 7300000 | 4200000 |
| | | **Januar 1924.** In Millionen Mark. | |
| 2. | 5800000 | 7430000 | 4200000 |
| 11. | 4250000 | 7130000 | 4200000 |
| 21. | 4750000 | 6780000 | 4200000 |
| 31. | 4100000 | 5930000 | 4200000 |

## Anlage 9.

### Stellungnahme der Reichsbank zum Entwurf Helfferich. (11. September 1923.)

Zu den in den letzten Tagen stattgefundenen Erörterungen des Währungsproblems, namentlich des sogenannten Helfferichprojektes, nehmen wir, in Bestätigung der betreffenden Ausführungen unseres Vertreters, folgendermaßen Stellung.

Es ist an sich keine allzu schwere Aufgabe, auf der Goldbasis unsere Währungsverhältnisse zu regeln. Die Zeit erscheint aber noch nicht dafür reif, da auch die neue Währung sofort gefährdet wäre in Anbetracht unserer außen- und innenwirtschaftlichen, politischen und finanziellen Verhältnisse. Eine neue Goldwährung mit der Aussicht auf Mißerfolg errichten wollen, würde außerordentlich bedenklich erscheinen.

Das Helfferichprojekt will denn auch, um für die Ordnung der erwähnten grundlegenden Verhältnisse Zeit zu gewinnen, lediglich ein Interimistikum schaffen, davon ausgehend, daß unsere politische Lage die Fortdauer des derzeitigen Währungszustandes nicht mehr vertrage. Es ist anzuerkennen, daß dies letztere richtig und die sofortige Schaffung eines neuen, soweit als möglich wertbeständigen Geldes nicht zu umgehen ist. Rein sachlich betrachtet, ist freilich das Projekt unvollkommen und würde in normalen Verhältnissen als indiskutabel erscheinen müssen. Aber immerhin möchten wir glauben, daß es einen gangbaren Weg weist, auf dem jenes vorläufige Ziel mit der gebotenen Schnelligkeit erreicht werden kann, und daß von der Durchführung des Planes wohl erhofft werden kann, daß es zu einer Gesundung unserer Währung hinüberleitet, wenn ihm die unumgänglichen finanziellen und wirtschaftlichen Reformen zur Seite treten. Unter diesem Gesichtspunkte stimmen wir ihm in seinen Grundzügen zu, wobei es uns, obwohl wir uns mehr der Roggengrundlage zuneigen, nur eine Frage zweiten Grades zu sein scheint, ob Roggen- oder Goldwert als Basis dienen soll. Bei den Bedenken aber, die dem Projekte innewohnen, möchten wir es für unerläßlich halten, daß es von vornherein gänzlich beschränkt wird, auf das nächstliegende Ziel, nämlich die Reichsfinanzen von der Reichsbank völlig zu trennen; nicht minder aber auch, daß es nicht nur zeitlich begrenzt, sondern zugleich seiner Verfassung und Tätigkeit nach durchaus auf diese zeitliche Begrenzung zugeschnitten wird, daß schließlich die Grundlagen, soweit irgend möglich, noch verbessert werden. Wir gehen dabei von der Feststellung aus, daß die Noten der Währungsbank eine den notenbankmäßigen Anforderungen entsprechende Deckung nicht besitzen, daß der Notenumlauf vielmehr nichts anderes bedeutet als die banknotenmäßige Liquidierung einer kapitalisierten Rente, und daß der der Notenausgabe zugrundeliegende Wert ein fast rein zukünftiger ist.

Es ist ferner nicht überflüssig, hervorzuheben, daß die Übernahme der Last durch die Berufsstände keineswegs eine unentgeltliche ist; die 5 vH Zinsen von 5 vH des Wehrbeitragswertes sollen abgegolten werden durch einen recht erheblichen Steuererlaß. Sie sollen überdies nach der Hoffnung des Autors nur auf kurze Zeit wirklich gezahlt, im übrigen durch die Geschäfte der Bank (Kreditgeschäfte mit dem Reich und Geschäfte mit der Wirtschaft) verdient werden. Von den 4 Milliarden Goldmark, die man aufzubringen gedenkt, sollen 2 Milliarden, und zwar 300 Millionen à fonds perdu, 1,7 Milliarden in Form zinsbringender Hingabe an das Reich, 2 Milliarden zum Betrieb von privaten Bankgeschäften verwendet werden. Damit ist gegeben einmal, daß von jener 5proz. Belastung nur die Hälfte, also $2^1/_2$ vH für Zwecke des Reichs dienen, die anderen $2^1/_2$ vH aber dazu, um die ersten $2^1/_2$ vH für die Berufsstände mindestens nach etwa 2 Jahren unfühlbar zu machen. Der für das private Kreditgeschäft zurückzustellende Betrag von 2 Milliarden Goldmark bedeutet eine ganz ungewöhnliche Kapitalmacht, geeignet, das gesamte übrige Bankgeschäft einschließlich desjenigen der Reichsbank mehr oder weniger aufzusaugen. Unter Lahmlegung der Reichsbank, deren ordnungsmäßiges Geschäft die Währungsbank gleichzeitig mit Abdeckung der Reichskredite an sich ziehen würde, soll also das Mittel gewonnen werden, um die $2^1/_2$ vH zu verdienen, die für das Reich à fonds perdu und als Kredit gegeben werden sollen, und zwar von einer Bank, die keinerlei Organisation hat, die nur auf wenige Jahre bestehen soll, und nur zu dem Zwecke, die Reichsbank von den Reichsschatzanweisungen frei zu machen und insoweit die Inflation aufzuhalten. Da das Reich an den Erträgnissen der Reichsbank sehr erheblich beteiligt ist, würde es das, was es mit der Währungsbank etwa gewinnt, mindestens zu einem Teile ganz gewiß wieder einbüßen.

Beachtet man, daß nicht weniger als 2 Milliarden Goldmark für die Reichsfinanzen emittiert werden sollen, so ergibt sich schon hieraus eine weit höhere Notenumlaufsmenge, als wir sie jetzt haben, d. i. trotz aller Umtauschmöglichkeiten gegenüber den Rentenbriefen keine Verringerung der aus den gegenwärtigen Verhältnissen drohenden weiteren Inflation, ganz abgesehen von den weiteren 2 Milliarden, die noch für die Privatwirtschaft hinzutreten würden. Der Hauptzweck jeglicher Maßnahme, die überhaupt in Betracht kommen kann, ist und muß sein die Ausschaltung der inflationistischen Finanzgebarung des Reiches von der zentralen Kreditquelle der Wirtschaft. Würde das Projekt durchgeführt so, wie es ist, so würde an dem jetzt bestehenden Zustande, bei dem die zentrale Kreditquelle der Wirtschaft für das Reich in so enormem, in unglücklichem Sinne bestimmendem Umfang, in Anspruch genommen wird, nicht das geringste geändert. Eine Privatinflation besteht zur Zeit fast überhaupt nicht, im Gegenteil sind die Kredite der Reichsbank an die Wirtschaft im ganzen dem Bedürfnis gegenüber zu niedrig und reichen auch nicht entfernt an den Gegenwert von 2 Milliarden Goldmark heran, die nach dem Projekt für die Privatwirtschaft als zulässige Notenmenge vorgesehen sind. Dieser Gegenwert würde bei einem Dollarstande von 50 Millionen nicht weniger als 25000 Billionen Papiermark betragen. Soll das Übel nicht noch größer werden, als es schon ist und als es ohne die Beteiligung der Währungsbank werden würde, so muß unter allen Umständen die Währungsbank auf die Kredite an das Reich beschränkt werden.

Daß mit dem Plan in wohlbegründete Rechte und Verhältnisse eingegriffen wird, liegt auf der Hand. Die Reichsbank hat ihre Aufgaben in der Privatwirtschaft vollkommen erfüllt und ist weiterhin dazu in der Lage; ihre Situation ist eine völlig gesunde und einwandfreie, sobald sie von den wachsenden Lasten der Reichsschatzanweisungen befreit wird. Sie ist alsdann auch in der Lage, ihre Aufgabe gegenüber der Wirtschaft auf Grund ihres Goldbestandes und mit einer nunmehr in ihrem Kredit wesentlich gestärkten Note erheblich besser zu erfüllen als bisher. Es liegt von diesem Gesichtspunkt aus keinerlei Bedürfnis vor, neben der Reichsbank noch eine zweite, mit der gleichen Aufgabe betraute, mit der Papiergeldschöpfung für die private Wirtschaft ausgestattete Kreditquelle zu eröffnen. Vielmehr muß das Nebeneinanderarbeiten zweier solcher selbständigen zentralen Kreditinstitute, von denen das eine die Geschäfte des anderen nicht kennt, zu einer großen Verwirrung auf dem Gebiete der Kreditgewährung führen; die Kreditinflation, die heute nicht vorhanden ist, wird alsdann sehr leicht zur Entstehung kommen.

Unangebracht erscheint es uns, die neue Note zu den jetzt umlaufenden Zahlungsmitteln in ein festes Verhältnis bringen zu wollen. Dies mag für die erstmalige Emission denkbar sein, auch ist es möglich, daß sich bei Konsolidierung unserer Verhältnisse der gegenseitige Wert auf einen mehr oder weniger festen Punkt einstellt. Diesen Zustand aber durch gesetzliche Vorschrift erzwingen zu wollen, halten wir bei den jetzigen stark schwankenden Verhältnissen für aussichtslos; der Versuch würde wohl nur den auch in viel ruhigeren Zeiten schon bewährten Satz aufs neue bestätigen, daß das schlechtere Geld das bessere vertreibt. Welche der beiden Notenarten die überwertige sein wird, ist schwer vorauszusagen, für die erste Zeit mag mit einem Aufgeld der neuen Note zu rechnen sein; ob und wie lange aber dieser Zustand dauern wird, bleibt abzuwarten. Jedenfalls glauben wir nicht, eine Art Doppelwährung verschiedener Banknoten empfehlen zu sollen, deren Aufrechterhaltung auf die Dauer so ungewiß erscheint, und halten ein Nebeneinander beider Arten in der Weise, daß ihr Wertverhältnis sich frei durch den Verkehr bestimmt — Parallelwährung —, nicht nur für besser, sondern für das allein Mögliche und Tragbare. Die weitere Entwicklung des Verhältnisses beider Währungen zueinander wird dann nach einem Übergang auch erst darüber entscheiden können, ob den neuen Noten die gesetzliche Zahlkraft beizulegen sein wird oder ob die Feststellung ihres Wertverhältnisses zur alten Währung und zur Reichsbanknote — wie bei allen Parallelwährungen — dem freien Verkehr und gewissen Hilfsmaßnahmen des Staates wird vorbehalten werden müssen.

Im ganzen kann also die Reichsbank das Projekt billigen, sogar begrüßen, aber nur insoweit die neue Bank es unternimmt, die Reichsfinanzen der Reichsbank gegenüber zu isolieren.

Wenn diese Beschränkung der neuen Bank anerkannt wird, ist es nicht nötig, die Berufsstände mit 5 vH des Wehrbeitragswertes zu belasten. Alsdann wird etwa die Hälfte genügen, doch würden wir im Interesse einer besseren Fundierung des auf 2 Milliarden Goldmark zu bemessenden Notenrechtes einen Satz von 3 vH vorziehen. Dann ist es aber auch möglich, das ganze Unternehmen, das schon hiermit ein erheblich solideres Aussehen gewinnt, noch weiter zu festigen, indem die Verzinsung von 5 vH durch eine Annuität von 6 vH ersetzt wird, die aber auf längere Zeit hinaus — auch die Währungsbank kann und muß in dieser Form vielleicht länger bestehen — wirklich zu bezahlen ist. Nach dem Plane Helfferich beläuft sich die Belastung der Wirtschaft auf 2,5 vT, nach dem vorstehenden Vorschlage auf 1,8 vT des Wehrbeitragswertes, ein Satz, den man als durchaus tragbar wird bezeichnen dürfen. Der Plan liefe somit hinaus auf die Aufnahme einer amortisablen Rentenschuld durch die Wirtschaft für das Reich mit dem Beweglichkeitsfaktor der Notenausgabe. Wir glauben, daß bei 4proz. Verzinsung der auszugebenden Rentenbriefe jene 6proz. Annuität unter Hinzuziehung des erheblichen Zinsaufkommens aus den Krediten an das Reich, die unseres Erachtens anzustrebende kräftige Amortisation hinreichend ermöglicht.

Zusammenfassend empfehlen wir

1. Beschränkung der Tätigkeit der Währungsbank auf Finanzierung des Reichs mit Hilfe der neuen Banknote und mit dem Ziel der allmählichen Umwandlung der schwebenden Reichsschuld in eine amortisable Rentenschuld der Berufsstände für das Reich;
2. Belastung der Berufsstände nur mit 3 vH des Wehrbeitragswertes;
3. Erhöhung der Annuität auf 6 vH von diesen 3 vH;
4. Unterlassung des Versuches, ein festes Wertverhältnis zwischen den Noten der Währungsbank und der Reichsbank herzustellen; die gegenseitige Wertbildung müßte vielmehr dem freien Verkehr überlassen bleiben.

Die Frage der Beteiligung der Reichsbank und ihrer Organisation an der neuen Bank wird, falls diese lediglich auf Kreditgeschäfte mit dem Reich beschränkt wird, in der Hauptsache gegenstandslos, im allgemeinen wird die rein geschäftliche Verbindung genügen, die nötigenfalls in geeigneten Punkten durch besondere Abmachungen wird ausgebaut werden können. . . .

## Anlage 10.

### Denkschrift des Reichsernährungsministers über die Roggenbasis und Goldbasis bei Einführung eines wertbeständigen Zahlungsmittels. (3. November 1923.)

Nachdem jetzt in kommissarische Verhandlungen zwischen den beteiligten Ministerien über den Helfferichschen Plan einer Währungsbank eingetreten ist, möchte ich in Wiederholung meiner mehrfachen mündlichen Darlegungen noch einmal die Gesichtspunkte zusammenstellen, die meines Erachtens auf das Dringendste dazu raten, nicht den Roggen, sondern das Gold als Wertmesser für das neue Zahlungsmittel zu nehmen. Ich halte dabei durchaus an dem konstruktiven Grundgedanken des Helfferichschen Planes fest, empfehle aber, das Zahlungsmittel weder, wie Exzellenz Helfferich ursprünglich wollte, auf ein Roggenpfund noch, wie er jetzt will, auf eine Roggenmark, sondern auf die Goldmark als Bruchteil einer ausländischen, dem Golde gegenüber möglichst stabilen Währung abzustellen. Daß dies technisch im Rahmen der Helfferichschen konstruktiven Gedanken möglich ist, ist nie bestritten worden. Es gibt dafür zwei Wege: Entweder — und das ist der einfachere Weg — die Hypotheken usw. werden sofort auf Goldmark eingetragen und die auszugebenden

Pfandbriefe sind dann Goldrentenbriefe. Oder, was ich erst an zweiter Stelle in Erwägung nehmen würde, die Hypotheken usw. werden auf Roggen eingetragen und das Umtauschverhältnis zwischen dem auf Goldwert lautenden Zahlungsmittel und dem Roggenrentenbriefe im Fall der Einlösung richtet sich dann nach dem jeweiligen Kurs des Roggenrentenbriefes in Gold; der letztere Weg beschränkt unzweifelhaft die Emissionskapazität der neuen Währungsbank und bedeutet schon dadurch einen Nachteil.

Die Gründe, die für das auf Goldmark abgestellte Zahlungsmittel sprechen, sind meines Erachtens folgende:

1. Exzellenz Helfferich macht zugunsten des Roggenrentengeldes geltend, daß in der Bevölkerung ein Mißtrauen gegen Gold, soweit es auf deutscher Grundlage beruht, vorhanden sei, dagegen ein großes Vertrauen zu den Roggenrenten. Exzellenz Helfferich betrachtet es somit als einen besonderen Glückszufall, daß seit einem halben Jahre die Roggenrentenbriefe sich gut eingeführt haben, und daß jetzt auch eine Eintragung von Roggenhypotheken, also eine Sicherung der Roggenrentenbanken in Abteilung III des Grundbuches, möglich ist. Ich selbst habe seinerzeit im Reichsjustizministerium die Anregung gegeben, die Eintragung von Roggenhypotheken zu ermöglichen. Das war aber Anfang dieses Jahres. Inzwischen ist die Entwicklung über die Stufe der Roggenwährung schon hinweggeschritten. Das gilt gerade für die allerletzte Zeit und wird sicherlich in den nächsten Tagen weitere Fortschritte machen. Auch gerade im Bewußtsein des Publikums. Dabei meine ich nicht nur die Umstellung alles Großhandelsverkehrs auf Gold. Auch im Kleinhandelsverkehr ist diese Umstellung weit vorangeschritten. Die Verkäufer in großen Geschäften des Einzelhandels lesen die Preise von Tabellen ab, die auf Goldmark berechnet sind und in kürzesten Abständen mit wechselnden Indexzahlen versehen werden. An vielen Schaufenstern sieht man heute bereits die Auszeichnung in Goldmark. Beim Buchhandel ist diese Entwicklung schon seit längerer Zeit abgeschlossen. Auch die Reichssteuerverwaltung hat bereits Goldkonten als Steuerkonten eingerichtet. Ich gehe infolgedessen davon aus, daß das Publikum sich durchaus an den Goldgedanken zurückzugewöhnen im Begriff ist und zum Teil schon zurückgewöhnt hat. Auch unsere ganze Propaganda für die Goldanleihe wäre ja ein Stoß ins Leere, wenn nicht mit diesem Tatbestand gerechnet würde.

2. Exzellenz Helfferich selbst hat seinen Plan schon zum Teil auf Gold umgestellt; denn er hat der Anregung, daß die Industrie ihre Beiträge in Devisen solle leisten können, Folge gegeben. Dazu kommt, daß neben dem Helfferichschen Plan jetzt, wenn auch anscheinend in ersten Anfängen, ein industrieller Plan besteht, auf der Grundlage von Gold und Devisen eine private Goldnotenbank ins Leben zu rufen. Nun bin ich zwar nach wie vor der Meinung, daß der Helfferichsche Plan bei weitem den Vorzug verdient. Denn einmal gibt er viel breitere Grundlagen und dadurch die Möglichkeit, die Ausgabe von Schatzanweisungen bei der Reichsbank zu beenden. Außerdem aber ist er, weil er nicht auf Vereinbarungen gegründet werden muß, sondern durch einen Akt der Gesetzgebung verwirklicht werden kann, unvergleichlich schneller durchzuführen, und darauf kommt es an. Gleichwohl würde ich es für sehr sachhemmend halten, wenn zwischen den beiden Projekten ein Kampf unter der Losung entbrennen würde: „Hie Roggen, hie Gold". Umgekehrt würde ich es für sehr glücklich halten, wenn der Helfferichsche Plan von vornherein so angelegt wäre, daß er das andere Projekt in steigendem Maße in sich aufnehmen und dadurch die endgültige Goldlösung vorbereiten könnte. Diese Goldlösung im Rahmen des Helfferichschen Projektes würde ja noch kein Goldgeld, sondern, wenigstens soweit nicht die Sicherung durch Devisen in Betracht kommt, nur ein Goldrentengeld bedeuten. Je mehr nun im Laufe der Zeit die Devisen und

etwa auch das Gold der Reichsbank als Deckungsmittel der neuen Währungsbank zur Verfügung stehen würden, je mehr würde ein echtes Goldgeld entstehen Würde dagegen das Roggenrentengeld zum Ausgangspunkt gewählt, so müßte, um später zum Goldgelde zu kommen, eine Einziehung dieses Roggenrentengeldes mit all ihren Umständlichkeiten erfolgen.

3. Für den wichtigsten Punkt halte ich nach wie vor aber folgendes: Der Kernpunkt der Not unseres Wirtschaftslebens ist heute der, daß mit Rücksicht auf den Währungszustand in alle Kalkulationen sehr starke Risikobeträge eingerechnet werden. Dabei handelt es sich nun nicht allein um die Gefahren, die mit einer Veränderung des Wertes der Papiermark verbunden sind, sondern es handelt sich allgemeiner um die unübersehbaren Spannungen zwischen den verschiedenen Währungen, mit denen jeder Wirtschaftler zu rechnen hat. Ein Versuch von Heilung oder wenigstens durchgreifenden Besserung dieses Zustandes muß das Ziel im Auge haben, die Spannung zwischen den verschiedenen Währungen zu beseitigen. Nun wird für das Auslandsgeschäft und für die Teile des Inlandsgeschäftes, die unmittelbar vom Auslandsgeschäft beeinflußt werden, also für sehr wesentliche Teile des Großhandels überhaupt auch nach Durchführung des Helfferichschen Planes eine Goldwährung (Devisenwährung) bestehen. Läuft dann daneben ein Roggenrentengeld her, so ergibt sich angesichts der erheblichen Schwankungen des Roggenpreises gegenüber dem Golde sofort wieder eine Spannung zwischen verschiedenen Währungen. Dieser Einwand kann auch nicht durch den Hinweis zurückgewiesen werden, daß es sich ja nicht um Roggengeld, sondern um Roggenrentengeld handele, und daß infolgedessen die Unterschiede etwas mehr ausgeglichen würden. Auf jeden Fall bleibt, wie eine von mir in verschiedenen Besprechungen bereits vorgelegte graphische Darstellung beweist, eine erhebliche Unsicherheit zwischen Gold und Roggenrente bestehen. Das wird auch gerade für das nächste Jahr angesichts des derzeitigen sehr niedrigen Roggenpreises auf dem Weltmarkt gelten. Da nun jetzt psychologisch unsere ganze Wirtschaft auf das Einkalkulieren großer Risiken abgestellt ist, so wird sich aus der Spannung zwischen Gold und Roggen heraus eine Fortsetzung dieses ganzen unglücklichen Systems ergeben, und dadurch wird die Gesundung der Preiskalkulation behindert werden. Um es kraß auszudrücken: es wird nach den Kriegs-, Revolutions-, Inflations-, Besetzungsgewinnlern usw. „Roggengeldgewinnler“ geben. Eine Beeinflussung der Goldwährung durch Spekulationen in der „Ware“ Gold ist auf dem Weltmarkt kaum möglich. Die Beeinflussung einer Roggenwährung dagegen bietet in sich keine Schwierigkeit. Ich erinnere an die fast alljährlich in Amerika gebildeten „corners“. Diesen künstlich durch Großhändler in die Höhe getriebenen Preisen folgt dann regelmäßig ein jäher Preissturz, der notwendig das Vertrauen der Bevölkerung in die neue Roggenwährung erschüttern muß. Übrigens ist die Roggenwährung auch keine „autochthone“ Währung, wie von Exzellenz Helfferich stets betont wird, sie hängt schon jetzt in der heimischen Ernte von Amerika und Rußland ab und wird in den nächsten Jahren noch mehr von Rußland abhängen.

Auch die Lohn- und Gehaltsfestsetzungen werden auf große Schwierigkeiten stoßen, weil bei jeder Erörterung darum gestritten werden wird, welcher Teilbetrag des Lohnes auf Roggenrentengrundlage und wieviel auf Goldgrundlage berechnet werden muß. Endlich wird auch da, wo sich die Wertbildungen gegen Austauschbarkeit der Objekte aufeinander beziehen, eine erneute Unsicherheit eintreten, so in der verhältnismäßigen Preisbildung von Margarine, die vorwiegend auf Goldwährung stehen wird, und von Butter.

Nach alldem glaube ich, daß ganz überwiegende Gründe dafür sprechen, das neue Zahlungsmittel der Goldgrundlage anzupassen. In keiner Weise brauchte dadurch nach meiner Überzeugung der konstruktive Grundgedanke des Helfferichschen Projektes gefährdet zu werden, aus dem ich besonders die Notwendigkeit einer völlig privaten Gestaltung der neuen Währungsbank hervorhebe.

## Anlage 11.

## Erster Entwurf der Ressorts auf Goldbasis.

(Auszug.)

### Artikel IV.

§ 1.

Auf Grund der zugunsten der Währungsbank eingetragenen Hypotheken (Art. II, § 2 und 3, Abs. 1 und 2) und der ihr übereigneten Schuldverschreibungen (Art. II, § 3, Abs. 3) fertigt die Währungsbank Goldwertrentenbriefe aus. Die Goldwertrentenbriefe lauten über 179 g Feingold oder ein Vielfaches davon.

Die Goldwertrentenbriefe sind mit 4 vH jährlich verzinslich und können nach Ablauf von ... Jahren von der Währungsbank zur Rückzahlung zu ihrem Nennwerte im ganzen oder in Serien aufgekündigt werden. Eine frühere Aufkündigung ist nur im Falle der Liquidation (Art. VIII, § 1) zulässig.

§ 2.

Die nach § 1 auszufertigenden Goldwertrentenbriefe dienen als Deckung für die von der Währungsbank auszugebenden Geldscheine (Neumark).

Die Werteinheit dieser Geldzeichen ist die Neumark, die in 100 Neupfennige eingeteilt wird.

§ 3.

Für je 0,179 g Feingold, enthalten in den im Eigentum und Verwahr der Währungsbank befindlichen Goldwertrentenbriefen, darf eine Neumark ausgegeben werden.

Soweit die in Abs. 1 vorgesehene Deckung nicht vorhanden ist, ist die Ausgabe von Geldzeichen nicht gestattet.

§ 4.

Die von der Währungsbank auszugebenden Neumarknoten sind in Goldwertrentenbriefen einlösbar.

Die Währungsbank verabfolgt dem Einlieferer von Neumarknoten für je 1000 Neumark auf Verlangen einen Goldwertrentenbrief über 179 g Feingold.

§ 5.

Gegen Einlieferung ihrer Goldwertrentenbriefe verabfolgt die Währungsbank Neumarknoten im Verhältnis von je 1000 Neumark für einen Goldwertrentenbrief über 179 g Feingold.

## Anlage 12.

## Der Vorschlag Minoux'[1].

Die Papiergeldwirtschaft muß und kann sofort aufgehoben und die Goldwährung wieder eingeführt werden.

Jeder Deutsche gibt auf Grund einer Selbsteinschätzung, deren Resultate in den für die amtlichen Bekanntmachungen allenthalben bestimmten Blättern namentlich und alphabetisch veröffentlicht werden, umgehend sein gesamtes Ver-

---

[1] Der Vorschlag wurde zuerst in der Deutschen Allgemeinen Zeitung Nr. 387 vom 23. August 1923 veröffentlicht.

mögen im In- und Auslande auf Goldbasis nach den wirtschaftlichen Grundsätzen der Vorkriegszeit an. Bestände an deutschem Papiergeld, Forderungen und Außenstände in deutscher Währung sind hierbei nach einer amtlich bekannt zu machenden Schlüsselzahl auf Goldwert zurückzuführen. Vermögen, das in Aktien, Anteilscheinen, Kuxen, Geschäftsanteilen an Gesellschaften mit beschränkter Haftung, überhaupt in Beteiligungen an inländischen Gesellschaften besteht, die den Charakter selbständiger juristischer Personen tragen, kann bei der Selbsteinschätzung der physischen Personen fortbleiben. Das Vermögen dieser inländischen Gesellschaften ist von den gesetzlichen Vertretern unter eidesstattlicher Versicherung und unter Beifügung einer Liquidations-Goldmarkbilanz unter voller persönlicher Verantwortung einzuschätzen. Wissentliches Verschweigen von Vermögen wird im Entdeckungsfalle mit der Konfiskation des gesamten Vermögens zugunsten der Reichskasse sowie mit Zuchthaus und Aberkennung der bürgerlichen Ehrenrechte bestraft. Mithelfer und Mitwisser trifft gleichfalls Zuchthausstrafe. Für fahrlässig zu niedrige Einschätzung gegenüber dem endgültig bei der Nachprüfung festgestellten Wert wird der zu gering eingeschätzte Betrag verzehnfacht.

Von dem nachgewiesenen Vermögen zahlt jeder Deutsche und jede Gesellschaft ohne Rücksicht auf die Höhe des Vermögens eine einmalige Abgabe von 5 vH. Die Schätzung, daß das deutsche Volksvermögen bei ehrlicher Deklaration noch einen Betrag von etwa 200 Milliarden Goldmark ausmacht, dürfte der Wirklichkeit ziemlich nahekommen. Eine Abgabe von 5 vH würde somit einem Betrage von 10 Milliarden Mark entsprechen. Bis zur genauen Feststellung des Gesamtvermögens gilt vorab der deutsche Grund- und Immobilienbesitz aller Art an erster Stelle mit einer Hypothek zugunsten des Reiches in Höhe von 10 Milliarden Mark belastet. Die grundbuchliche Eintragung der auf die einzelnen Grundstücke entfallenden Hypotheken muß vorbehalten bleiben. Von den Hypothekenschuldnern ist der Betrag der auf sie entfallenden Hypothek mit jährlich 5 vH zu verzinsen und mit mindestens jährlich 5 vH der Hypothekenursprungssumme zu tilgen.

Diese Erfassung der Sachwerte gestattet die Herstellung von „Deutschen Reichspfandbriefen" im Betrage von 10 Milliarden Mark und in 20, jährlich auszulosenden Serien à 500 Millionen Mark und in Stückelungen von 100 Mark bis 1 Million Mark. Die Reichspfandbriefe der in den ersten 14 Jahren auszulosenden Serien, also 7 Milliarden Mark, werden mit 5proz. Zinsscheinen und die der letzten sechs Serien, also 3 Milliarden Mark, mit 10proz. Zinsscheinen ausgestattet. Die Auslosung der 10proz. Reichspfandbriefe wird für die Dauer der ersten 14 Jahre gesperrt. Die Reichspfandbriefe aller Serien unterliegen für die ganze Zeit ihres Bestehens keinerlei wie immer gearteten Steuer, ebensowenig die daraus entstehenden Zinseinnahmen.

Die 10proz. Reichspfandbriefe legt das Reich in die Reichsbank ein und wird damit in Höhe von 3 Milliarden Mark Anteilseigner der Reichsbank. Da die Reichsbank auch gegenwärtig noch über einen Goldbestand von rund 500 Millionen Mark verfügt, außerdem noch Deckungsmittel in Form von Wechseln, Schecks, Lombardforderungen und Effekten besitzt, ist sie in der Lage, neue Umlaufsmittel in Form von Banknoten, die auf „Goldmark" lauten, in Höhe von 8 Milliarden Mark auszugeben, die durch Reichspfandbriefe, Gold und die sonst vorgenannten Werte mit ungefähr 50 vH gedeckt sein würden. Die 10proz. Reichspfandbriefe werden von der Reichsbank zum Verkauf gestellt und als Gegenwert werden nur Gold, Perlen, Edelsteine oder solche ausländischen Zahlungsmittel entgegengenommen, deren innerer Wert nach der jeweiligen Londoner Notierung von dem Nennwert nach unten nicht mehr als 10 vH, gemessen am englischen Pfund, abweicht. Im Hinblick auf den hohen Zinsertrag dieser Reichspfandbriefe, auf die 14jährige Auslosungssperre und die vollkommene Steuerbefreiung einerseits und die Tatsache andererseits, daß fremdländische Devisen, Gold in verschiedener Form, Perlen und Edelsteine innerhalb Deutschlands noch in weit größerem Werte als 3 Milliarden vorhanden sind, und weiter unter der Berücksichtigung, daß die durch Vorzugshypothek auf den gesamten deutschen Immobilienbesitz gedeckten Reichspfandbriefe eines politisch und wirtschaftlich wieder zur Ruhe gekommenen Deutschlands auch im Ausland, soweit es nicht auf Zerstörung der europäischen Kultur hinarbeitet, willige Käufer finden werden, ist nicht daran zu zweifeln, daß die freiwillige Nachfrage nach diesen 10proz. Reichspfandbriefen ihren baldigen und restlosen Absatz sicherstellt.

Bevor über die Verwertung der 5proz. Reichspfandbriefe näheres ausgeführt wird, bleibt noch die Frage der für die deutsche Wirtschaft notwendigen Umlaufsmittel auf Goldwährung zu untersuchen. Nach dem statistischen Jahrbuch des Deutschen Reichs sind seit 1871 bis Ende März 1915 an Reichsmünzen geprägt und nicht wieder eingezogen worden:

| | Mark |
|---|---|
| Goldmünzen | 5141203000 |
| Silbermünzen | 1231033300 |
| Nickelmünzen | 113621900 |
| Kupfermünzen | 24604200 |
| | Sa. 6510462400 |
| Von den Goldmünzen dürften, obwohl genaue Ziffern über die von privater Seite eingeschmolzenen oder sonst aus dem Verkehr gezogenen sowie die verloren gegangenen Münzen statistisch nicht zu erfassen waren, doch auf diese Art schätzungsweise | 2000000000 |
| dem Umlauf entzogen worden sein, so daß aus den vor dem Kriege geprägten Reichsmünzen noch rund | 4500000000 |

als Umlaufsmittel zur Verfügung gewesen sein dürften.

Die Reichsbank verfügte im Jahre 1913 durchschnittlich über einen Vorrat an:

| | Mark |
|---|---|
| gemünztem Gold in Höhe von | 684900000 |
| Scheidemünzen in Höhe von | 274500000 |
| | Sa. 959400000 |
| An geprägten Münzen waren demnach im Umlauf rund | 3550000000 |
| der Notenumlauf der fünf deutschen Notenbanken betrug 1913 | 2753227000 |
| mithin war der gesamte Zahlungsmittelumlauf rund | 6300000000 |

Wird auf der einen Seite die Tatsache berücksichtigt, daß Flächenraum und Bevölkerungszahl Deutschlands erhebliche Einbuße erlitten haben, so steht dem auf der anderen Seite doch gegenüber, daß in der ganzen Welt die Goldwährung gegenwärtig gegenüber der Vorkriegszeit 30—50 vH an Kaufkraft verloren hat, und es werden somit Umlaufsmittel für eine neue Goldwährung in Höhe von 8 Milliarden Mark für den heutigen Stand der deutschen Wirtschaft ebenso erforderlich sein, wie sie ausreichend scheinen. Scheidemünzen wären an Stelle der früheren Kupfermünzen aus Eisen oder Bronze, an Stelle der früheren Nickel- und Silbermünzen bis aufwärts zu 1 Mark einschließlich aus Aluminium oder einer Legierung herzustellen, während unter Fortfall der früheren Reichskassenscheine Reichsbanknoten über je 5 Goldmark, 10 Goldmark, 20 Goldmark,

50 Goldmark, 100 Goldmark und 1000 Goldmark ausgegeben werden müßten. Die Noten über 5, 10 und 20 Goldmark erhalten gleiche Größe und unterscheiden sich nur durch Aufdruck und Färbung; das nämliche gilt bei etwas größerem Format unter sich von den drei Notensorten mit höherem Wert, damit endlich auch wieder die Buntscheckigkeit der deutschen Zahlungsmittel verschwindet.

Die Herstellung der Pfandbriefe, Ausprägung der Eisen- und Aluminiummünzen, Druck der Goldmarkbanknoten muß sofort in Angriff genommen werden und ist bei geeigneten Maßnahmen unschwer innerhalb zwei Monaten durchzuführen. Sobald der Termin, zu welchem die neuen Umlaufsmittel fertiggestellt und an die Ausgabestellen im Deutschen Reich, wie Reichsbankstellen, Reichsbanknebenstellen, Filialen der Großbanken, Sparkassen usw. zwecks Umtauschs gegen Papiergeld ausgeliefert sein können, sich zuverlässig übersehen läßt, ist der Druck des seitherigen Papiergeldes sofort restlos einzustellen und zur Ausschaltung jeglicher Spekulation bekanntzumachen, daß alle Forderungen, insbesondere alle inländischen fundierten und schwebenden Forderungen gegen das Reich, einschließlich der Reichsschatzwechsel, alle fundierten und schwebenden Forderungen gegen die Einzelstaaten und Gemeinden sowie auch alle Forderungen einschließlich Hypothekenforderungen von Privaten gegen Private, unbekümmert um die Zeit der Entstehung des Schuldverhältnisses, und daß ebenso alles Papiergeld zusammengelegt werden auf den . . . .sten Teil (gegenwärtig etwa millionsten Teil) des Nennwertes. Je schärfer die Zusammenlegung erfolgt, um so gesunder wird in der Zukunft die deutsche Wirtschaft sein. Daher muß die Papiermark auf Goldmark entsprechend der Dollarnotierung in rundem Betrag so zusammengelegt werden, daß 4,20 neue Goldmark = 1 Dollar werden; ein solcher Entschluß bedeutet gleichzeitig bis zu seiner Durchführung eine in ihrer Wirksamkeit kaum zu übertreffende Stützungsaktion der jetzigen Papiermark. Der Umtausch des kursierenden Papiergeldes, einschließlich des ausgegebenen Notgeldes, gegen die neuen Goldumlaufsmittel ist an zwei Tagen, darunter zur Vermeidung von Produktionsausfall zweckmäßig ein Sonntag, an den bekannt zu machenden Eintauschstellen durchzuführen, und zwar mit der Maßgabe, daß der Eintausch nach Ablauf von 14 Tagen aufhört und bis dahin noch nicht eingetauschtes Papiergeld außer Kurs erklärt wird. Zum Eintausch von Papiergeld aus dem Ausland sind allein die Reichsbank in Berlin und einige von ihr zu bestimmenden Reichsbankstellen, wie Hamburg, München, Köln usw., zu ermächtigen. Die Einlösungsfrist für deutsches Papiergeld aus dem europäischen Ausland ist gegenüber dem Inland um weitere 14 Tage, für deutsches Papiergeld aus dem nicht europäischen Ausland darüber hinaus um die normale Transportzeit zu verlängern. Die seit 1871 geprägten Reichsmünzen in Gold, Silber, Nickel und Kupfer sind gleichzeitig außer Kurs zu setzen, wie ebenso die seither geprägten Aluminiummünzen und das ausgegebene Notgeld.

Der internationale Wert der deutschen Papiermark ist wegen des mangelnden Personalkredits, den das Deutsche Reich im Hinblick auf seine außen- und innenpolitischen Schwierigkeiten in der Welt leider nur noch besitzt, so stark gesunken, daß bei der Umlegung der Papiermark auf Goldmark im Verhältnis der Papiermarkbewertung zur Dollarbewertung nicht mehr als 100 bis höchstens 200 Millionen der neuen Goldumlaufsmittel schon ausreichen, um damit das umlaufende Papiergeld und die Reichsschatzwechsel einzulösen. Das Reich gibt daher auch die 7 Milliarden 5proz. Reichspfandbriefe an die Reichsbank, die ihrerseits dafür den gleichen Betrag neuer Goldumlaufsmittel für Rechnung des Reichs in den Verkehr bringt. Die deutsche Wirtschaft muß die von ihr benötigten neuen Goldumlaufsmittel, da sie den nötigen Bedarf durch die Einlösung von Papiergeld nicht gewinnen kann, sich durch Hergabe von Devisen, Verkauf von Ware und im Wege gedeckten und offenen Kredits verschaffen. Die Devisen werden ganz ohne Verordnung zwangsläufig abgegeben werden, wie nicht minder zwangsläufig das Angebot in Waren aller Art steigen wird.

Mit Durchführung der vorstehend beschriebenen Maßnahmen erhält die Reichsbank für die neu ausgegebenen Goldumlaufsmittel eine nochmalige Deckung von fast 100 vH in Form der 5proz. Pfandbriefe, die von jedermann im Gegensatz zu den 10proz. Pfandbriefen gegen Goldmarkreichsbanknoten erworben werden können.

Die neuen Goldumlaufsmittel sind damit in Höhe von etwa 150 vH durch Gold, Lombards, Wechsel, Pfandbriefe usw. gedeckt, eine Deckung, wie sie keine ausländische Note aufzuweisen hat. Das Reich erhält von den Sachwertbesitzern jährlich 5 vH Zinsen auf den Betrag von 10 Milliarden, das sind 500 Millionen, während zu zahlen sind 10 vH von 3 Milliarden = jährlich 300 Millionen für die Serien 15—20 der Reichspfandbriefe und 5 vH von 7 Milliarden = jährlich 350 Millionen für die Serien 1—14 der Reichspfandbriefe. Die jährliche Zinsenlast für die Reichspfandbriefe beträgt demnach 650 Millionen, während die Zinseinnahme nur 500 Millionen ausmacht. Die Differenz von 150 Millionen kann mit einem Kapital von 8 Milliarden Goldmark unschwer von der Reichsbank selbst aus ihrem Verdienst aufgebracht werden. Der gesamte Abrechnungsverkehr wird unter diesem Verteilungsschlüssel für Rechnung des Reichs und für eigene Rechnung durch die Reichsbank kostenlos bewirkt. Das Reich zieht durch seine Steuerbehörden lediglich die von den Sachwertbesitzern jährlich für Verzinsung und Tilgung der Hypotheken fälligen Annuitäten ein.

Die Währungsreform in der vorgeschlagenen Weise verschafft, wie schon gezeigt wurde, dem Deutschen Reich als Gegenwert für die 5proz. Pfandbriefe gleichzeitig verfügbare Mittel in Höhe von 7 Milliarden Goldmark. Durch diese Mittel kann der Haushalt des Reiches, der Einzelstaaten und der Gemeinden, wie später besonders darzulegen bleibt, ein Jahr lang aufrechterhalten werden. Innerhalb dieser Frist muß eine verständige Finanzreform platzgreifen, die an Stelle des jetzigen Tohuwabohus in der Steuergesetzgebung ein einfaches Steuersystem setzt, das nach noch zu entwickelnden neuen Gesichtspunkten in weitaus erster Linie die besitzenden Klassen treffen muß und an dem Faulenzer und Verschwender, die wirklich einzigen Schädlinge des Wirtschaftskörpers, weil Drohnen im Bienenstock der arbeitenden Bevölkerung keine Freude haben dürfen. Von den 7 Milliarden wären bereitzustellen:

| | |
|---|---|
| 1 Milliarde für den Haushalt | des Reiches, |
| 1,2 „ „ „ „ | der Einzelstaaten, |
| 1,8 „ „ „ „ | der Gemeinden. |
| 4 Milliarden insgesamt. | |

Die restlichen 3 Milliarden bleiben zur Verfügung des Reiches zwecks Überwindung aller Übergangsschwierigkeiten, die sich bei einer so gründlichen Umstellung, wie sie die heutige deutsche Wirtschaft notwendig hat, nicht vermeiden lassen.

Die Währungsreform ist nur der erste Schritt rückwärts von dem Abgrunde, vor dem das deutsche Volk steht, und zwecklos, wenn nicht Zug um Zug weitere Genesungsmaßnahmen, frei von Voreingenommenheit, Eigennutz und Neid, folgen.

Dahin gehören die im weiteren Inhalt zu behandelnde Beseitigung jeglicher Zwangswirtschaft, insbesondere der Demobilmachungsbestimmungen, die Beseitigung des überflüssigen Beamtenballastes, die Gesundung der Staatsbetriebe, die unerbittlich notwendige Wiedereinführung der Arbeitszeit wie vor dem Kriege, wie aber nicht minder die Auflösung aller Syndikate, Preiskonventionen, Preiskartelle u. dgl. Natürlich werden durch jeden weiteren Schritt auf diesem Wege der Gesundung Arbeitskräfte in großer Zahl frei, deren zweckentsprechende Beschäftigung, bis sie von einer wiederaufstrebenden Wirtschaft aufgesogen sind, nicht außerachtgelassen werden darf. Dem Reiche hierfür Mittel bereitzustellen, ist daher nur ein Akt weiser Voraussicht.

Vorab hat die Schaffung wertbeständigen deutschen Geldes mit Golddeckung nur die Wirkung, daß dem Wucher Einhalt geboten, der zu geringen Entlohnung und Verarmung der breiten Volksschichten ein Ziel gesetzt wird und das Angebot in Waren aller Art, besonders in Lebensmitteln wieder zunimmt. Die Furcht vor der Entwertung der Mark verfliegt. Die Verschwendungssucht, zu der vielfach die Flucht aus der Papiermark den Anstoß gibt, wird zurückgedämmt. Die altbewährten Eigenschaften von Anstand und Ehrlichkeit werden ihren Weg in das deutsche Wirtschaftsleben zurückfinden.

Endlich ist die Währungsreform die erste Voraussetzung dafür, daß Deutschland in die Lage kommt, überhaupt Reparation in den kommenden Jahren auf Grund des Friedensvertrages zu leisten, und die Wiedergutmachungskommission würde gegen die ihr anvertrauten Interessen ihrer eigenen Völker handeln, wenn sie auf Grund des Artikels 248 des Friedensvertrages die Durchführung der deutschen Währungsreform in der vorgeschlagenen Weise beanstanden wollte, statt sie sogar wohlwollend zu unterstützen.

## Anlage 13.

### Entschließung des Arbeitsausschusses des Vorläufigen Reichswirtschaftsrats für die Währungsfrage vom 7. September 1923.

Der vorläufige Reichswirtschaftsrat wolle beschließen, der Reichsregierung nachstehende Entschließung zu übermitteln:

1. Die Wiederherstellung und Erhaltung eines wertbeständigen Zahlungsmittels, das die Bedürfnisse von Staat und Wirtschaft befriedigt, ist nur möglich, wenn die Defizitwirtschaft der öffentlichen Gewalten beseitigt wird.

Die Ausgaben für den Ruhrkampf sind sofort auf das unbedingt notwendige Maß zu beschränken, die für Ruhrzwecke zur Verfügung zu stellenden Gelder sind zu kontingentieren und ihre Verteilung unter Kontrolle eines kleinen mit diktatorischen Vollmachten versehenen Ausschusses zu stellen, über dessen Zusammensetzung die Regierung mit den Vertretern der politischen und wirtschaftlichen Organisationen beraten soll. Außerdem ist erforderlich rücksichtslose Streichung ersparbarer sonstiger Ausgaben. Für den Übergang sind Mittel durch eine Vermögensabgabe nach dem Vorschlage Minoux' bereitzustellen. Beseitigung der privaten Inflation durch scharfe Diskontpolitik hat nebenher zu erfolgen.

2. Die dringende Gefahr einer völligen Zurückweisung der Papiermark, die als Zahlungsmittel zur Aufrechterhaltung des Verkehrs notwendig bleibt, erheischt unter der Voraussetzung der Etatsbilanzierung die Schaffung eines wertbeständigen Zahlungsmittels, das auf sich selbst gestellt und unabhängig von den inneren und äußeren Schwankungen ist. Die Grundlage eines solchen Zahlungsmittels kann zur Zeit nur das Gold oder ein Devisenfond bilden.

3. Aus diesen Erwägungen ist das Projekt Helfferich abzulehnen, weil eine Roggenwährung im inneren Verkehr den großen Schwankungen des Roggenpreises unterläge und im internationalen Verkehr keine Geltung hätte.

4. Gleichfalls ist der Vorschlag des Reichsverbandes der deutschen Industrie abzulehnen, da das nach ihm wertbeständige Geld den Umlaufskreis des staat-

lichen Papiergeldes noch mehr als heute einschränken, seine Entwertung und Zurückweisung also noch beschleunigen würde.

5. Alle derartigen Projekte sind auch deshalb abzulehnen, weil sie das Notenmonopol, ein grundlegendes Hoheitsrecht des Staates, in die Hände privater Berufsstände übergeben würden. Träger der Geldpolitik Deutschlands kann nur die Reichsbank sein, wobei es Voraussetzung ist, daß deren Geschäftsführung und -leitung den Bedürfnissen wertbeständiger Geldwirtschaft durch entsprechende Umänderungen anzupassen ist.

6. Nach Festlegung des Höchstbetrages der Noteninflation wird

a) der Goldbestand der Reichsbank mit den aus den Maßnahmen der Devisenablieferung eingehenden ausländischen Zahlungsmitteln zu einem Münzfond vereinigt. Dieser wird auf Grund von Sachwertbelastung durch Auslandsanleihen nach Möglichkeit erhöht.

b) Ein Einlösungsrecht des umlaufenden Papiergeldes zu einem dem Tageswerte entsprechenden Kurse gegen Gold oder andere Goldzahlungsmittel erklärt.

c) Auf Grund des Münzfonds werden Goldnoten ausgegeben, als deren Dekkung Gold, Silber, Edelschmuck, Devisen und diskontierte Goldhandelswechsel dienen. Zur Stärkung des Münzfonds können auch die Vorschläge Minoux' wesentlich beitragen.

d) Nach Einführung der Goldnote und Festlegung der Einstellung des Notendrucks werden die noch im Besitz der Wirtschaft befindlichen oder in sie gelangenden Goldzahlungsmittel für den allgemeinen Verkehr freigegeben.

7. Die Reichsbank bleibt autonom. Die Reichsaufsicht wird aber verstärkt durch eine Umformung des Reichsbankkuratoriums und durch Erweiterung seiner Rechte und Pflichten. Das Kapital der Reichsbank wird erhöht durch Ausgabe von Aktien, die in Gold oder Devisen oder wertbeständigen Belastungen, Goldhypotheken der Landwirtschaft, einzuzahlen sind.

## Anlage 14.

## Richtlinien des Reichsverbandes der Deutschen Industrie zur Errichtung einer Goldnotenbank.

1. Es wird eine vom Reich und der Reichsbank unabhängige Goldnotenbank in Form einer Aktiengesellschaft errichtet.

2. Das Aktienkapital beträgt 500 Millionen Goldmark, von denen durch ein Gründerkonsortium 200 Millionen Goldmark sichergestellt werden. Dem Ausland soll eine Beteiligung bis zu einem Drittel angeboten werden. Den privaten deutschen Besitzern ausländischer Zahlungsmittel soll durch vollständige Wiederherstellung des Bankgeheimnisses und durch die Aussicht auf eine angemessene Verzinsung ein Anreiz zur Hergabe von Devisen gegeben werden.

3. Sitz der Bank in Deutschland. Dagegen sollen sich die Goldbestände und nach Möglichkeit auch die später eingehenden Einlagen in Bankinstituten des neutralen Auslandes befinden.

4. Der Reichsbank bleibt eine angemessene Beteiligung an der Verwaltung sowie eine Option für die Vergrößerung ihres Anteils vorbehalten. Im übrigen sind die Aktionäre hinsichtlich der Verwaltung autonom.

5. Die Bank hat das Recht der Goldnotenemission. Sie ist ermächtigt, bis zum doppelten (dreifachen) Betrage des eingezahlten Aktienkapitals Goldnoten auszugeben, und zwar nach den strengsten Grundsätzen der bankmäßigen Dekkung. Die Noten dürfen daher nur gegen Diskontierung von Goldwarenwechseln oder gegen Einlieferung von Devisen oder Gold ausgegeben werden. Als geeignete

Deckungsmittel sind nicht anzusehen Anleihen, Schuldverschreibungen und sonstige Schuldtitel des Reiches, der Bundesstaaten und der Gemeinden.

Die Goldnoten werden jederzeit gegen Zertifikate, die im Ausland beglaubigte Bescheinigungen über die dort ruhenden Devisenbestände darstellen, eingelöst.

6. Als Werteinheit gilt der Goldtaler, der die Parität des amerikanischen Dollars hat.

7. Der Geschäftskreis der Bank entspricht im übrigen in der Hauptsache dem Geschäftskreis der bisherigen Notenbanken, mit Ausschluß derjenigen Geschäfte, die sich auf die Beleihung von Anleihen, Schuldverschreibungen und sonstigen Schuldtiteln des Reiches, der Bundesstaaten und der Gemeinden beziehen.

8. Die Bank verzichtet darauf, sich auf dem Wege der Abtretung von Steuerhoheitsrechten Mittel zu verschaffen. Als Gegenleistung für die Verleihung des Emissionsrechtes gibt die Bank dem Reiche ein unverzinsliches Golddarlehen für die Dauer ihres Bestehens, sowie einen noch festzusetzenden Anteil am jährlichen Reingewinn. Sie verpflichtet sich ferner, einen weiteren Anteil ihres Gewinnes zur Stützung der Papiermark bis zu deren Außerkraftsetzung aufzuwenden.

## Anlage 15.

## Plan Hilferdings.

1. Der Übergang zu einer wertbeständigen Währung ist solange unmöglich, als das Defizit des Reichshaushalts nicht gedeckt ist. Dagegen ist es möglich, für die Zwischenzeit in begrenztem Umfange ein wertbeständiges Zahlungsmittel zu schaffen.

2. Die Bedürfnisse des Staates machen es erforderlich, für den ungedeckten Teil des Reichshaushalts auch weiterhin Papiernoten auszugeben. Unter diesen Umständen ist es unmöglich, die Einlösbarkeit der Mark in das neue Zahlungsmittel oder einen Zwangskurs der Mark ihm gegenüber festzusetzen, da andernfalls das neue Zahlungsmittel in die Inflation mit hineingerissen und seine Wertbeständigkeit verlieren würde.

3. Das wertbeständige Zahlungsmittel muß in einer Weise eingerichtet werden, daß hierdurch der Übergang zur endgültigen Goldwährung vorbereitet und erleichtert wird. Daher muß abgelehnt werden:

a) das neue Zahlungsmittel auf einer anderen Grundlage als auf Gold zu basieren. Die Basierung auf Gold ist auch deshalb erforderlich, um dem neuen Zahlungsmittel die Anerkennung des Auslandes, insbesondere der angelsächsischen Länder, die für den Kredit des Staates und der Industriewirtschaft unentbehrlich ist, zu verschaffen;

b) ein Verzicht des Staates auf seine Münz- und Finanzhoheit dadurch, daß die neue Notenbank partikularen Organisationen ausgeliefert würde. Die wirtschaftlichen Berufsstände sind in ihrer Gesamtheit juristisch nicht faßbar, auch die Spitzenverbände tragen nur einen losen Charakter. In der wirtschaftlichen Lage des Augenblicks würde die Industrie gegenüber den landwirtschaftlichen Organisationen wirtschaftlich erheblich im Nachteil sein. Die Beteiligung der Arbeiterschaft würde auf große Schwierigkeiten stoßen. Die schnelle Gründung der Notenbank erfordert ferner die rasche Beschaffung eines Goldbestandes. Die freiwilligen Vorbereitungen der Industrie befinden sich in den ersten Anfängen, ihr Fortgang ist zweifelhaft.

4. Die Ausgabe des wertbeständigen Zahlungsmittels muß daher in Gold, in goldwertigen Zahlungsmitteln oder goldwertigen Handelswechseln gedeckt sein.

5. Da die Reichsbank bis zum 20. September ihrerseits zur Goldrechnung

(Goldkredite, Goldguthaben, Ausgabe von Goldzertifikaten) überzugehen plant und damit einen beträchtlichen Teil des Großverkehrs an sich ziehen wird, muß eine enge Verbindunge zwischen ihr und dem neuen Goldnoteninstitut geschaffen werden, um die Gefahr unwirtschaftlicher Konkurrenz zu vermeiden.

6. Zur Einrichtung der Goldnotenbank wird daher folgender Weg vorgeschlagen:

Die Goldnotenbank wird in der Form einer Privat-Aktien-Gesellschaft gegründet. Die Reichsbank beteiligt sich an der Gründung durch Einbringung von X Millionen ihres Goldbestandes. Ein Betrag in der Höhe von 80 vH der Reichsbankbeteiligung wird als weiteres Aktienkapital zur privaten Zeichnung gegen Einzahlung von Gold oder Devisen aufgelegt.

Der gesamte Goldverkehr der Reichsbank wird auf die Goldnotenbank übertragen.

Die Goldnotenbank ist berechtigt, Noten in der doppelten Höhe des eingezahlten Kapitals auszugeben.

7. Um eine Stärkung der Bank zum Zwecke der Hilfeleistung für das Reich zu erzielen, wird eine hypothekarische Belastung der Wirtschaft in Höhe von 5 vH des Kapitalwertes durchgeführt. Doch soll weder der unmittelbare, noch der kapitalisierte Betrag zur Deckung ausgegebener Noten verwendet werden. Auf Grund der eingehenden Erträge soll die Notenbank Goldobligationen ausgeben.

a) Der eine Teil der Goldobligationen soll von der Goldnotenbank als Abgeltung für die Übertragung des Notenrechts dem Reich zur Verfügung gestellt werden.

b) Ein anderer Teil soll dazu dienen, die ausgegebenen Noten gegen ein wertbeständig verzinsliches Anlagepapier einlösbar zu machen.

## Anlage 16.

## Stellungnahme der Reichsbank zu den Leitsätzen des Reichsfinanzministers Dr. Hilferding. (14. September 1923.)

... Wenn wir zunächst absehen von der Komplizierung, die das vorliegende Goldnotenbankprojekt durch den 7. Leitsatz erhält, der unter Heranziehung von Ideengängen des Helfferichschen Projektes auf der Basis einer Belastung der deutschen Wirtschaft die Ausgabe von verzinslichen Goldobligationen durch die neue Währungsbank, ferner die Verwendung dieser Obligationen teilweise zur Einziehung der Goldnoten, zum anderen Teil zur Finanzierung der Reichsbedürfnisse vorsieht, so läuft das neue Projekt im wesentlichen auf folgendes hinaus:

Für eine Zwischenzeit soll von einer zu gründenden privaten Goldnotenbank eine zur Hälfte mit Gold gedeckte Goldnote ausgegeben werden. Die Deckung ist in der Hauptsache aus den Goldvorräten der Reichsbank genommen, zum kleineren Teil aus Gold- oder Deviseneinzahlungen, die der Verkehr für diesen Zweck aufbringen soll. Der gesamte Goldverkehr der Reichsbank soll auf die neue Bank übergehen. Diese neue Goldnote soll wertbeständig erhalten werden, indem das Reich davon absieht (mit Ausnahme der oben erwähnten Goldobligationen), ihren Kredit in Anspruch zu nehmen, vielmehr soll zur Befriedigung des weiteren Kreditbedarfs des Reichs auf die alte Papiermark und auf die Reichsbank zurückgegriffen werden.

Wir haben gegen diese Vorschläge nachstehende schwere Bedenken zu erheben:

1. Der Versuch, die Finanzbedürfnisse des Reichs weiterhin bei der Reichsbank durch ungehinderten Druck von Papiermark zu befriedigen, nachdem von

der Reichsbank ein Teil ihres Goldbestandes und ihre gesamten sonstigen wertbeständigen Anlagen abgezogen worden sind, ist aussichtslos. Schon das jetzige Verfahren muß bei dem lawinenartigen Anschwellen der schwebenden Schuld in kurzer Frist zur Unverwertbarkeit der Mark führen. Bei dem neuen Projekt, wo der Reichsbank die wertvollsten Teile ihrer Aktiven und der gesetzlichen Deckung ihrer bisherigen Noten entzogen werden sollten, würde der vollständige Zusammenbruch der Papiermark, ihre Unverkäuflichkeit im Ausland und ihre allgemeine Repudiation im Inland in dem gleichen Augenblick eintreten, wo dieser Versuch verwirklicht würde. Damit würde das Reich sich die letzte Möglichkeit, seine immer mehr anschwellenden Kreditbedürfnisse zu decken, selbst zerstören.

2. Die neue Goldnotenbank würde nicht der deutschen Volkswirtschaft als ganzem zugute kommen, sondern höchstens beschränkten Kreisen, die sich ohne Schaden auf die reine Goldbasis einstellen können. Die Wirtschaft, welche heute noch Papiermarkwerte besitzt, würde auch den letzten Rest von Wert ihres in Mark bestehenden Besitzes einbüßen und nicht in der Lage sein, sich dafür die Goldnote zu beschaffen. Besonders gilt dies für die Arbeiterschaft und Beamtenschaft. Es würden also weder die Bedürfnisse des Reiches befriedigt, noch für die deutsche Volkswirtschaft als ganzes ein wirklicher Nutzen geschaffen.

3. Die Entnahme der Goldwerte aus der Reichsbank und ihre Überführung in das neue Institut würde, auch wenn sie im Wege der Reichsgesetzgebung erfolgte, auf eine Vergewaltigung der Reichsbank und auf die völlige Vernichtung der Reichsbank und der Reichsbanknote hinauslaufen. Das Bankgesetz beruht auf einer Kombination von Gesetz und dem Gesellschaftsvertrag mit den Anteilseignern. Das Bankgesetz würde daher, insbesondere in einem so fundamentalen Punkte ohne Zustimmung der Generalversammlung der Anteilseigner während der Dauer des Privilegs nicht abgeändert werden können (vgl. das Gutachten des Reichsjustizamts vom 19. August 1889, Nr. 2234), und es unterliegt keinem Zweifel, daß die Generalversammlung ihre Zustimmung zu einer solchen Vernichtung der Reichsbank niemals geben würde. Würde ein solches Gesetz gegen den Widerspruch der Generalversammlung beschlossen, so würde damit vor aller Welt sichtbar eine gewaltsame Enteignung ohne angemessenes gleichwertiges Entgelt — die Aktien der neuen Bank wären kein solches Entgelt — vorgenommen und die neue Währungsbank auf einen offenbaren Rechtsbruch gegründet werden. Wir müßten gegen einen derartigen Versuch unseren feierlichen Widerspruch erheben. Die Reichsbank würde aber auch gezwungen sein, jede weitere Kreditgewährung an das Reich sofort einzustellen.

Es liegt auf der Hand, daß eine derartige Vergewaltigung der Privatrechte in einem so eklatanten Fall wie dem der Zentralnotenbank das Vertrauen in die Regierung aufs schwerste erschüttern müßte, die sich zu solchen Schritten hergeben würde, nicht minder aber auch das Vertrauen in die neue Notenbank. Denn es erhebt sich dabei auch die Frage, ob nicht nach der alsbald zu erwartenden völligen Aussaugung und endgültigen Vernichtung der Reichsbank der neuen Notenbank ein ähnliches Schicksal beschieden sein würde. Das Ausland würde jedenfalls einer Entwicklung nicht mit Vertrauen gegenüberstehen können, an deren Anfang offener Rechtsbruch und die Vergewaltigung wohlerworbener Privatrechte, und zwar inländischer und ausländischer (sowohl der Anteilseigner, wie der Noteninhaber wie auch der sonstigen Gläubiger der Reichsbank), gesetzt ist. Endlich würde für die Entente ein willkommener Vorwand geschaffen, die zwangsweise Enteignung des Goldbesitzes der Reichsbank für Reparationszwecke zu fordern, mindestens mit dem gleichen Schein von Recht würde sie wohl diese Enteignung im Gesetzesweg durchsetzen können, wie die Regierung die Enteignung für die Zwecke der neuen Bank durchführen könnte.

Wir sind mit dem Herrn Reichsfinanzminister der Ansicht, daß ohne Aufschub die entscheidende Remedur unserer Geldverhältnisse in die Hand genommen werden muß. In allen Sachverständigenkreisen des Inlandes wie des Auslandes, insbesondere aber bei allen Mitgliedern der Reichsregierung, kann kein Zweifel darüber bestehen, daß das ungehemmte lawinenartige Anschwellen der vom Reich bei der Reichsbank entnommenen ungedeckten Kredite das entscheidende Moment für die Zerrüttung unserer Währung ist, und daß daher das Problem das ist: Wie kann der durch Steuern usw. und Anleihen nicht zu deckende Staatsbedarf befriedigt werden ohne Inanspruchnahme der Emissionsbank, welche für die Landeswährung verantwortlich ist.

Es ist zuzugeben, daß an sich theoretisch hier zwei Möglichkeiten sich bieten. Entweder: Man löst die Reichsfinanzen von der Reichsbank los und verweist das Reich auf Einnahmen durch eigene Geldschöpfung. Diesen Weg beschreitet das Helfferichsche Projekt. Oder: Man schafft ein neues, von den Reichsfinanzen getrenntes Währungsinstitut und sucht den Reichsbedarf, so gut und so lange es noch geht, mit Hilfe der alten Noten zu befriedigen.

Wenn die uns vorliegenden Leitsätze den letzteren Weg, wenigstens ungefähr, einschlagen, so ist der Grund hierfür anscheinend der, daß man glaubt, ein wertbeständiges Geld lasse sich nur auf einer ganz neuen Basis schaffen, und die Reichsbanknote sei auf jeden Fall der völligen Entwertung ausgesetzt, und ferner, man könne gleichzeitig mit Beschreitung dieses Weges die Finanzbedürfnisse des Reiches doch noch mittels der Papiermark, der Reichsbanknote, auch weiterhin befriedigen.

Die letztere Annahme ist, wie wir oben bereits zeigten, nicht zutreffend. Die Entziehung eines wesentlichen Teils der letzten Bestände der Reichsbank macht den Versuch, mittels der von ihr dann noch auszugebenden, gänzlich entwerteten und unverkäuflichen Wertzeichen den Bedarf des Reiches zu befriedigen, von vornherein alsbald unmöglich. Die Repudiation der Papiermark im In- und Ausland wäre die sofortige unvermeidliche Folge.

Nicht zutreffend erscheint uns aber auch die Annahme, daß nur durch ein von der Reichsbanknote losgelöstes Geld eine wertbeständige Währung geschaffen werden könnte. Nicht auf Loslösung der Währung von der Reichsbank und von der Reichsbanknote kommt es an, sondern auf Loslösung der Reichsbank von dem Kreditbedarf des Reiches. Erfolgt diese Trennung, d. h. wird eine Garantie geschaffen, daß das Reich nicht mehr die Reichsbank in Anspruch nimmt, und wird gleichzeitig eine andere geeignete Einnahmequelle für das Reich eröffnet, so ist der Grad von Wertbeständigkeit und Stabilität für die Reichsbanknote ohne weiteres geschaffen, der im günstigsten Fall durch eine neue Goldnotenbank geschaffen werden könnte.

Es bleiben allerdings die allgemeinen Bedenken: die Ungelöstheit des Reparationsproblems und die Passivität unserer Handels- und Zahlungsbilanz. Diese stehen jedem von Deutschland ausgegebenen Geldzeichen — vor allem im Auslande — zunächst im Weg, auch der Goldnote. Trotzdem glauben auch wir, daß nicht gewartet werden kann und darf, bis diese beiden Fragen gelöst sind, daß man sich vielmehr mit dem begnügen muß, was unter den jetzigen Umständen sich überhaupt erreichen läßt, und daß man dabei den Nachteil, daß die Wertbeständigkeit nur eine relative, begrenzte ist, in Kauf nehmen muß. Diese überhaupt erreichbare Wertbeständigkeit und Stabilität ist aber für die Reichsbanknote ohne weiteres möglich, sobald die weitere Kreditgewährung an das Reich aufhört. Damit würde auch alsbald das Vertrauen in die Reichsbanknote wieder hergestellt. Denn nur jene Kreditgewährung, die in der fortwährenden Vervielfachung des Notenumlaufs zum Ausdruck kommt, bedingt die sich täglich überstürzende Entwertung der Papiermark. Naturgemäß hat die Reichsbank sich dann darauf zu beschränken, auf streng kaufmännischer Grundlage wirklich kurzfristige Kredite nach den gesunden Grundsätzen der Vorkriegszeit zu gewähren, diese Kredithergabe auf das notwendigste Maß einzuschränken und durch die dann wieder wirksam werdende Diskontpolitik zu regulieren. Ob alsdann die Stabilisierung, die eben in dieser Stillegung der Notenpresse selbst schon erreicht ist, auf der Basis des 1-Millionen-fachen oder des 25-Millionen-fachen der Goldparität erfolgt, ist nicht die entscheidende Frage. Im übrigen könnte alsdann demnächst eine Kontraktion des durch die großen Zahlen angeschwollenen Notenumlaufs durch Einlösung in Noten herabgesetzten Nennwertes (Denomination) ohne besondere Schwierigkeiten vorgenommen werden. In diesem Zeitpunkt könnte auch mit Aussicht auf Erfolg an eine Stärkung der Deckungsgrundlage der Reichsbank durch Erhöhung ihres Grundkapitals gegen Einzahlung von Gold oder Devisen herangegangen werden.

Diese Regelung hat den großen Vorteil, daß sie der ganzen deutschen Volkswirtschaft, die im Besitz der Papiermark ist, und die aufs engste an ihr interessiert ist, bis in die kleinsten Kanäle hinein zugute kommt. Die Volkswirtschaft als ganzes profitiert von der Stabilisierung der Papiermark. Anders bei dem neuen Projekt, wo die große Frage entsteht: Wie soll die Goldnote ohne neue Inflation in die Hände der gesamten Wirtschaft, in die Hände der großen Massen kommen?

Die Basis der neuen Goldnotenbank wäre bei dem geringen aus dem freien Goldbestand der Reichsbank oder sonst zu beschaffenden Grundkapital viel zu schmal, um auch nur im Entferntesten dem Bedürfnis des In- und Auslandsverkehrs zu genügen. Die ausgegebenen Noten würden alsbald ins Ausland abfließen oder im Inland thesauriert werden.

Nach alledem kommen wir zu dem Schluß: Das vorliegende Goldnotenprojekt bringt nicht den Nutzen für die deutsche Wirtschaft, den es bringen soll und muß; es macht ferner die Befriedigung der Staatsfinanzbedürfnisse durch Vernichtung des letzten Wertes der Papiermark unmöglich, und es läßt endlich die Frage offen: Womit will das Reich in dem alsdann bereits unmittelbar bevorstehenden Augenblick sich helfen, wenn die völlige Vernichtung der Papiermark als Folge dieser Maßnahme eingetreten ist? Soll man hoffen, daß bis zu diesem Zeitpunkt, der unmittelbar vor der Tür stehen würde, es gelungen ist, dauernd die Finanzierung des Reichsbedarfs auf einer anderen Basis sicherzustellen? Niemand wird daran glauben. Damit erhebt sich, nicht etwa im fernen Hintergrund, sondern unmittelbar, die Frage: Wie wird die neue Bank sich gegenüber den Bedürfnissen des Reiches wahren können?

In den uns vorliegenden Leitsätzen ist diese Frage überdies bereits ganz besonders in den Vordergrund gerückt dadurch, daß alsbald eine „Hilfeleistung für das Reich“ durch die neue Goldnotenbank, und zwar mittels Goldobligationen, vorgesehen ist (Leitsatz 7). Diesen Goldobligationen sollen lediglich die Zinseingänge aus der Hypothezierung der deutschen Wirtschaft als Deckung dienen. Man wird sich sagen, daß auf diesem Weg fortgeschritten werden könnte, und daß das Reich eine fortgesetzte und steigende „Hilfe“ durch die Goldnotenbank beanspruchen könnte, wobei im übrigen die Frage des Kurses und der Verwertbarkeit dieser verzinslichen Obligationen zur Deckung des Reichsbedarfs noch gänzlich offen bliebe.

Wenn schließlich noch eine Einlösung der Noten durch diese Goldobligationen vorgesehen ist, so scheint uns damit nicht nur nichts gewonnen, sondern von vornherein ein Moment der Diskreditierung in die Bank hereingetragen. Denn im Gegensatz zu dem Helfferichschen Projekt tendiert die Goldnotenbank von vornherein auch nach dem Ausland. Auch bedarf es einer Einlösung nicht, wenn eine gesicherte, unantastbare Notendeckung vorhanden ist, und die völlige Trennung von den Staatskreditbedürfnissen sichergestellt ist.

Wir können daher nur erklären, daß der hier aufgezeichnete Versuch keine Abhilfe für die Not unserer Verhältnisse schafft, sondern im Gegenteil nicht nur die Reichsbank völlig vernichtet, sondern auch für die gesamte Volkswirtschaft und auch die Reichsfinanzen zum beschleunigten Zusammenbruch führen muß.

Demgegenüber bietet das Helfferichsche Projekt in der von uns angeregten Gestaltung tatsächlich einen gangbaren Weg, wie der im Vordergrund stehende Bedarf des Reiches befriedigt werden kann und gleichzeitig im Interesse der gesamten Volkswirtschaft die Stabilisierung der bestehenden Währung möglich ist. Indem wir auf unser Schreiben vom 11. September 1923 Bezug nehmen[1], empfehlen wir nochmals dringend, ohne weiteren Zeitverlust dieses Projekt mit den von uns vorgeschlagenen Modifikationen der Verwirklichung zuzuführen.

Wir haben unsere im Vorstehenden und in unserem Schreiben vom 11. September dargelegte Stellungnahme zu dem Währungsproblem in eine Anzahl kurzer Leitsätze zusammengefaßt, die wir in der Anlage ergebenst beifügen.

## Leitsätze der Reichsbank zur Währungsreform.

1. Die sich überstürzende Entwertung der Reichsbanknote beruht in der Hauptsache auf der übermäßigen Inanspruchnahme durch das Reich und auf den Krediten, die die Bank aus politischen Gründen auf dringenden Wunsch der Reichsregierung gegeben hat. An diesem Punkt muß also die Reform einsetzen. Jede Reform, die die weitere Inanspruchnahme der Bank durch das Reich nicht beseitigt, ist wertlos.

2. Die augenblickliche Krise, die das allgemeine Verlangen nach einer Währungsreform hervorgerufen hat, besteht darin, daß sich die Entwertung der Reichsbanknote zu einem Grade gesteigert hat, der sich der Wertvernichtung nähert. Der Zeitpunkt steht nahe bevor, an dem die Papiermark im Inlande von immer weiteren Kreisen abgelehnt, im Ausland aber ihr Kurs gestrichen wird. Das würde die allgemeine Katastrophe bedeuten. Eine Reform muß daher bestrebt sein, dieser Entwicklung Einhalt zu gebieten, nicht sie zu beschleunigen. Das Bestreben muß dahin gehen, die Reichsbanknote wieder wertbeständig zu machen.

3. Dies ist möglich. Nimmt man die einmal eingetretene Entwertung der Reichsbanknote als gegeben hin, so ist die Lage der Bank eine völlig gesunde, sobald die unter 1 erwähnte inflationistische Kreditgewährung aufhört. Wenn die Reichsbank nur noch Kredite an die Privatwirtschaft nach den soliden Grundsätzen der Vorkriegszeit gewährt, so stellt sich das Vetrauen zur Reichsbanknote in kurzer Zeit wieder her, und sie erreicht den Grad von Wertbeständigkeit, der unter den heutigen Verhältnissen, insbesondere unter unseren gegenwärtigen politischen, wirtschaftlichen und finanziellen Beziehungen zum Ausland überhaupt möglich ist. Einem Mißbrauch des Reichsbankkredits durch die Privatwirtschaft wird durch die Entwertungsklausel vorgebeugt.

4. Sobald dieser Zustand erreicht ist, ist auch der Zeitpunkt für eine Herabsetzung des Nennwertes der Banknote (Denomination) gekommen. Diese bietet den Vorzug einer gewaltigen Vereinfachung des Geschäftslebens und einer Klarstellung unserer wirtschaftlichen Verhältnisse, die heute ihr wahres Gesicht hinter den gigantischen Ziffern der Inflation verbergen. Dann kann auch mit Aussicht auf Erfolg versucht werden, die Aktionsfähigkeit der Reichsbank durch Heranziehung weiterer Goldwerte im Wege der Erhöhung des Grundkapitals zu steigern.

5. Das Goldnotenbankprojekt leidet dem gegenüber an folgenden Mängeln:

[1] Vgl. Anlage 9.

a) Es hilft dem gegenwärtigen Notstand in keiner Weise ab. Die Goldnote wird zur Deckung des Bedarfs an Umlaufsmitteln bei weitem nicht ausreichen. Sie gelangt überhaupt nicht in die Hände derjenigen Kreise, die heute unter der zunehmenden Entwertung der Reichsbanknote leiden. Sie kommt nur den Kreisen zugute, die sich ohnehin schon auf die Wertbeständigkeit einzustellen verstanden haben.

b) Das Reich muß seine Finanzierung weiterhin durch uferlose Kreditentnahme bei der Reichsbank bewirken. Das ist aber unmöglich. Durch die Schaffung der Goldnotenbank, die der Reichsbanknote ihre wichtigste Wertunterlage entzieht, wird die Reichsbanknote völlig vernichtet. Ihre immer allgemeinere Repudiation ist eine Frage von Wochen oder Tagen. Dann ist das Reich zahlungsunfähig und unter dem Zwange der absoluten Not genötigt, sich alsbald an der neuen Bank zu vergreifen.

c) Aus den vorentwickelten Gründen ist das Projekt für die Reichsbank, deren Vernichtung es bedeutet, völlig unannehmbar. Es könnte nur im Wege des Zwanges durchgeführt werden; damit würde aber auch die neue Bank von vornherein unheilbar diskreditiert. Denn wenn sie ihre Existenz einer Vergewaltigung der bestehenden Zentralnotenbank verdankt, so wird jedermann — im In- und Auslande — der Überzeugung sein, daß ihr selbst in nicht zu ferner Zeit das gleiche Schicksal bevorsteht.

6. Die Reichsbank hat nach alledem in Aussicht genommen, die Diskontierung der Reichsschatzanweisungen nach einer gewissen Übergangszeit einzustellen. Sie hat davon die Reichsregierung mit Schreiben vom 18. August d. Js. in Kenntnis gesetzt.

7. Das Reich kann zunächst der neuen Geldschöpfung nicht entbehren; dabei darf es sich aber nur noch um eine Übergangszeit handeln. Denn wenn das Reich dauernd nicht imstande ist, seine Finanzen in Ordnung zu bringen, sind alle Bestrebungen vergebens, die Lage ist hoffnungslos. Die Wege dieser Geldschöpfung zu finden, ist Aufgabe des Reiches und seiner eigenen Organe; der Reichsbank kann es sich hierbei nur als Ratgeberin bedienen. Dies vorausgeschickt, sei hier noch folgendes bemerkt:

8. Als nächstliegender Weg bietet sich die Kreierung eigenen Geldes (Kassenscheine) durch die Reichsfinanzverwaltung. Die Bedenken gegen diesen Schritt liegen auf der Hand und brauchen hier nicht erörtert zu werden. Trotzdem muß der Weg beschritten werden, wenn kein anderer sich findet.

9. Einen besseren Weg weist nach Ansicht des Reichsbank-Direktoriums der Grundgedanke des — erheblich umzugestaltenden — Helfferichschen Projekts. Das Projekt hat folgende Vorzüge:

a) Ein neues Zahlungsmittel zu schaffen, das in der durch Rentenbriefe mobilisierten Hypothezierung und Rentenbelastung des deutschen Privatbesitzes zwar keine notenbankmäßige, aber doch eine wertvolle und wertbeständige reale Unterlage und Deckung besitzt.

b) Diesem Zahlungsmittel eine gewisse Einlösbarkeit (durch die Rentenbriefe) zu sichern.

c) An Stelle der Reichsbank, die hierzu nicht imstande ist, die ganze deutsche Wirtschaft zum Träger der Reichsfinanzierung bis zu dem Zeitpunkte, wo das Reich wieder auf eigenen Füßen stehen kann, zu machen.

d) Dem Reich selbst die Zeit und Möglichkeit zu gewähren, mit aller Energie an die Schaffung der finanziellen und wirtschaftlichen Voraussetzungen für eine wirklich wertbeständige Währung zu gehen.

e) Gleichzeitig wird, wie oben dargelegt, das Vertrauen zur Reichsbanknote gestärkt und die Reichsbank in die Lage versetzt, sich für die endgültige Währungsform tragfähig zu machen.

10. Bei dieser Konstruktion ist es eine Frage zweiten Grades, ob das Helfferichsche Projekt auf Gold oder Roggen abgestellt werden soll. Das Projekt selbst ist in folgenden Punkten abzuändern:

a) Die Tätigkeit der Währungsbank ist auf Finanzierung des Reiches mit Hilfe der neuen Banknote zu beschränken.

b) In diesem Falle können die Berufsstände mit nur 3 (anstatt 5) vH des Wehrbeitragswertes (Kapital) belastet werden.

c) Die Annuität kann alsdann auf 6 vH von diesen 3 vH erhöht werden; auch so beträgt sie nur 1,8 vT statt bei Helfferich 2,5 vT des Wehrbeitragswertes. Diese Annuität ist aber wirklich zu zahlen und darf nicht gegen die etwaigen Gewinne der Bank aufgerechnet werden.

d) Aus der Spannung zwischen dieser Annuität und dem Zins der Rentenbriefe und aus den Zinserträgnissen der dem Reich gewährten Kredite ergibt sich die Möglichkeit einer starken, Vertrauen schaffenden und Kurs haltenden Amortisation der Rentenbriefe und Noten.

e) Ein festes Wertverhältnis zwischen den Noten der neuen Bank und der Reichsbank darf nicht erzwungen werden. Die gegenseitige Wertbildung ist dem freien Verkehr zu überlassen.

11. Wollen die Berufsstände auf Grund dieser Änderungen die neue Bank nicht gründen oder trägt das Reich aus politischen Ursachen Bedenken, ihnen die Gründung der Bank zu überlassen, so kann das Reich den Gedanken selbst durch Gründung einer eigenen Reichsrentenbank verwirklichen. Eine solche Bank bietet gegenüber der privaten Bank der Berufsstände mehrfache Nachteile. Sie ist aber immer noch sehr viel besser und empfehlenswerter als der unter 8. besprochene Weg der Schaffung ungedeckten Reichspapiergeldes.

## Anlage 17.

## Plan des Reichsernährungsministers Dr. Luther.

§ 1.

Die wirtschaftlichen Berufsstände des Reiches, Landwirtschaft, Industrie, Gewerbe und Handel einschließlich des Transport- und Bankgewerbes errichten zum Zwecke der Schaffung eines neuen Geldes, der Bodenmark, die Währungsbank. Die Währungsbank hat ihren Sitz in Berlin. Sie hat die Eigenschaft einer juristischen Person.

§ 2.

Das Kapital der Währungsbank beträgt 2400 Millionen Bodenmark; es wird zu gleichen Teilen von der Landwirtschaft einerseits und von Industrie, Gewerbe und Handel andererseits aufgebracht. Der städtische Grundbesitz ist nach Maßgabe der Aufhebung der Zwangswirtschaft zum Zwecke der Verstärkung des Kapitals der Währungsbank heranzuziehen.

§ 3.

Satzung.

§ 4.

Die Währungsbank ist, soweit nicht in dieser Verordnung oder in der Satzung etwas anderes bestimmt ist, in der Verwaltung und Geschäftsführung selbständig, desgleichen in der Anstellung des Personals. Die Wahl des Präsidenten der Bankverwaltung bedarf der Genehmigung der Reichsregierung. Die Spitzenverbände haben der Reichsregierung drei Personen für das Amt des Präsidenten vorzuschlagen. Werden sämtliche Vorschläge abgelehnt, so ernennt die Reichsregierung den Präsidenten nach Anhörung des Reichsrats. Ein vorläufiger Präsident wird von der Reichsregierung ernannt.

§ 5.

Steuerfreiheit.

§ 6.

(1) Die Währungsbank erwirbt an den Grundstücken, die dauernd land-, forstwirtschaftlichen oder gärtnerischen Zwecken dienen und der Besteuerung nach dem Gesetz über die Besteuerung der Betriebe vom 11. August 1923 (RGBl. Teil I, S. 769) unterliegen, in Höhe von 3 vH des Wehrbeitragswertes eine auf Goldmark lautende Grundschuld. Die Grundschuld geht, soweit nicht mit anderen Staaten getroffene Vereinbarungen entgegenstehen, allen anderen Lasten im Range vor.

(2) Soweit der Rang der Grundschuld infolge eines aus Anlaß des Vertrages von Versailles mit anderen Staaten geschlossenen Abkommens für andere Zwecke in Anspruch genommen werden sollte, treten die Grundschulden im Range zurück, jedoch nicht bis über das $12^1/_2$fache des Wehrbeitragswertes.

(3) Bei der Berechnung der Grundschuld in Goldmark wird für je 2790 Mark des Wehrbeitragswertes ein Kilogramm Feingold angesetzt.

(4) Wehrbeitragswert ist der Wert, der auf Grund des Wehrbeitragsgesetzes oder des Gesetzes über Steuernachsicht für das Grundstück ohne Abzug von Schulden und Lasten endgültig zugrunde gelegt worden ist oder, wenn eine Veranlagung zum Wehrbeitrag nicht stattgefunden hat, zugrunde zu legen gewesen wäre.

(5) Das Kapital der Grundschuld ist mit 6 vH jährlich zu verzinsen. Die Zinsen sind vom Tage des Inkrafttretens dieser Verordnung ab am 1. April und 1. Oktober jedes Jahres, zum ersten Male am 1. April 1924, innerhalb dreier Tage nach Fälligkeit nach Goldwert in den gesetzlichen Zahlungsmitteln zu entrichten. Die Währungsbank bestimmt die Zahlungsstelle. Für die Berechnung des Goldwertes ist der letzte vom Reichswirtschaftsminister auf Grund des § 2 der Verordnung zur Durchführung des Gesetzes über wertbeständige Hypotheken vom 29. Juni 1923 (RGBl. Teil I, S. 482) im Reichsanzeiger bekanntgegebene Londoner Goldpreis maßgebend. Die Umrechnung in Bodenmark erfolgt nach der Anordnung der Währungsbank.

(6) Das Kapital der Grundschuld ist beiderseits unkündbar.

(7) Wegen der Zinsforderung findet auf Antrag der Währungsbank die sofortige Zwangsvollstreckung statt. Der Antrag ersetzt den vollstreckbaren Titel. Auf Ersuchen der Währungsbank hat die örtlich zuständige landschaftliche oder ritterschaftliche Kreditanstalt, oder falls eine solche nicht vorhanden ist, eine andere hierfür nach der Verordnung der Reichsregierung geeignete Stelle die Zwangsverwaltung zu übernehmen.

§ 7/8.

Einzelheiten betreffs Grundstückbelastung.

§ 9.

Die industriellen, gewerblichen und Handelsbetriebe werden, soweit sie der Besteuerung nach dem Gesetz über die Besteuerung der Betriebe vom 11. August 1923 (RGBl. Teil I, S. 769) unterliegen, in ihrer Gesamtheit zugunsten der Währungsbank mit demselben Betrage in Goldmark belastet, wie die Gesamtheit der dauernd landwirtschaftlichen, forstwirtschaftlichen oder gärtnerischen Zwecken dienenden Grundstücke. Diese Last ist durch die Organisationen der Industrie, des Gewerbes und des Handels auf die einzelnen Unternehmer der bestehenden Betriebe umzulegen. Ist die Umlegung durch die Organisationen innerhalb eines Monats seit Inkrafttreten dieser Verordnung nicht durchgeführt, so hat die Reichsregierung die Last ihrerseits umzulegen.

Ist der Unternehmer Eigentümer eines dem Betriebe dienenden Grundstückes, so erwirbt die Währungsbank an diesem Grundstück in Höhe von 3 vH des Wehrbeitragswertes, aber nicht über den Umlagebetrag hinaus eine auf Goldmark lautende Grundschuld. Die Grundschuld geht, soweit nicht mit anderen Staaten getroffene Vereinbarungen entgegenstehen, allen anderen Lasten im Range vor. Die Vorschriften des § 2, Abs. 2—5 und Abs. 7, Satz 1 sowie der §§ 3 und 4 finden Anwendung.

Soweit die auf den einzelnen Unternehmer entfallende Last durch eine Grundschuld nicht gedeckt ist, ist der Währungsbank eine auf Goldmark lautende Schuldverschreibung des Unternehmers auszuhändigen. Der Anspruch aus der Schuldverschreibung geht in Ansehung der Befriedigung aus dem Vermögen des Schuldners allen anderen Verpflichtungen im Range vor, soweit nicht mit anderen Staaten getroffene Vereinbarungen bestehen. Kommt der Unternehmer dieser Verpflichtung innerhalb einer Frist von zwei Wochen seit Aufforderung nicht nach, so hat auf Antrag der Währungsbank die Reichsregierung oder die von ihr zu bezeichnende Stelle einen Vertreter zu bestimmen mit der Ermächtigung, die Schuldverschreibung mit Wirkung für den Unternehmer auszustellen und der Währungsbank auszuhändigen.

Wird das Unternehmen veräußert, so haftet aus der Schuldverschreibung neben dem Veräußerer der Erwerber; die Währungsbank kann den Erwerber oder den Veräußerer aus der Verpflichtung entlassen.

Die Unternehmer sind berechtigt, sich nach vorheriger Zustimmung der Reichsregierung von der Belastung mit der Grundschuld, der Verpflichtung zur Aushändigung der Schuldverschreibung sowie der Verpflichtung aus der ausgehändigten Schuldverschreibung durch Leistung von Gold oder Zahlungsmitteln in ausländischer Währung zu befreien.

Unternehmer neu entstehender Betriebe sind in entsprechender Weise zum Zwecke der Verstärkung des Kapitals heranzuziehen.

§ 10.

Betreffs Eintragung der Grundschuld in das Grundbuch.

§ 11.

An dem Kapital der Währungsbank sind die Eigentümer der belasteten Grundstücke und die Inhaber der belasteten Betriebe in dem Verhältnis der von ihnen eingebrachten Grundschulden, Schuldverschreibungen, Goldbeträge und Zahlungsmittel in ausländischer Währung beteiligt.

Anteilscheine werden nicht ausgefertigt. Die Anteile sind nur mit Genehmigung der Währungsbank übertragbar. Die Vertretung der Anteilsrechte wird in der Satzung der Währungsbank geregelt.

§ 12.

Die Währungsbank stellt auf Grund der für sie begründeten Grundschulden und der ihr übergebenen Schuldverschreibung Rentenbriefe aus. Die Rentenbriefe lauten auf 500 Goldmark oder ein Vielfaches davon.

Die Rentenbriefe sind mit 5 vH jährlich verzinslich und können nach Ablauf von fünf Jahren von der Währungsbank zur Rückzahlung zu ihrem Nennwert im ganzen oder in Serien aufgekündigt werden. Eine frühere Aufkündigung ist nur im Falle der Liquidation zulässig.

In Ansehung der Befriedigung aus den für die Währungsbank begründeten Grundschulden und den der Währungsbank ausgehändigten Schuldverschreibungen gehen die Forderungen der Rentenbriefgläubiger den Forderungen aller anderen Gläubiger der Währungsbank vor.

Verringert sich die Deckung, so ist der entsprechende Betrag von Rentenbriefen zu vernichten.

§ 13.

Die Rentenbriefe dienen als Deckung für die von der Währungsbank auszugebenden Geldzeichen.

Die Werteinheit dieser Geldzeichen ist die Bodenmark, die in 100 Bodenpfennige eingeteilt ist.

§ 14.

Auf Grund je eines über 500 Goldmark lautenden Rentenbriefes dürfen Geldzeichen im Betrage von 500 Bodenmark ausgegeben werden.

Soweit die im Absatz 1 vorgesehene Deckung nicht vorhanden ist, ist die Ausgabe von Geldzeichen nicht gestattet.

Auf die Geldzeichen finden die Vorschriften des § 4, Abs. 2 und 3, § 5 und § 59, Abs. 1, Ziff. 3 des Bankgesetzes entsprechende Anwendung.

§ 15.

Die Währungsbank ist verpflichtet, die von ihr ausgegebenen Geldzeichen jederzeit auf Verlangen derart gegen ihre Rentenbriefe einzulösen, daß auf 500 Bodenmark ein Rentenbrief über 500 Goldmark mit Zinsenlauf vom nächsten Fälligkeitstermin ab gewährt wird.

§ 16.

Die Währungsbank ist verpflichtet, gegen Einlieferung eines Rentenbriefes über 500 Goldmark mit Zinsenlauf vom nächsten Fälligkeitstermin ab dem Einlieferer 500 Bodenmark zu verabfolgen.

§ 17.

Die Währungsbank darf bankmäßige Geschäfte nur mit dem Reich machen. Sie ist ermächtigt, während der nächsten zwei Jahre dem Reiche auf Bodenmark lautende und vorbehaltlich der Bestimmung im § 20 in Goldmark verzinsliche Darlehen bis zum Höchstbetrage von 2 Milliarden Bodenmark zu gewähren. Bürgschaften darf die Währungsbank für das Reich nicht übernehmen.

Nach Ablauf der zwei Jahre tritt die Währungsbank in Liquidation. Die Vorschriften des Handelsgesetzbuchs über die Liquidation der Aktiengesellschaften finden entsprechende Anwendung.

§ 18.

Die Währungsbank ist verpflichtet, jährlich mindestens 3 vH des Wertes der ausgefertigten Rentenbriefe einem Tilgungskonto zuzuführen.

§ 19.

Der bilanzmäßige Reingewinn der Währungsbank wird wie folgt verwandt:

1. Den Anteilseignern wird bis zur Höhe von 3 vH des Wertes der von ihnen eingebrachten Grundschulden, Schuldverschreibungen, Goldbeträge und Zahlungsmittel in ausländischer Währung zugeführt. Soweit die Einlagen in Grundschulden und Schuldverschreibungen bestehen, wird der verfügbare Betrag aus dem Reingewinn eines Jahres auf die erste Halbjahrszinsleistung des folgenden Jahres verrechnet.

2. Von dem Restbetrag werden $^3/_4$ zur Verstärkung des Tilgungskontos verwendet; über das letzte Viertel verfügt die Währungsbank nach Maßgabe der Satzung.

§ 20.

Auf Grund der ihr erteilten Ermächtigung (§ 17) stellt die Währungsbank dem Reiche sofort ein zinsloses Darlehen von 300 Millionen Bodenmark zur Verfügung. Das Reich verwendet diese Summe zur Einlösung oder Teileinlösung seiner bei der Reichsbank diskontierten Schatzanweisungen.

§ 21.

Die Reichsbank ist verpflichtet, die ihr aus der Gewährung des Darlehns von 300 Millionen zufließenden Beträge in Bodenmark in der Weise zu verwenden, daß sie sich zur Einlösung der umlaufenden Reichsbanknoten bereit erklärt.

Das der Einlösung zugrunde zu legende Wertverhältnis wird von der Reichsregierung im Einvernehmen mit der Reichsbank und der Währungsbank bestimmt und im RGBl. bekannt gemacht.

§ 22.

Reicht die Summe von 300 Millionen Bodenmark nicht aus, um sämtliche zur Zeit des Inkrafttretens dieser Verordnung umlaufenden Reichsbanknoten nach Maßgabe des im § 21, Abs. 2 festgesetzten Wertverhältnisses einzulösen, so ist auf Grund der Ermächtigung des § 17 ein verzinsliches Zusatzdarlehen nachzusuchen und zu gewähren. Die Vorschrift des § 21 findet Anwendung.

§ 23.

Das Reich wird bei der Reichsbank Schatzanweisungen nicht mehr diskontieren.

§ 24.

Gesetzliche Zahlungsmittel sind fortan:

a) die Reichsbanknoten und anderen gesetzlichen Zahlungsmittel, soweit sie sich bei Inkrafttreten dieser Verordnung im Umlauf befinden,

b) die Bodenmark in der Weise, daß sie nach Maßgabe des auf Grund des § 21, Abs. 2 festgestellten Wertverhältnisses ein Vielfaches der Reichsmark darstellt.

§ 25.

Im Falle der Wiederherstellung der Goldwährung und einer Rückzahlung der von der Währungsbank dem Reiche gewährten Darlehen kann das Reich das Recht der Währungsbank zur Ausgabe von Geldzeichen aufheben und die Einziehung der umlaufenden Geldzeichen durch die Währungsbank verlangen.

Die Währungsbank ist in diesem Falle berechtigt, entweder zu liquidieren oder sowohl die zu ihren Gunsten eingetragenen Grundschulden und die ihr ausgehändigten Schuldverschreibungen als auch die von ihr ausgestellten Rentenbriefe in Goldwährung zu konvertieren.

Im Falle der Auflösung der Währungsbank sind vorweg die auf das Kapital gemachten Einlagen zurückzuzahlen.

Ein etwa verbleibender Überschuß wird zur Hälfte nach der Bestimmung der an der Errichtung der Währungsbank beteiligten Organisationen der wirtschaftlichen Berufsstände zum Zwecke der Förderung der deutschen Wirtschaft verwendet. Über die andere Hälfte ist durch ein Reichsgesetz Verfügung zu treffen.

§ 26.

(Steuerparagraph.)

§ 27.

Die Reichsregierung wird ermächtigt, die zur Durchführung dieser Verordnung erforderlichen Verwaltungs- und Rechtsvorschriften zu erlassen.

# Anlage 18.

## Stellungnahme der Reichsbank zum Entwurf Dr. Luther. (19. September 1923.)

Der uns von dem Herrn Reichsminister Luther übermittelte Entwurf über die Neuordnung der Währungsfrage weicht nicht unwesentlich ab von der Regelung, die wir in unserem Schreiben vom 14. September 1923 vorgeschlagen hatten. Gleichwohl stehen wir nicht an, unter Zurückstellung der von unseren Vertretern zunächst erhobenen Bedenken uns bereit zu erklären, auch auf dieser Basis bei einer Neuregelung mitzuwirken. Wir fassen die vorgeschlagene Regelung in ihren Grundzügen wie folgt auf:

1. Das sogenannte Helfferichsche Projekt wird auf der von uns vorgeschlagenen abgeänderten und beschränkteren Grundlage und mit einer Goldbasis statt Roggenbasis verwirklicht.

2. Die Reichsbank erhält in Abdeckung eines entsprechenden Betrages der schwebenden Schuld des Reiches neues Geld (Bodenmark), das sie zur Einlösung ihrer umlaufenden Noten verwendet. Der bisherige Notenumlauf der Reichsbank wird durch Gesetz in ein festes Wertverhältnis zur Bodenmark gebracht und nach diesem von der Reichsbank mit den ihr zur Verfügung gestellten Bodenmarkbeträgen eingelöst, eventuell in Verbindung mit einem Aufruf der alten Noten.

3. Die Reichsbank übernimmt die Funktion einer ausschließlich für die Wirtschaft arbeitenden Goldnotenbank. Sie gibt Goldnoten aus nach den gesunden Grundsätzen der Vorkriegszeit, jedoch vorläufig noch ohne Einlösung.

4. Als gesetzliche Zahlungsmittel fungieren die Noten der Bodenbank und bis zu ihrem Aufruf die in eine feste Relation hierzu gebrachten alten Reichsbanknoten, während die neue Goldnote der Reichsbank nicht mit gesetzlicher Zahlkraft ausgestattet ist.

Wir gehen davon aus, daß die Geschäfte der Reichsbank sich alsdann auf der Basis der neuen Reichsbankgoldnote zu vollziehen haben, d. h. daß insbesondere die zu gewährenden Kredite auf diese Note lauten und in ihr zurückzuzahlen sind, wofür alsbald die gesetzlichen Voraussetzungen zu schaffen wären. Die Bodenmarknote würden wir, solange dies uns mit den Grundsätzen einer soliden Geschäftsgebarung vereinbar erscheint, zum Pariwerte mit der von uns emittierten Goldnote in Zahlung nehmen. Sobald sich ein merklicher Unterwert der Bodenmark gegenüber der Goldmark im Verkehr herausstellen sollte, werden wir natürlich die Bodenmark nur unter Berechnung des Agios der Goldmark in Zahlung nehmen und geben können.

Als Voraussetzung dieses Projektes betrachten wir eine entsprechende Änderung des Bankgesetzes unter Zustimmung der Generalversammlung der Reichsbankanteilseigner, ferner die beabsichtigte Vereinigung unseres Verhältnisses zu den Reichsfinanzen und endlich — jedenfalls vor Herausgabe der Goldnote — die Liquidierung des Ruhrkonfliktes. Der genaue Zeitpunkt für die Ausgabe der Goldnote, ebenso ihre Gestaltung insbesondere ihre etwaige Befristung und Aufrufbarkeit bleibt weiterer Erwägung noch vorbehalten.

Wir werden alsbald die Ausgabe der Goldnote vorbereiten, die auf „Goldmark" zu lauten hätte. Gleichzeitig empfehlen wir beschleunigte technische Vorbereitung der Bodenmarkemission sowie in Verbindung damit schnelle Herstellung von Reichsmünzen, die auf Bodenmark lauten.

Wir glauben, im Interesse der unbezweifelbaren Rechtsgültigkeit der Neuregelung und des dadurch bedingten Vertrauens in dieselbe entscheidenden Wert darauf legen zu müssen, daß diese durch ein ordnungsmäßiges Reichsgesetz von den gesetzgebenden Körperschaften erlassen wird, um so mehr als es sich um eine auch die Zustimmung der Generalversammlung der Anteilseigner erfordernde Änderung des Bankgesetzes handelt.

## Anlage 19.

## Entwurf eines Gesetzes über die Errichtung der Währungsbank[1].

Der Reichstag hat das folgende Gesetz beschlossen, das mit Zustimmung des Reichsrats hiermit verkündet wird.

§ 1.

Unverändert.

§ 2.

Das Kapital und die Rücklage der Währungsbank betragen 3200 Millionen Neumark; der Betrag wird zu gleichen Teilen von der Landwirtschaft (§ 6) einerseits und von Industrie, Gewerbe und Handel (§ 9) anderseits aufgebracht. Soweit Grundbesitz weder nach § 6 noch nach § 9 herangezogen wird, ist er nach Maßgabe der Aufhebung der Zwangswirtschaft zum Zwecke der Verstärkung der Mittel der Währungsbank heranzuziehen.

§ 3.

Satzungen.

§ 4.

Die Währungsbank ist, soweit nicht in diesem Gesetz oder in der Satzung etwas anderes bestimmt ist, in der Verwaltung und Geschäftsführung selbständig, desgleichen in der Anstellung des Personals. Die Wahl des Präsidenten der Bankverwaltung bedarf der Genehmigung der Reichsregierung. Die Gründer haben der Reichsregierung drei Personen für das Amt des Präsidenten vorzuschlagen. Werden sämtliche Vorschläge abgelehnt, so ernennt die Reichsregierung den Präsidenten mit Zustimmung des Reichsrats.

§ 5.

Steuerfreiheit.

§ 6.

(1) Die Währungsbank erwirbt an den Grundstücken, die dauernd land-, forstwirtschaftlichen oder gärtnerischen Zwecken dienen und der Besteuerung nach dem Gesetz über die Besteuerung der Betriebe vom 11. August 1923 (RGBl. Teil I, S. 769) und den dazu ergangenen Durchführungsbestimmungen unterliegen, in Höhe von 4 vH des Wehrbeitragswerts eine auf Goldmark lautende Grundschuld. Die Grundschuld geht, soweit nicht mit anderen Staaten getroffene Vereinbarungen entgegenstehen, allen anderen Lasten im Range vor.

(2) Goldmark im Sinne des Abs. 1 ist der Wert von $^{1}/_{2790}$ kg Feingold.

(3) Wehrbeitragswert ist der Wert, der auf Grund des Wehrbeitragsgesetzes oder des Gesetzes über Steuernachsicht für das Grundstück ohne Abzug von Schulden und Lasten endgültig zugrunde gelegt worden ist, oder, wenn eine Ver-

---

[1] Soweit die Änderungen gegenüber dem in Anlage 17 wiedergegebenen Entwurf sich lediglich auf die Ersetzung der „Bodenmark“ durch die Bezeichnung „Neumark“ beschränken oder völlig nebensächlicher Natur sind, ist von einer wörtlichen Wiedergabe der betreffenden Paragraphen Abstand genommen worden.

anlagung zum Wehrbeitrag nicht stattgefunden hat, zugrunde zu legen gewesen wäre.

(4) Das Kapital der Grundschuld ist mit 6 vH jährlich zu verzinsen. Die Zinsen sind vom Tage des Inkrafttretens dieses Gesetzes ab am 1. April und 1. Oktober jedes Jahres, zum ersten Male am 1. April 1924, innerhalb einer Woche nach Fälligkeit zu entrichten. Die Währungsbank bestimmt die Zahlungsstelle.

(5) Das Kapital der Grundschuld ist für die Währungsbank unkündbar. Dem Eigentümer steht die Kündigung nicht vor Ablauf von fünf Jahren frei.

(6) Die Zinsen (Abs. 4) und das Kapital (Abs. 5) sind nach dem Goldwert zur Zeit der Zahlung nach näherer Bestimmung der Durchführungsbestimmungen in Neumark zu zahlen. Die Währungsbank ist nicht verpflichtet, Zahlungen vor Fälligkeit entgegenzunehmen.

(7) Wegen der Ansprüche aus der Grundschuld findet auf Antrag der Währungsbank die sofortige Zwangsvollstreckung statt. Der Antrag ersetzt den vollstreckbaren Titel. Auf Ersuchen der Währungsbank hat die örtlich zuständige landschaftliche oder ritterschaftliche Kreditanstalt, oder falls eine solche nicht vorhanden ist, eine andere von der Reichsregierung im Benehmen mit der Landesregierung zu bezeichnende Stelle die Zwangsverwaltung zu übernehmen.

§ 7/8.

Einzelheiten betreffs Grundstücksbelastung.

§ 8.

Soweit das mit der Grundschuld belastete Grundstück verpachtet ist, haften für die an die Währungsbank zu leistenden Zinsen der Eigentümer und der Pächter wie Gesamtschuldner.

Im Verhältnis zueinander ist der Eigentümer zur Zahlung von einem Viertel, der Pächter zur Zahlung von drei Vierteln der Zinsen verpflichtet.

Soweit die Verteilung der Zinslast nach Abs. 2 einen Teil gegenüber dem anderen übermäßig belastet, hat das Pachteinigungsamt auf Antrag eine anderweite Festsetzung des Pachtpreises vorzunehmen.

§ 9.

(1) Die bei Inkrafttreten dieses Gesetzes bestehenden industriellen, gewerblichen und Handelsbetriebe mit Ausnahme der Handwerksbetriebe werden, soweit sie der Besteuerung nach dem Gesetz über die Besteuerung der Betriebe vom 11. August 1923 (RGBl. Teil I, S. 769) und den dazu ergangenen Durchführungsbestimmungen unterliegen, in ihrer Gesamtheit zugunsten der Währungsbank mit demselben Betrage in Goldmark belastet wie die Gesamtheit der dauernd landwirtschaftlichen, forstwirtschaftlichen oder gärtnerischen Zwecken dienenden Grundstücke. Diese Last ist auf die einzelnen Unternehmer der bestehenden Betriebe nach näherer Bestimmung der Reichsregierung umzulegen und zu verzinsen. Der § 6, Abs. 4 findet entsprechende Anwendung.

(2) Wenn zu einem Betriebsvermögen Grundstücke gehören, erwirbt die Währungsbank an diesen Grundstücken in Höhe von 4 vH des Wehrbeitragswerts, aber nicht über den Umlagebetrag hinaus eine auf Goldmark lautende Grundschuld. Die Grundschuld geht, soweit nicht mit anderen Staaten getroffene Vereinbarungen entgegenstehen, allen anderen Lasten im Range vor. Die Vorschriften des § 6, Abs. 2—6 und Abs. 7, Satz 1 und 2 sowie der § 7 finden Anwendung.

(3) Soweit die auf den einzelnen Unternehmer entfallende Last durch eine Grundschuld nicht gedeckt ist, ist der Währungsbank eine auf Goldmark lautende Schuldverschreibung des Unternehmers auszuhändigen. Der Anspruch aus der Schuldverschreibung geht in Ansehung der Befriedigung aus dem Vermögen des

Schuldners allen anderen Verpflichtungen im Range vor, soweit nicht mit anderen Staaten getroffene Vereinbarungen bestehen. Kommt der Unternehmer der Verpflichtung zur Ausstellung der Schuldverschreibung innerhalb einer Frist von zwei Wochen seit Aufforderung nicht nach, so hat auf Antrag der Währungsbank die Reichsregierung oder die von ihr zu bezeichnende Stelle einen Vertreter zu bestimmen mit der Ermächtigung, die Schuldverschreibung mit Wirkung für den Unternehmer auszustellen und der Währungsbank auszuhändigen.

(4) Wird das Unternehmen ganz oder zum Teil veräußert, so haftet aus der Schuldverschreibung neben dem Veräußerer der Erwerber. Die Währungsbank kann den Erwerber oder den Veräußerer aus der Verpflichtung entlassen.

(5) Unternehmer neuentstehender Betriebe sind in entsprechender Weise zum Zwecke der Verstärkung der Mittel der Bank heranzuziehen.

§ 10.

Betreffend Eintragung der Grundschuld in das Grundbuch.

§ 11/13.

Unverändert

§ 14.

(1) Auf Grund je eines über 500 Goldmark lautenden Rentenbriefs dürfen Banknoten im Betrage von 500 Neumark, insgesamt nicht mehr als der Betrag des Kapitals und der Grundrücklage, ausgegeben werden.

§ 14, Abs. 2 und 3 und § 15 unverändert. Der § 16 des Bodenmarkentwurfs betreffs Umtausch von Rentenbriefen in Goldmark ist gestrichen.

§ 16.

(1) Die Währungsbank darf bankmäßige Geschäfte nur mit dem Reiche, der Reichsbank und den Privatnotenbanken machen. Sie ist verpflichtet, während der nächsten zwei Jahre dem Reiche auf Neumark lautende und, vorbehaltlich der Bestimmung im § 17, verzinsliche Kredite bis zum Betrage von insgesamt 1200 Millionen Neumark zum festen Zinssatz von 6 vH zu gewähren. Die Zinsen sind am 1. April und 1. Oktober jedes Jahres zahlbar. Bürgschaften darf die Währungsbank für das Reich nicht übernehmen.

(2) Die Währungsbank ist ferner verpflichtet, der Reichsbank und den Privatnotenbanken zum Zweck der Kreditversorgung der Privatwirtschaft bis zum Betrage von 1200 Millionen Neumark unverzinsliche Kredite zu gewähren. Die Währungsbank erhält hierfür eine Vergütung von 10 vH des jeweiligen Reichsbankdiskontsatzes, jedoch mindestens in Höhe der für diese Kreditbeträge ihr erwachsenden Verwaltungskosten. Die Beteiligung der Reichsbank und der einzelnen Privatnotenbanken an diesen Krediten richtet sich nach dem Verhältnis des steuerfreien Notenkontingents am 1. August 1914.

§ 17.

(1) In Anrechnung auf den in § 16 bestimmten Höchstbetrag stellt die Währungsbank dem Reiche sofort ein zinsloses Darlehen von 300 Millionen Neumark zur Verfügung. Das Reich verwendet diese Summe zur Einlösung oder Teileinlösung seiner bei der Reichsbank diskontierten Schatzanweisungen.

§ 18.

(1) Die Reichsbank ist verpflichtet, sich zur Einlösung der umlaufenden Reichsbanknoten gegen Neumark bereitzuerklären.

(2) Das der Einlösung zugrunde zu legende Wertverhältnis wird von der Reichsregierung im Einvernehmen mit der Reichsbank und der Währungsbank bestimmt und im RGBl. bekanntgemacht.

§ 19.

(1) Reicht die Summe von 300 Millionen Neumark nicht aus, um sämtliche zur Zeit des Inkrafttretens dieses Gesetzes umlaufenden Reichsbanknoten nach Maßgabe des im § 18, Abs. 2 festgesetzten Wertverhältnisses einzulösen, so ist gemäß § 16 ein für Rechnung des Reiches an die Reichsbank zahlbares verzinsliches Zusatzdarlehen nachzusuchen und zu gewähren. Die Vorschrift des § 18 findet Anwendung.

§ 20.

(1) Die Währungsbank ist verpflichtet, jährlich mindestens 3 vH des Wertes der ausgefertigten Rentenbriefe einem Tilgungskonto zuzuführen.

§ 21.

(1) Der bilanzmäßige Reingewinn der Währungsbank wird wie folgt verwandt:

1. Er wird bis zur Höhe von 3 vH des Wertes der eingebrachten Grundschulden, Schuldverschreibungen, Goldbeträge und Zahlungsmittel in ausländischer Währung den Anteilseignern zugeführt. Soweit die Einlagen in Grundschulden und Schuldverschreibungen bestehen, wird der verfügbare Betrag aus dem Reingewinn eines Jahres auf die erste Halbjahrszinsleistung des folgenden Jahres verrechnet.

2. Der Restbetrag wird zur Verstärkung des Tilgungskontos verwendet.

§ 22.

(1) Sobald die Währungsbank mit der Ausgabe von Banknoten begonnen hat, dürfen bei der Reichsbank Schatzanweisungen nicht mehr diskontiert werden.

§ 23.

(1) Von dem Ablauf des Tages an, an welchem die Bekanntmachung gemäß § 18, Abs. 2 im RGBl. veröffentlicht worden ist, sind gesetzliche Zahlungsmittel nur

a) die Neumark,

b) die auf Mark lautenden Reichsbanknoten und anderen gesetzlichen Zahlungsmittel bis zu ihrem Aufruf in der Weise, daß sie nach Maßgabe des auf Grund des § 18, Abs. 2 festgestellten Wertverhältnisses als Zahlungsmittel in Höhe eines entsprechenden Teilbetrags der Neumark gelten.

(2) Die Vorschrift des Abs. 1 gilt auch für die Erfüllung einer vor dem Inkrafttreten begründeten, in Reichsmark ausgedrückten Geldschuld. Die Höhe des geschuldeten Betrages ist nach den für das Schuldverhältnis maßgebenden Vorschriften in Reichsmark zu errechnen; dieser Betrag ist nach dem auf Grund des § 18, Abs. 2 festgestellten Wertverhältnis in Neumark umzurechnen.

§ 24.

(1) Das Recht der Währungsbank zur Ausgabe von Banknoten kann ohne Entschädigung durch Reichsgesetz aufgehoben werden. In diesem Falle hat das Reich die ihm von der Währungsbank gewährten Darlehen zurückzuzahlen und die Währungsbank ihre umlaufenden Banknoten einzuziehen.

(2) Erlischt das Notenausgabenrecht, so wird die Auseinandersetzung zwischen dem Reich, der Währungsbank und den sonstigen Beteiligten durch Reichsgesetz geregelt.

(3) Im Falle der Auflösung der Währungsbank sind vorweg die auf das Kapital und die Grundrücklagen gemachten Einlagen zurückzuzahlen.

§ 25.

Die Reichsregierung wird ermächtigt, die zur Durchführung dieses Gesetzes und für den Übergang, insbesondere für das Verfahren mit Einschluß des Rechtsmittelverfahrens, erforderlichen Verwaltungs- und Rechtsvorschriften zu erlassen. Sie kann Kleinbetriebe von der Belastung ausnehmen und mit Zustimmung des Reichsrats bestimmen, ob und inwieweit die Grundstückseingentümer und die Unternehmer berechtigt sind, sich von der Belastung mit Grundschuld, der Verpflichtung zur Aushändigung der Schuldverschreibungen sowie der Verpflichtung aus der ausgehändigten Schuldverschreibung durch Leistung von Gold oder Zahlungsmitteln in ausländischer Währung zu befreien. Die Reichsregierung kann ferner bestimmen, daß Zuwiderhandlungen gegen die Durchführungs- oder Übergangsvorschriften mit Geldstrafe und Gefängnis bis zu sechs Monaten oder mit einer dieser Strafen bestraft werden.

## Begründung.

Nachdem die deutsche Mark infolge der fortschreitenden Entwertung als Werterhaltungsmittel nicht mehr brauchbar ist, besteht nunmehr die Gefahr, daß durch die weitere Zerrüttung der Währung die Mark auch ihre Eignung als Zahlungsmittel mehr und mehr einbüßt. Deshalb muß für einen Ersatz schleunigst Sorge getragen werden. Die endgültige Lösung der Währungsschwierigkeiten liegt in der Rückkehr zur Goldwährung und setzt eine völlige Gesundung der Reichsfinanzen voraus. Da dieses Ziel, dem systematisch und unter Berücksichtigung aller vorhandenen Möglichkeiten mit der gebotenen Energie zugestrebt wird, von heute auf morgen nicht zu erreichen ist, anderseits mit der Ausgabe eines wertbeständigen Zahlungsmittels nicht mehr gezögert werden darf, mußte eine Zwischenlösung gesucht werden, welche über die augenblickliche Lage hinweghilft.

Auch für eine solche Zwischenlösung ist unbedingte Voraussetzung, daß es im Laufe der nächsten Monate gelingt, die Reichsfinanzen der Gesundung entgegenzuführen. Alle beteiligten Faktoren müssen deshalb von der Einsicht durchdrungen sein, daß nur äußerste Beschränkung der Ausgaben auf allen Gebieten und schnellste Erschließung aller verfügbaren Einnahmequellen zur Gesundung führen kann. Die Gesundung der Finanzen setzt voraus eine Gesundung der Wirtschaft, die ohne eine Steigerung der Produktion nicht zu erzielen ist. Anderseits wird die Wertbeständigkeit der Währung Aufregung und Unruhe in der Bevölkerung beseitigen, die bisher hemmend auf die Intensität der Arbeit gewirkt hat.

Als eine Zwischenlösung wird der Plan angesehen, der dem vorliegenden Gesetzentwurfe zugrunde liegt. Die Sicherung und Garantie einer Wertbeständigkeit konnte nicht in der Unterlage von Gold oder Devisen liegen, da Deutschlands Wirtschaft über Aktiva dieser Art nicht in ausreichender Höhe verfügt. Eine Heranziehung anderer Waren, wie Roggen, Kali, Kohle als Deckungsmittel war einmal aus Gründen der kaum zu bewältigenden Lagerhaltungstechnik schwer möglich, zum anderen vom wirtschaftlichen Standpunkt unzweckmäßig, weil ein solches Verfahren erhebliche Mengen von Waren, die für die Volkswirtschaft nicht entbehrlich sind, auf lange Zeit dem Verkehr entzogen hätte. Infolge der Unmöglichkeit, auswärtige Anleihen zu bekommen, war auch der Weg abgeschnitten, der in der Vergangenheit eine Anzahl der Währungsreformen verschiedener Länder ermöglicht hat. Es war auch nicht angängig, sich darauf zu beschränken, die reine Goldrechnung und die auf ihr beruhende „Festmark" einzuführen, da die Goldrechnung die Schwierigkeiten nicht beseitigt, die sich aus dem Fehlen eines wertbeständigen Zahlungsmittels ergibt. Es mußte deshalb nach einem anderen Ausweg gesucht werden. Er wurde gefunden in der Schaffung eines Zahlungsmittels, das durch Grundschulden und Schuldverschreibungen der gesamten deutschen Wirtschaft, der Landwirtschaft, der Industrie, des Gewerbes, des Handels einschließlich des Transport- und Bankgewerbes gesichert ist. Nicht der Staat oder Liegenschaften des Staates haften für die Neumark, sondern eine privatrechtliche Bank, der die gesamte deutsche Wirtschaft mit einem Teil ihres privaten Besitzes haftet. Die Belastung ist auch keine solche allgemeiner Natur, sondern sie wirkt sich in einer tatsächlichen Belastung jedes einzelnen Anteilseigners aus. Auf jedem einzelnen Grundstück entsteht kraft Gesetzes eine Grundschuld, die auf Antrag eingetragen wird. Die Verpflichtungen der industriellen, gewerblichen und Handelsbetriebe werden, abgesehen von den Grundstücksbelastungen, verkörpert in Schuldverschreibungen. Die Grundschulden und die Schuldverschreibungen sind jährlich mit 6 vH zu verzinsen. Die Kapital- und Zinslast ist auf Gold abgestellt und wird in Goldmark berechnet, ist also unabhängig von dem Kurse der neuen Währung; dasselbe gilt für die Verzinsung der Rentenbriefe.

Die Sicherung, in Verbindung mit der Tatsache, daß die Bank verpflichtet ist, jährlich mindestens 3 vH des Wertes der ausgefertigten Rentenbriefe einem Tilgungskonto zuzuführen, ist geeignet, das allgemeine Vertrauen in die Bank und in die Note zu begründen und zu erhalten. Dazu kommt, daß die Belastung in Höhe von 4 vH des Wehrbeitragswertes ziffernmäßig begrenzt ist, auch nicht willkürlich erweitert werden kann. Die Verpflichtung der Bank, dem Reiche Kredite zu gewähren, ist auf 1200 Millionen Neumark beschränkt; in den Satzungen ist ein gleicher Betrag für die Kreditgewährung an die Wirtschaft auf dem Wege über die Reichsbank vorgesehen. Der Aufsichtsrat hat die Befugnis, in der Gewährung der Kredite auch weiterzugehen, keinesfalls aber dürfen mehr Noten ausgegeben werden als in Höhe des Gegenwertes des Kapitals und der Grundrücklage. Eine besondere Stütze für den Wert der neuen Note ist ihre jederzeitige Einlösbarkeit in Goldrentenbriefe zu Pari; diese Einlösung ist dadurch sichergestellt, daß die Bank nur durch solche Rentenbriefe gedeckte Noten ausgeben darf. Danach werden die Noten ein brauchbares Umlaufsmittel für den Verkehr sein und können zum gesetzlichen Zahlungsmittel gemacht werden. Vorerst sollen neben ihnen die im Umlauf befindlichen Reichsbanknoten weiter als gesetzliches Zahlungsmittel ihren Dienst in der Hauptsache als eine Art Scheidemünze versehen, bis sie aufgerufen und zu einem noch zu bestimmenden Wertverhältnis in die Neumark umgetauscht sind und verschwinden. Ein für die Bewertung der neuen Note nicht zu unterschätzender Faktor ist das vorhandene starke Verkehrsbedürfnis. Der Zahlungsmittelumlauf bleibt nämlich zur Zeit ganz beträchtlich hinter dem Zahlungsmittelumlauf in normalen Zeiten zurück. Der Verkehr kommt mit einem außerordentlich geringen Betrag an Zahlungsmitteln aus, da die Umlaufsgeschwindigkeit wegen der fortschreitenden Entwertung einen hohen Grad erreicht hat. Sobald die Umlaufsgeschwindigkeit auch nur einigermaßen normal geworden ist, bedarf der Verkehr wieder einer erheblich größeren Menge an Zahlungsmitteln als jetzt. Die Grenze für die Ausgabe der Neumark-Noten ist so gewählt, daß nach den Erfahrungen der früheren Zeit auch bei Inanspruchnahme der vorgesehenen Summe eine Inflation nicht zu erwarten ist. Ausgestattet mit diesen Eigenschaften und gestützt auf eine Bank mit tragfähiger Unterlage ist die von der Währungsbank ausgegebene, über Neumark lautende Note geeignet, für eine Übergangszeit der Wirtschaft ein brauchbares Zahlungsmittel zu bieten und den Reichsfinanzen vorübergehende Entlastung zu bringen, bis die Finanzsanierung erfolgt ist und die von der Reichsbank auszugebende Goldnote den Übergang zur neuen Währung einleitet. Die Reichsbank wird alsdann die Papiermarkkredite ganz einstellen und das Kreditbedürfnis der Wirtschaft lediglich durch die Bereitstellung von wertbeständigen Krediten befriedigen. Die Reichsbank bleibt auch nach dem Inkrafttreten der Währungsbank oberste Kreditquelle der Wirtschaft und damit auch zugleich die Leiterin der Diskontpolitik. Der Aufgabenkreis der Währungsbank ist mithin genau umrissen, und ihre Stellung der Reichsbank gegenüber ist ihr zugewiesen. Da die privaten Kredite weiter durch die Reichsbank gewährt werden, ist wie bisher Gewähr für die sachliche Behandlung der Kreditgesuche gegeben. Die Staatshoheit auf dem Gebiete des Währungswesens bleibt gewahrt.

§ 1 des Entwurfs sieht die Errichtung der Währungsbank durch Vertreter der Landwirtschaft, Industrie, Gewerbe und Handel einschließlich des Transport- und Bankgewerbes zur Schaffung eines neuen Geldes, der Neumark, vor. Das Vertrauen in die neue Währung kann in Anbetracht der gegenwärtigen Lage der Reichsfinanzen nur gestärkt werden, wenn die Errichtung der Bank nicht von Reichs wegen, sondern durch die Wirtschaft erfolgt. § 2 nimmt für die Währungsbank ein Kapital und eine Grundrücklage von insgesamt 3200 Millionen Neumark in Aussicht, und zwar sind als Kapital 2400 Millionen Neumark und als Grundrücklage 800 Millionen Neumark vorgesehen. Die Gesamtsumme von 3200 Millionen entspricht einer Belastung von 4 vH (vgl. § 6, Ziffer 1, § 9, Ziffer 2) eines geschätzten Kapitalbetrags, den man gewinnt, wenn man von einem Wehrbeitragswerte der Landwirtschaft in Höhe von etwa 40 Milliarden Mark ausgeht und berücksichtigt, daß derselbe Betrag den industriellen, gewerblichen und Handelsbetrieben gemäß § 9, Abs. 1 auferlegt wird. Die Belastung des Grundbesitzes, soweit er weder nach § 6 noch nach § 9 herangezogen wird, soll vorerst bis nach Aufhebung der Zwangswirtschaft zurückgestellt werden, hat aber dann unverzüglich zu erfolgen. § 3 bestimmt, daß die Satzung der Währungsbank von den Gründern mit Genehmigung der Reichsregierung aufgestellt wird. Im Interesse des beschleunigten Zustandekommens der Währungsbank ist auch der Erlaß einer vorläufigen Satzung vorgesehen. § 4 sichert die Unabhängigkeit der Bank von der Reichsregierung, knüpft aber im übrigen die Wahl des Präsidenten der Bankverwaltung an ihre Genehmigung. Die steuerlichen Befreiungen des § 5 lehnen sich an die Steuerbefreiung an, die die Reichsbank genießt. Die besonderen Aufgaben der Währungsbank führen dazu, die Steuerbefreiungen auf eine Anzahl von Geschäften auszudehnen, die im § 5 im einzelnen aufgeführt sind. Der § 6 regelt, soweit Grundstücke in Frage kommen, die dauernd land-, forstwirtschaftlichen oder gärtnerischen Zwecken dienen, die Art und Höhe der Belastung. Es kommen nur solche Grundstücke in Frage, die der Besteuerung nach dem Gesetz über die Besteuerung der Betriebe vom 11. August 1923 (RGBl. Teil I, S. 769) und den dazu ergangenen Durchführungsbestimmungen unterliegen; es fallen also die gemäß § 2 des Gesetzes und § 2 der Durchführungsbestimmungen von der Abgabe befreiten natürlichen juristischen Personen, Personenvereinigungen und Vermögensmassen heraus. Nach § 2 dieser Durchführungsbestimmungen (vgl. Reichsministerialblatt vom 31. August 1923, Nr. 47 S. 910) sind von der Abgabe befreit

1. öffentliche Körperschaften, z. B. das Reich, die Länder und Gemeinden, also auch die Reichsbahn, die Reichspost, die staatlichen Bergwerke, Bäder und Salinenbetriebe, die städtischen Beleuchtungs- und Wasserwerke, ferner Universitäten, Hochschulen, die Reichsbank, die Religionsgesellschaften im Sinne des Artikel 137, Abs. 5 der Reichsverfassung, die Träger der Reichsversicherung, die Handels-, Handwerks- und Landwirtschaftskammern,

2. inländische Personenvereinigungen und Vermögensmassen, die nach der Satzung, Stiftung oder sonstigen Verfassung ausschließlich gemeinnützigen oder mildtätigen Zwecken dienen,

3. rechtsfähige Pensions-, Witwen-, Waisen-, Sterbe-, Unterstützungs- und sonstige Hilfskassen für Fälle der Not oder der Arbeitslosigkeit,

4. Personen, Personenvereinigungen und Vermögensmassen, denen unter

Wahrung der Gegenseitigkeit nach allgemeinen völkerrechtlichen Grundsätzen oder nach besonderen mit anderen Staaten getroffenen Vereinbarungen ein Anspruch auf Befreiung von den persönlichen Steuern zusteht.

Befreit sind ferner landwirtschaftliche Betriebe, wenn die für die Berechnung der Landabgabe maßgebenden Wehrbeitragswerte insgesamt 4000 Mark nicht erreichen. Die Belastung ist in der Weise vorgesehen, daß in Höhe von 4 vH des Wehrbeitragswertes eine auf Goldmark lautende Grundschuld entsteht. Die Begriffsbestimmung des Wehrbeitragswertes im § 6, Abs. 3 ist dem Gesetz über die Besteuerung der Betriebe III, § 3, Abs. 2 entnommen. Die Grundschuld soll allen übrigen Lasten im Range vorgehen. Aus Gründen des Völkerrechts wird eine Ausnahme insoweit vorgesehen, als mit anderen Staaten getroffene Vereinbarungen entgegenstehen. Hierbei wird insbesondere auf das Abkommen zwischen dem Deutschen Reiche und der Schweizerischen Eidgenossenschaft, betreffend schweizerische Goldhypotheken in Deutschland und gewisse Arten von Frankenforderungen an deutsche Schuldner, vom 6. Dezember 1920 (RGBl. 1920, S. 2023) und das Zusatzabkommen hierzu vom 25. März 1923 (RGBl. 1923, Teil II, S. 284) verwiesen. Die Belastung ist auf Goldmark abgestellt; Goldmark in diesem Sinne ist der Wert einer gleichen Feingoldmenge, die nach dem Münzgesetze den Gegenwert für ein 1-Mark-Stück bildet. Die Verzinsung hat entsprechend dem Goldcharakter der Grundschuld nach dem Goldwert zu erfolgen, und zwar in Höhe von 6 vH am 1. April und 1. Oktober jedes Jahres. Der Gegenwert des Kapitals und der Zinsen ist in Neumark zu entrichten, und zwar nach dem Goldwert zur Zeit der Zahlung nach näherer Bestimmung der Durhführungsbestimmungen. Das Kapital der Grundschuld kann seitens der Währungsbank nicht gekündigt werden, seitens des Eigentümers nicht vor Ablauf von fünf Jahren. Die Zwangsvollstreckung findet auf Grund eines Antrags der Währungsbank statt; dieser Antrag ersetzt den vollstreckbaren Titel. Soweit die Vollstreckung im Wege der Zwangsverwaltung erfolgt, sind die im § 6, Abs. 7 bezeichneten Kreditanstalten auf Antrag der Währungsbank zur Durchführung der Zwangverwaltung verpflichtet. Das Verfahren wird sich nach den Vorschriften richten, die für die Durchführung von Zwangsverwaltungen solcher Anstalten allgemein maßgebend sind (vgl. z. B. Gesetz, betreffend die Zwangsvollstreckung aus Forderungen landschaftlicher [ritterschaftlicher] Kreditanstalten, vom 3. August 1897 [Preußische Gesetzsammlung S. 388]). § 7 hat insbesondere die Fälle wirtschaftlicher Einheiten bei getrennter Behandlung im Grundbuch im Auge. § 8 regelt das Innenverhältnis zwischen Pächter und Verpächter und versucht, indem er die tatsächliche wirtschaftliche Lage der beiden Berufsstände berücksichtigt, einen gerechten Ausgleich zwischen beiden zu schaffen, sieht aber unter Umständen eine Mitwirkung des Pachteinigungsamts bei der Festsetzung des Pachtpreises vor. Gleichzeitig wird ohne Rücksicht auf das Innenverhältnis zwischen Eigentümer und Pächter der Währungsbank der Zugriff auf jeden von beiden in voller Höhe des Zinsbetrags ermöglicht.

Gemäß § 9 sollen die industriellen, gewerblichen und Handelsbetriebe ebenfalls auf der Grundlage des Gesetzes über die Besteuerung der Betriebe herangezogen werden. Das Maß der Belastung richtet sich nach der Belastung der landwirtschaftlichen, fortwirtschaftlichen und gärtnerischen Betriebe. Getroffen werden sollen zunächst die bei Inkrafttreten des Gesetzes bestehenden Betriebe, jedoch sieht der Entwurf vor, daß auch neu entstehende Betriebe zu belasten sind. Die Durchführung der Belastung wird eine der Steuerveranlagung ähnliche Tätigkeit der Reichsbehörden erfordern. Des näheren werden die Durchführungsbestimmungen das Verfahren zu regeln haben. Bei der Umlegung wird an vorhandene steuerliche Unterlagen angeknüpft werden können, z. B. an die Unterlagen, die sich aus der Durchführung der Brotversorgungsabgabe ergeben. Die

Notwendigkeit, die Grundlage für die am 1. April zu zahlenden Zinsen rechtzeitig zu schaffen, wird dazu zwingen, die Umlegung mit größter Beschleunigung durchzuführen. Die Grundstücke, die zu einem Betriebsvermögen gehören, werden in gleicher Weise wie sonst die Grundstücke mit einer Grundschuld belastet. Im übrigen sind die Unternehmer verpflichtet, der Währungsbank Schuldverschreibungen auszuhändigen. Zur Sicherung der Währungsbank ist vorgesehen, daß bei Veräußerung des Unternehmens der Erwerber grundsätzlich neben dem Veräußerer aus der Schuldverschreibung haftet. Diese Vorschriften sollen in Verbindung mit der Verpflichtung zur Heranziehung neu entstehender Betriebe gleichzeitig Umgehungsversuchen entgegenwirken.

Da die Grundschuld kraft Gesetzes entsteht, bedarf es einer Eintragung nicht; demgemäß sieht der § 10 die Eintragung nur auf besonderen Antrag, sei es der Währungsbank, sei es des Grundstückseigentümers, vor. Eine allgemeine Eintragung sämtlicher Grundschulden ist nicht vorgesehen; erforderlich wird es aber schon für die Zwecke der Zinszahlung sein, daß der Belastete über die Höhe der Grundschuld eine Mitteilung der mit der Durchführung der Umlegung betrauten Stelle erhält. § 11 regelt die Kapitalbeteiligung an der Währungsbank. Anteilseigner sind die Eigentümer der belasteten Grundstücke und die Inhaber der belasteten Betriebe entsprechend dem Verhältnis der eingebrachten Grundschulden, Schuldverschreibungen usw. Eine Ausfertigung von Anteilscheinen findet nicht statt. § 12 sieht die Ausstellung von 5proz. Goldrentenbriefen seitens der Bank auf der Basis der begründeten Grundschulden und der übergebenen Schuldverschreibungen vor. Die Rentenbriefe lauten auf Goldmark und sind mit 5 vH jährlich verzinslich; nach Ablauf von fünf Jahren können sie von der Währungsbank zur Rückzahlung zum Nennwert aufgekündigt werden. Die Vorschrift des § 12, Abs. 3 dient der besonderen Sicherung der Rentenbriefgläubiger. Da gemäß § 13 die Rentenbriefe als Deckung für die von der Währungsbank auszugebenden Geldzeichen dienen, werden die nach den Statuten in Betracht kommenden Organe dafür verantwortlich sein, daß das volle Deckungsverhältnis gewahrt bleibt. Als Werteinheit der auszugebenden Geldzeichen ist die Neumark zu 100 Neupfennigen in Aussicht genommen. Gemäß § 14 müssen die ausgegebenen Geldzeichen durch Rentenbriefe voll gedeckt sein, und zwar im Verhältnis von einer Goldmark gleich einer Neumark; der Gesamtbetrag der auszugebenden Noten darf den Betrag des Kapitals und der Grundrücklage nicht übersteigen. Abs. 3 des § 14 erklärt eine Reihe von Vorschriften des Bankgesetzes auf die Geldzeichen für anwendbar, und zwar, soweit es sich um die Ersatzleistung für beschädigte, vernichtete oder verlorene und die Einziehung beschädigter und beschmutzter Noten handelt. Die Bestimmung des Bankgesetzes, wonach die Bank mit einer Geldstrafe bestraft wird, welche dem Zehnfachen des zuviel ausgegebenen Betrags gleichkommt, wenn sie mehr Noten ausgibt, als sie auszugeben befugt ist, findet Anwendung.

§ 15 soll die Einlösung der Geldzeichen dadurch sicherstellen, daß bei Präsentation auf 500 Neumark ein Rentenbrief für 500 Goldmark gewährt wird. Die im § 15 vorgesehene Einlösungsbefugnis ist, wie in der allgemeinen Begründung bereits ausgeführt wird, eine der wesentlichsten Grundlagen der neuen Währung. § 16 beschränkt die geschäftliche Tätigkeit der Bank auf den Verkehr mit dem Reiche, der Reichsbank und den Privatnotenbanken sowie die Kreditgewährung an das Reich während der nächsten zwei Jahre auf 1200 Millionen Neumark, die abgesehen von dem gemäß § 17 dem Reiche zur Ablösung der bei der Reichsbank diskontierten Schatzanweisungen zinslos zur Verfügung zu stellenden Betrage von 300 Millionen Neumark mit 6 vH jährlich in halbjährlichen Raten am 1. April und 1. Oktober jedes Jahres zu verzinsen sind. Eine Kreditgewährung über 1200 Millionen Neumark hinaus an das Reich ist von einem Beschlusse des Aufsichtsrats abhängig. Einen gleichen Betrag von 1200 Millionen Neumark stellt die Währungsbank der Reichsbank und den Privatnotenbanken als an die Privatwirtschaft zu gewährende Kredite zur Verfügung. Dafür haben die Notenbanken der Währungsbank 10 vH des jeweiligen Reichsbankdiskontsatzes, mindestens aber die entsprechenden Verwaltungskosten zu vergüten. Der Anteil der Kredite im Rahmen des Gesamtkredits bemißt sich nach dem Verhältnis des steuerfreien Notenkontingents der Notenbanken am 1. August 1914. Die Reichsbank übernimmt gemäß § 18 die Einlösung der umlaufenden Reichsbanknoten gegen Neumark, und zwar nach einem Wertverhältnis, das von der Reichsregierung im Einvernehmen mit der Reichsbank und der Währungsbank festgesetzt wird. Eine allmähliche Liquidation der Darlehenskassen ist in Aussicht genommen. Soweit die der Reichsbank zur Einlösung der Reichsschatzanweisungen übergebenen 300 Millionen Neumark zum Umtausch der umlaufenden Reichsbanknoten nicht ausreichen, ist ein für Rechnung des Reiches an die Reichsbank zahlbares verzinsliches Zusatzdarlehen nachzusuchen und zu gewähren (§ 19). Als Tilgung der Rentenbriefe sieht der § 20 einen jährlichen Betrag von 3 vH ihres Wertes vor. Der § 21 regelt die Gewinnverteilung. Der § 22 untersagt die weitere Diskontierung von Schatzanweisungen des Reiches bei der Reichsbank, sobald die Währungsbank mit der Notenausgabe begonnen hat, macht also die Reichsbank von einer weiteren Belastung durch das Reich frei. Der § 23 verleiht der Neumark den Charakter als gesetzliches Zahlungsmittel, läßt aber die Reichsbanknoten, deren Aufruf er vorsieht, vorerst als gesetzliches Zahlungsmittel in Höhe eines entsprechenden Teilbetrags der Neumark weiter zu, so daß sie den Dienst einer Art Scheidemünze versehen werden. Das Wertverhältnis der Papiermark zur Neumark wird bekannt gemacht. Im Abs. 2 des § 23 wird klargestellt, daß neben den bisherigen gesetzlichen Zahlungsmitteln bis zu ihrem Aufruf die Neumark das gesetzliche Zahlungsmittel auch für die Erfüllung der vor dem Inkrafttreten des Gesetzes begründeten in Reichsmark ausgedrückten Geldschulden bildet. Die Höhe des geschuldeten Betrags wird nach dem für das Schuldverhältnis bisher maßgebenden Recht in Reichsmark zu errechnen und der auf diese Weise errechnete Betrag nach dem auf Grund des § 18, Abs. 2 festgestellten Wertverhältnis in Neumark umzurechnen sein. Naturgemäß kann im Rahmen des vorliegenden Entwurfs nicht zu der Frage der Höhe der vor dem Inkrafttreten des Gesetzes begründeten Geldschulden, insbesondere nicht dazu Stellung genommen werden, ob lediglich der in Reichsmark ausgedrückte Nennbetrag der Geldschuld oder etwa ein Vielfaches dieses Betrags geschuldet wird. § 24 regelt die Liquidation der Bank und sieht die Möglichkeit für sie vor, ihre Geschäfte gegebenenfalls auch ohne das Recht der Notenausgabe fortzusetzen.

Die Durchführung des Gesetzes (§ 25) erfordert, zumal im Hinblick auf die Neuheit des Gegenstandes, eine weitgehende Ermächtigung der Reichsregierung zum Erlasse von Rechts- und Verwaltungsvorschriften, insbesondere für das Verfahren mit Einschluß des Rechtsmittelverfahrens. Auch der Übergang aus den bisherigen in die neuen Währungsverhältnisse wird den Erlaß von Vorschriften zur Folge haben, deren Inhalt im einzelnen zur Zeit noch nicht übersehen werden kann.

Die Bestimmungen des Bankgesetzes werden an sich durch das vorliegende Gesetz nicht berührt. Insbesondere bleiben die Notenbankprivilegien der Reichsbank und der Privatnotenbanken aufrechterhalten. Die Bestimmungen des Bankgesetzes hinsichtlich dieser Banken bedürfen aber in Ergänzung des vorliegenden Gesetzes einer Umgestaltung, die auf dem für eine Abänderung des Bankgesetzes vorgesehenen Weg als gesonderte Gesetzesvorlage demnächst ergehen soll. Diese bankgesetzlichen Bestimmungen sollen tunlichst gleichzeitig mit den die Währungsbank betreffenden in Kraft gesetzt werden.

## Anlage 20.

## Memorandum der Deutschen Demokratischen Partei.
## (8. Oktober 1923.)

Die Reichstagsfraktion der Deutschen Demokratischen Partei hat sich in eingehender Beratung mit den Vorschlägen des Reichsfianzministeriums über die Schaffung einer Bodenwährungsbank befaßt und ist einmütig zur Ablehnung dieses Planes gekommen.

Ganz abgesehen von den Zweifeln an der Wertbeständigkeit der geplanten Neumark, die darin bestehen, daß die Pfandunterlage nicht realisierbar ist, erscheint es unzweckmäßig, bei einer Zwischenlösung mehrere verschiedene Währungszeichen in den Verkehr zu bringen. Auch sind die rechtlichen Folgen für das Wirtschaftsleben, die sich an ein neues gesetzliches Zahlungsmittel anknüpfen, in einer Zwischenlösung unübersehbar. Das Projekt behält ferner die Wurzel des alten Übels bei, die Deckung der Bedürfnisse des Reiches mit einer Notenbank zu verquicken. Endlich spricht für die Ablehnung mit, daß die Schaffung der fraglichen Notenbank und die Erstausgabe ihrer Noten eine Zeit beansprucht, die den Zweck einer raschen Zwischenlösung (sofortiges wertbeständiges Zahlungsmittel) nicht erreicht.

Die Reichstagsfraktion stimmt angesichts der ganzen politischen Lage und im Hinblick auf die Notwendigkeit der Mobilisierung der Ernte ihrerseits einer Zwischenlösung zu, aber unter gleichzeitiger nachdrücklicher Betonung des Grundsatzes, daß hierdurch die Arbeiten für die schleunigste Schaffung einer neuen Goldwährung nicht gehemmt werden dürfen. Die zu erstrebende neue Währung kann — dies ist die einmütige Auffassung der Fraktion — nicht auf Surrogaten, sondern nur auf Gold aufgebaut werden. Die Fraktion ist der Überzeugung, daß man hierzu nur durch die Schaffung einer neuen aus Privatkapital geschaffenen Goldnotenbank gelangen kann, die aber zur Vermeidung von Doppelarbeit und zur Ersparung von Beamtenkräften unter Beteiligung der Reichsbank und in Personalunion mit ihrer Leitung unter entsprechender Wahrung der Staatshoheit aufzubauen wäre.

Unter Voranstellung dieser grundsätzlichen Auffassung hält die Fraktion für die Zwischenlösung folgende Erfordernisse für notwendig:

1. Die Reichsbank darf keine Reichsschatzwechsel mehr diskontieren.
2. Die Reichskank darf sonstige Wechsel nur wertbeständig diskontieren.
3. Die Reichsbank richtet sofort einen Goldrechnungs- und -giroverkehr ein,
4. Alle gesetzgeberischen Arbeiten, die bezwecken, den in Goldwährung aufzustellenden Etat des Reiches, der Länder und Gemeinden zu banlancieren, müssen ungesäumt durchgeführt werden:

a) durch Erfüllung der alten Forderung der Fraktion, alle Steuern in Veranlegung und Zahlung auf Goldrechnung zu stellen,

b) durch starke Einschränkung des gesamten Verwaltungsapparates.

In Erkenntnis, daß diese gesetzgeberische Arbeit eine gewisse Zeit in Anspruch nimmt, für die eine Höchstfrist von sechs Monaten anzuerkennen wäre, soll das Reich in der Zwischenzeit nicht wiederum auf die Inanspruchnahme einer Notenbank angewiesen sein, sondern im Rahmen der mit dem Reichsfinanzminister zur Deckung des Defizits festzulegenden Summen den Weg der Goldanleihe weiter beschreiten.

Damit die Goldanleihe in ausreichender Höhe neu aufgebracht werden kann, ist es notwendig, das Vertrauen zu ihr zu stärken. Hierzu wird vorgeschlagen:

a) zum mindesten den Zinsendienst der Goldanleihe durch in Gold (Devisen) zu zahlende Steuern sicherzustellen. Zu Beginn dieses noch weiter auszubauenden

Goldsteuersystems werden vorgeschlagen: Devisenumsatzsteuer, Umsatzsteuer der Ausfuhr. Ferner wären in Aussicht zu nehmen, zwecks Umwandlung in Gold, bestimmte Verbrauchssteuern, z. B. die Zuckersteuer in natura zu erheben. Die Sicherung und Verwaltung dieser Goldsteuereingänge wäre besonderen Treuhändern zu übertragen.

b) Durch Verfügung des Ministeriums für einen begrenzten Zeitraum die Goldanleihe in einem noch festzusetzenden Umfange als Zahlungsmittel festzulegen (Steuern, Landabgabe, Eisenbahn, Post, Düngemittelbezug).

Die so verstärkt gesicherte Anleihe muß zur Zeichnung neu aufgelegt werden. Ferner müssen die Kreise, die es übernommen haben, sich dem Plan des Reichsfinanzministeriums zur Verfügung zu stellen, in entsprechendem Umfang zur Goldanleihezeichnung veranlaßt werden. Notfalls ist die nochmalige Devisenzwangsumlage gegen Goldanleihe unter Wiederholung der bei der Brotabgabe vom 15. Dezember 1923 beobachteten Form erforderlich.

Die Fraktion macht diese Richtlinien schon jetzt bekannt, ohne im Augenblick spezialisierte gesetzliche Formulierungen vorzunehmen, damit dieselben noch rechtzeitig bei den gegenwärtigen Beratungen des Reichskabinetts, des Reichsrats und der wirtschaftlichen Verbände Beachtung finden können, und um mit allem Nachdruck zu verhindern, daß angesichts der außerordentlichen Dringlichkeit sofortiger währungspolitischer Maßnahmen eine Zwangssituation entsteht, in der die Zwischenwährungslösung aus einer sachlichen zu einer parteitaktischen Frage wird.

## Entwurf eines Gesetzes über die Sicherung der Währung.

Der Ausschuß wolle beschließen:

Der Reichstag wolle beschließen:

Artikel 1 betr. Änderung des Gesetzes über die Sicherung und die steuerliche Behandlung einer wertbeständigen Anleihe des Deutschen Reiches vom 14. VIII. 1923, RGBl. S. 777.

Zu § 1: a) Der Betrag der fraglichen Schuldverschreibungen oder Schatzanweisungen wird von 500 Millionen Mark Gold auf 1,5 Milliarden Mark Gold erhöht.

b) Nach den Worten: „mangels Deckungsmitteln aus den ordentlichen Einkünften des Reiches Zuschläge zur Vermögenssteuer nach näherer Bestimmung des Reichsrates und eines Ausschusses des Reichstages zu erheben" wird hinzugefügt: „weiterhin sind die aus Artikel 2, 3 und 4 des Gesetzes über Maßnahmen zur Sicherung der Währung laufenden Einkünfte der Reichsbank als Treuhänder für die Zinsensicherung und Rückzahlung der Anleihe zu überweisen".

c) Die Auflage der Goldanleihe ist sofort durchzuführen unter Festlegung eines freiwilligen Zeichnungskurses von 95 vH des Nominalbetrages.

Ist bis zum 1. XI. 1924 der Gesamtzeichnungsbetrag von 1,5 Milliarden Goldmark einschließlich der auf Grund des Gesetzes vom 14. VIII. 1923 gezeichneten oder bei der Devisenzwangsabgabe vom 15. IX. 1923 als Gegenwert übernommenen Beträge nicht voll gezeichnet, so wird der Reichsfinanzminister ermächtigt, den Differenzbetrag durch Wiederholung der Devisenzwangsumlage auf Grund der Verordnung vom 25. IX. 1923 aufzubringen. Dabei ist festzulegen, daß der Ablieferungspflichtige für die von ihm abgelieferten Werte nur Stücke der wertbeständigen Anleihe des Deutschen Reiches (Goldanleihe) zu einem Kurse, der 5 vH unter dem Zeichnungskurs liegt, der am Tage der Ablieferung gilt, erhalten kann, und daß der Betrag, der nicht in Devisen oder Gold abgeliefert werden kann, in Papiermark — umgerechnet zum Goldkurs — hinzugeben ist gegen Goldanleihe zu pari. Freiwillige Zeichnungsbeträge, die seit Inkrafttreten dieses Gesetzes bis zum 1. XI. 1924 gezeichnet wurden, sind bei den Ablieferungspflichtigen auf diese Zwangsumlage in Anrechnung zu bringen.

Artikel 2 betr. Änderung des Kapitalverkehrssteuergesetzes vom 8. IV. 1922 in der Fassung des Gesetzes über Berücksichtigung der Geldentwertung in den Steuergesetzen vom 20. III. 1923.

Zu § 52: Als letzter Absatz ist anzufügen:

„Die Steuer für Börsenumsätze in Gruppe e und f ist in hochvalutarischen Devisen oder sonstigen hochvalutarischen ausländischen Werten nach näherer Bestimmung des Reichsfinanzministers zu zahlen."

Artikel 3 betr. Änderung des Umsatzsteuergesetzes vom 24. XII. 1919 und 8. IV. 1922.

Ab § 13 als 2. Absatz ist anzufügen:

„Die sich danach berechnende Steuer ist bei der Umsatzsteuerpflicht von Ausfuhrwaren in hochvalutarischen Devisen oder sonstigen hochvalutarischen ausländischen Werten nach näherer Bestimmung des Reichsfinanzministers zu zahlen."

Artikel 4. Die Reichsregierung wird beauftragt, bis zum 15. Oktober eine Gesetzesvorlage betreffend Abänderung der Zuckersteuer und Salzsteuer vorzulegen, wonach zukünftig diese Steuern dem Reich gegenüber nicht in Geld, sondern in natura zu zahlen sind.

Artikel 5 betr. Ergänzung des Bankgesetzes vom 14. III. 1875. Die in § 13 Ziffer 2 festgelegten Bestimmungen über Diskontierung, Kauf und Verkauf von Wechseln sind dahin zu ergänzen, daß nur wertbeständige Wechsel von der Reichsbank aufgenommen werden dürfen.

Artikel 6. Das Gesetz über die Festlegung des 4. Nachtrages für den Haushaltsplan für das Jahr 1923 wird insofern geändert, als der in Artikel 3 für die Ausgabe neuer Schatzanweisungen in Höhe von 20000 Billionen genannte Betrag auf den Bedarf des Reiches bis 1. XI. 1924 ermäßigt und für den darüber hinausgehenden Betrag die dem Reichsfinanzminister gegebene Vollmacht aufgehoben wird. Dem Reichsfinanzminister wird zur Deckung des Reichsdefizits bis 30. III. 1924 der Gegenwert der Anleihestücke zur Verfügung gestellt. Reichsschatzwechsel dürfen in dieser Frist vom Reichsfinanzminister nicht ausgegeben werden.

Artikel 7. Die Goldanleihestücke werden von den Kassen des Reiches, der Länder und Gemeinden zum Parikurs zur Abgeltung von Steuern, Gebühren usw. nach näherer Bestimmung des Reichsfinanzministers entgegengenommen.

Für die Zeit vom 1. X. 1923 bis zum 30. III. 1924 können die Goldanleihestücke auch im sonstigen Zahlungsverkehr als Zahlungsmittel nach näherer Bestimmung des Reichsfinanzministers verwandt werden.

Artikel 8. Der Haushaltsvorschlag und die Einnahmen- und Ausgabenrechnung des Reiches, der Länder und Gemeinden sowie der übrigen öffentlichen Körperschaften werden vom 1. I. 1924 an in Goldmark aufgestellt. — Alle Steuern sind in Veranlagung und Zahlung bis zum gleichen Termin auf Goldrechnung zu stellen.

Bis zum 1. XI. 1923 legt die Reichsregierung demReichstage einen Haushaltvoranschlag vor, aus dem ersichtlich ist:

a) welchen Goldmarkbetrag der Reichshaushalt für das Rechnungsjahr 1923/24 in seiner bisher übersehbaren Höhe erfordert;

b) wie hoch der Goldmarkwert der Reichseinnahmen für den Rest des Rechnungsjahres zu veranschlagen ist;

c) auf welche Weise die Reichsregierung einen etwaigen Fehlbetrag auszugleichen gedenkt, insbesondere

1. welche Ausgaben, insbesondere auch auf Grund bereits erteilter gesetz-

licher Ermächtigungen beschlossene, für eine begrenzte Zeitdauer unterbleiben müssen (inneres Moratorium);

2. welche weiteren Einnahmequellen zur Deckung eines etwaigen Fehlbetrages heranzuziehen sind;

3. welche Einnahmen künftig den Ländern und Gemeinden zu überlassen sind, sowie in welcher Weise die Länder und Gemeinden instand gesetzt werden sollen, ihre Einnahmen- und Ausgabenwirtschaft selbst zu regeln.

## Anlage 21.

### Eingabe des Zentralverbandes des Deutschen Bank- und Bankiergewerbes an den Reichsfinanzminister. (10. Oktober 1923.)

In Verfolg der am 8. Oktober d. J. mit Ihnen über das Projekt der Währungsbank geführten Verhandlung gestatten sich die unterzeichneten Mitglieder der vom Präsidium des Zentralverbandes des Deutschen Bank- und Bankiergewerbes eingesetzten Kommission Ihnen im nachstehenden ihre gemeinsame Stellungnahme zu dem Gesetzentwurf über die Errichtung einer Währungsbank unter gleichzeitiger Formulierung der in Aussicht gestellten anderweitigen Vorschläge zu unterbreiten:

I.

In der Erkenntnis, daß die Wiederherstellung einer normalen und stabilen deutschen Währung nicht ohne Schaffung der hinlänglich bekannten politischen und wirtschaftlichen Voraussetzungen eines gesunden nationalen Geldwesens erreichbar ist, hat die Organisation der deutschen Banken und Bankiers es bisher vermieden, sich an den Erörterungen zu beteiligen, welche eine vorübergehende Besserung der dem Zahlungsverkehr und der Wirtschaft durch die fortgesetzte Geldentwertung erwachsenen Schäden im Wege einer sogenannten Zwischenlösung anstrebten. Wenn wir gleichwohl im gegenwärtigen Augenblick die Verpflichtung fühlen, in diese Erörterung einzugreifen, so tun wir dies im Bewußtsein, daß unser Stand, der in erster Linie berufen ist, über Fragen der Geld- und Währungsverfassung ein Urteil abzugeben, eine schwere Verantwortung auf sich laden würde, wenn er durch Unterlassung einer ernsten Warnung in letzter Stunde dem Regierungsentwurf über die Währungsbank auch nur stillschweigend zustimmen würde:

Die grundlegenden Mängel dieses Gesetzentwurfs sind unseres Erachtens die folgenden:

1. In einem Augenblick, der, wie auch die Begründung der Regierungsvorlage hervorhebt, für eine endgültige Lösung des Währungsproblems noch nicht reif ist, wird ein Schritt getan, der nur der endgültigen Lösung vorbehalten bleiben darf, aber nie im Wege einer bloßen Zwischenlösung erfolgen kann: die Schaffung eines neuen ausschließlichen gesetzlichen Zahlungsmittels.

2. Die Deckung, welche diesem neuen gesetzlichen Zahlungsmittel mit Hilfe der Begründung gesetzlicher Grundschulden gegeben werden soll, kann nach allgemein geltenden Grundsätzen, wie sie namentlich für die Bewertung des neuen Zahlungsmittels im Ausland maßgebend sein würden, nicht als eine geeignete und genügende Notendeckung angesehen werden. Auch die Möglichkeit eines Umtausches in verzinsliche Pfandbriefe erfüllt nicht die Forderung der Einlösbarkeit, die nach anerkannten Grundsätzen Unterlage einer Währung sein muß. Wir stehen demnach der Gefahr gegenüber, daß der Mißkredit, unter welchem die jetzige in Deutschland bestehende Papiermark im Auslande leidet, sich von vornherein und vielleicht sogar in gesteigertem Maße auf die neue Reichswährung überträgt und in ihrem kursmäßigen Wertverhältnis zu den ausländischen Zah-

lungsmitteln einen für alle Welt sichtbaren Ausdruck findet. Damit würde der Zweck, ein wertbeständiges Zahlungsmittel, wenn auch nur für eine vorübergehende Zeit zu schaffen, gleich zu Anfang vereitelt sein.

3. Der mit dem vorliegenden Projekt verbundene Gedanke einer Devalvation der bestehenden deutschen Währung würde im Ausland auch das Vertrauen zu jeder künftigen deutschen Währung aufs schwerste erschüttern und würde nicht nur den Kredit des Reiches, sondern auch den der deutschen Wirtschaft und ihrer einzelnen Unternehmungen in nicht auszudenkendem Maße schädigen. Die ausländischen Besitzer von Marknoten würden mit Grund in einem solchen Akt eine einseitige und eigenmächtige Aufhebung ihrer Rechte an der gesetzlichen Notendeckung erblicken. Für die endgültige Reorganisation der deutschen Währung, insoweit als diese der ausländischen Hilfe und des ausländischen Kredits bedarf, würden hieraus kaum zu überwindende Hindernisse entstehen.

4. Das Notenausgaberecht der Währungsbank birgt die Möglichkeit einer gewaltigen Steigerung der bestehenden Inflation in sich, die ein um so größeres Ausmaß annehmen wird, je weniger sich die Hoffnungen auf eine Beseitigung oder Einschränkung der bestehenden Inflationsquellen und auf eine Stabilisierung des Kurses der Neumark verwirklichen sollten. Wir verkennen keineswegs, daß es auch auf dem Wege anderer Zwischenlösungen nicht möglich sein wird, der Inflation mit einem Schlage Einhalt zu tun. Wenn jedoch eine neue gesetzliche Währung des Deutschen Reiches, wie sie hier geschaffen werden soll, abermals, und zwar in verhältnismäßig kurzer Zeit den Weg der alten ginge und die der Wirtschaft zum Zwecke der Schaffung eines wertbeständigen Zahlungsmittels auferlegten Opfer sich als vergeblich gebracht erwiesen, so würde diese erneute Enttäuschung es beinahe als ausgeschlossen erscheinen lassen, daß in Zukunft der Versuch der Begründung einer neuen Währung des Deutschen Reiches überhaupt, sei es von der Regierung, sei es von den Trägern der Wirtschaft, mit Aussicht auf Erfolg nochmals in Angriff genommen werden könnte.

5. Neben diesen grundsätzlichen Besorgnissen scheint uns der vorliegende Versuch einer Zwischenlösung vor allem auch deswegen unannehmbar, weil er die bestehenden Geldschulden zu wiederholten Malen, nämlich erstens bei der Einführung und demnächst bei der Wiederaufhebung der Zwischenwährung, einer gesetzlichen Änderung ihres rechtsgeschäftlichen Inhaltes unterwirft, wodurch nicht nur in alle rechtsgeschäftlichen Beziehungen, sondern auch in die kaufmännische Buchführung und das Bilanzwesen die größte Unsicherheit und Verwirrung getragen wird.

## II.

Wir erkennen unsererseits durchaus an, daß es für das Ziel, welches die Reichsregierung im gegenwärtigen Augenblick verfolgt und verfolgen muß, nämlich dem Reiche für eine verhältnismäßig kurze Zeitspanne die Mittel zur Bestreitung seiner Finanzbedürfnisse zu gewähren und den Verkehr gleichzeitig mit einem wertbeständigen Zahlungsmittel zu versorgen, eine vollkommene Lösung nicht gibt und nicht geben kann. Auch der Weg, den zu beschreiten wir im folgenden vorschlagen, ist in seinem Erfolge ungewiß, und ein Teil der Einwendungen und Bedenken, die in der Öffentlichkeit und in der fachwissenschaftlichen Kritik gegen das Projekt der Währungsbank erhoben worden sind, wird sich auch gegen diesen Vorschlag geltend machen lassen. Den Vorzug vor dem Projekt der Währungsbank verdient er jedoch in unseren Augen,

weil er sich von dem Hauptmangel dieses Projekts, von der Schaffung einer neuen gesetzlichen Währung ohne die erforderlichen wirtschaftlichen und währungstechnischen Voraussetzungen frei hält und damit alle diejenigen Gefahren und Nachteile vermeidet, die sich, wie oben dargelegt, aus dem Mißlingen eines solchen Versuchs für den Kredit nicht nur des Reiches, sondern auch der Wirtschaft ergeben müssen,

weil er die Lösung in einer organischen Fortentwicklung bestehender Einrichtungen und Möglichkeiten sucht und eine Beunruhigung des Verkehrs durch neue Konstruktionen und Experimente vermeidet,

weil das wertbeständige Zahlungsmittel, dessen Einführung in den Verkehr er im Auge hat, heute bereits einen allgemein bekannten, sich auf angemessener Höhe haltenden Markwert besitzt, während der Wert der Neumark zunächst der Bevölkerung völlig unbekannt ist und schon aus diesem Grunde zu befürchten ist, daß der mit ihrer Schaffung erstrebte Zweck der Erleichterung des Umsatzes von landwirtschaftlichen Erzeugnissen und sonstigen Waren nicht nur nicht erreicht, sondern der Warenumsatz während einer Übergangszeit völlig zum Stillstand gebracht wird.

Die Richtlinien dieses unseres Vorschlages gestatten wir uns im Anschluß an die mündliche Erörterung vom 8. Oktober d. J. wie folgt, zusammenzufassen:

1. Das Reich wird durch Gesetz ermächtigt, einen begrenzten Betrag wertbeständiger Anleihe, ungefähr entsprechend der ihm im Projekt der Währungsbank vorbehaltenen Kreditsumme in kleinen Abschnitten ohne Zinsscheine, nicht über 10 und nicht unter $^1/_2$ \$ auszugeben.

2. Gesetzliches Zahlungsmittel bleiben nach wie vor ausschließlich die auf Mark lautenden Geldzeichen der bestehenden Währung. Die Stücke der wertbeständigen Anleihe werden jedoch auf Grund gesetzlicher Bestimmung von allen öffentlichen Kassen des Reichs, der Länder und der Gemeinden, einschließlich der Kassen der öffentlichen Verkehrsinstitute, für die an diese zu bewirkenden Zahlungen an Zahlungsstatt angenommen, und zwar, soweit die Zahlung in Papiermark zu erfolgen hat, zum Kurswert, soweit sie in Goldmark zu erfolgen hat, zum Nennwert.

3. Die Sicherheiten, welche für die Währungsbank vorgesehen waren, werden auch für diese im Umfang ihrer Ausgabe begrenzte wertbeständige Anleihe des Reichs bestellt mit den entsprechenden Modifikationen, die sich daraus ergeben, daß nicht gegen die Grundschulden Rentenbriefe ausgegeben werden. Diese Sicherheiten werden auch zugunsten der bereits im Umlauf befindlichen Abschnitte der wertbeständigen Anleihe des Reichs begründet; die dieser Anleihe bisher gesetzlich zugestandenen Vorrechte (Freiheit von der Börsenumsatzsteuer und der Erbschaftssteuer) werden auch auf die neu auszugebenden Stücke erstreckt. Zur Mitwirkung bei der Ausgabe der neuen Werte der wertbeständigen Anleihe sowie zur Verwaltung der Sicherheiten würde eine Institution zu schaffen sein, die hinsichtlich der in ihr vertretenen Wirtschaftskreise den für die Währungsbank bestehenden Plänen anzupassen wäre.

4. Die Stücke der wertbeständigen Anleihe werden in der Weise in Umlauf gelangen, daß das Reich seine Ausgaben entweder direkt in wertbeständiger Anleihe macht oder daß diese Anleihe im Rahmen der ihrer Emission gezogenen Grenzen von ihm gegen Papiermark an die Reichsbank gegeben wird, sowie dadurch, daß das Reich die wertbeständige Anleihe an die privatwirtschaftlichen Unternehmungen verkauft, damit diese ihre laufenden Zahlungen mit ihr bewirken.

5. In dem zu erlassenden Gesetz müßte vorgesehen werden, daß die Reichsbank in der Folge Papiermarkkredite in Form der Diskontierung an das Reich nicht mehr oder doch nur unter ganz begrenzten Voraussetzungen gewähren darf.

Die Reichskank würde das Recht haben müssen, vom Reich die Einlösung der in ihrem Portefeuille befindlichen Reichsschatzwechsel durch kleine Stücke der wertbeständigen Anleihe zu verlangen, und zwar im ganzen oder für Teilbeträge. Es muß ihr freistehen, diese wertbeständige Anleihe den Inhabern ihrer eigenen Noten zum jeweils notierten Kurs der Anleihe, tatsächlich also zum ungefähren Dollarkurs, im Tausch anzubieten. Die Reichsbank wird zu diesem Umtausch berechtigt, aber nicht verpflichtet sein. Sie kann den Umtausch so einrichten, daß sie nach Maßgabe des an jedem Tage getätigten Umtauschs zum gleichen Kurse von ihr diskontierte Reichsschatzwechsel dem Reich von Fall zu Fall zurückgibt.

Für Rechnung des Reichs wird die Reichsbank auch bereit sein können, wertbeständige Anleihe gegen Ausgabe ihrer eigenen auf Papiermark lautenden Reichsbanknoten anzunehmen. Es darf ihr hieraus ein bilanzmäßiger Verlust nicht erwachsen, dagegen erscheint es unbedenklich, daß die Reichsbank für diesen Zweck dem Reich einen Kredit in Papiermark gewährt.

Die kommerzielle Kreditgewährung durch die Reichsbank wird der Durchdringung des Zahlungsverkehrs mit der Goldanleihe sich anpassen müssen. Zu diesem Zweck ist in Anlehnung an das Währungsbankprojekt zu empfehlen, daß das Reich der Reichsbank einen Kredit in wertbeständiger Anleihe gewährt, welcher von der Reichsbank zur Gewährung von auf Basis dieser Anleihe wertbeständigen Krediten verwendet wird.

6. Die Kursregulierung der wertbeständigen Anleihe würde von der Reichsanleihe-Aktiengesellschaft, welche ihre bisherige Tätigkeit liquidiert hat, nach im einzelnen noch zu besprechenden Bestimmungen übernommen werden können.

Zur ergänzenden Begründung dieses Vorschlags bemerken wir noch, daß derselbe mit voller Absicht davon Abstand nimmt, eine Annahmepflicht für die Stücke der wertbeständigen Anleihe im Privatverkehr, sei es auch nur für einzelne Rechtsverhältnisse, wie z. B. Entlohnung der Angestellten, aufzustellen, da hierdurch in den Verkehr von vornherein ein Element des Mißtrauens getragen werden würde. Was die Stückelung der als Zahlungsmittel dienenden Abschnitte der wertbeständigen Anleihe betrifft, so verkennen wir nicht, daß manche Gründe für die Schaffung kleinerer Abschnitte, als nach obigem vorgesehen, sprechen können; man sollte jedoch gleichwohl hiervon absehen, weil die auf Papiermark lautenden Zahlungsmittel sonst zu schnell und in zu weitem Maße aus dem Verkehr verdrängt werden würden.

Als selbstverständliche Notwendigkeit heben wir hervor, daß die neuen Stücke der wertbeständigen Anleihe schnell, in einheitlicher Form und in guter Ausstattung gedruckt werden müßten.

Wir möchten zum Schluß betonen, daß wir auch in dem vorliegenden Vorschlag nur einen Notbehelf erblicken, der das Reich und die Wirtschaft über die knapp bemessene Frist hinwegbringen soll, innerhalb deren die dringend notwendigen Maßnahmen zur Hebung der Produktion und der Ausfuhr, zur Beschleunigung der Erhebung der wertbeständig zu gestaltenden und wesentlich zu vereinfachenden Steuern und vor allen Dingen zur Verminderung des Ausgabeetats des Reichs zur Durchführung und Auswirkung gelangen müssen. Gelingt dies nicht, so wird der vorliegende Vorschlag wie jeder andere zur Ergebnislosigkeit verurteilt sein. Wird jedoch die Regierung auf Grund der ihr erteilten Ermächtigung der Schwierigkeiten Herr werden, die sich bisher jedem Versuch einer auch nur vorübergehenden Verstopfung der Inflationsquellen entgegenstellten, dann wird eine Zwischenlösung wie die hier für nötig erachtete eine wichtige Vorstufe für spätere Verhandlungen mit dem Ausland bilden können, während umgekehrt das Projekt der Währungsbank solche Verhandlungen durch die dem Kredit Deutschlands damit zugefügte dauernde Einbuße für die Zukunft zum mindesten in erheblichem Maße erschweren würde.

Wir sind gern bereit, uns zur Erörterung von Einzelheiten des vorliegend nur in seinen Umrissen beschriebenen Vorschlags zu persönlichen Verhandlungen zur Verfügung zu stellen, und würden es begrüßen, wenn an diesen Verhandlungen auch die Vertretungen der übrigen Wirtschaftsstände beteiligt würden, da ihre Mitwirkung für die Durchführung auch des vorliegenden Vorschlags von größter Bedeutung sein wird.

## Anlage 22.

### Entwurf Dr. Schacht.

§ 1. Die Reichsregierung wird ermächtigt, Abmachungen zu treffen sowohl mit der Reichsbank wie mit geeigneten Treuhändern im Auslande dahin, daß dieselben als Annahmestellen fungieren für die Zeichnung von Anteilen einer zu errichtenden deutschen Goldnotenbank, die den Namen „Bank von Deutschland" erhält.

§ 2. Die Errichtung der Bank erfolgt auf Grund einer von der Reichsregierung zu bestimmenden Satzung, wenn Anteile im ausmachenden Betrage von mindestens 500 Millionen Goldmark (eine Goldmark = 0,358 g Feingold) gezeichnet sind. Wird dieser Betrag überschritten, so bestimmt die Reichsregierung die Höhe des Grundkapitals.

§ 3. Die Einzahlung auf die Zeichnungen hat in Gold oder solchen Valuten bzw. Devisen zu erfolgen, die die Reichsregierung bestimmt.

§ 4. Die Anteile der Bank lauten über je 500 Goldmark und sind auf Namen ausgestellt. Auf Wunsch eines Anteilzeichners können die Anteile im Anteilsbuch der Bank auf den Namen der Treuhandstellen geführt werden. In solchen Fällen erhält der Anteilszeichner von der Treuhandstelle ein Zertifikat, das seinen Besitz ausweist. Auf Antrag des Besitzers können Zertifikate jederzeit in Namensanteile umgewandelt werden. Die Übertragung von Anteilen ist an die Genehmigung des Präsidenten der Bank gebunden. Jeder Anteil gewährt in der Generalversammlung eine Stimme, jedoch kann niemand mehr als 20 Stimmen vertreten. Die Anteilseigner haften für die Verbindlichkeiten der Bank nur mit dem auf die Anteile gezeichneten Betrage.

§ 5. Der Besitz eines Anteiles der Bank oder eines Zertifikates einer Treuhandstelle befreit den Besitzer für das Dreifache des Anteilsbetrages von allen Strafen, die für Devisen-, Kapitalflucht- oder Steuervergehen verwirkt wurden, sofern das Vergehen vor dem Erlaß des Gesetzes liegt.

§ 6. Die Bank erhält das Recht, Noten auszugeben, die zur einen Hälfte durch Gold oder von der Reichsregierung festzusetzende Valuten bzw. Devisen, zur anderen Hälfte durch Handelswechsel gedeckt sein müssen, die auf die Noten der Bank, auf Gold oder auf von der Reichsregierung festzusetzende Valuten bzw. Devisen lauten und in der Regel drei, mindestens zwei Unterschriften zahlungsfähiger Firmen tragen müssen. Nach der ersten ordentlichen Generalversammlung (also nach einem Jahre) kann die Reichsregierung auf Antrag des Verwaltungsrates der Bank bestimmen, daß die Deckung der Noten zu $^{1}/_{3}$ in Gold und Valtuten bzw. Devisen und zu $^{2}/_{3}$ in Wechseln bestehen darf.

§ 7. Die als Deckung für die Noten dienenden Goldmengen und Valuten bzw. Devisen müssen bei den ausländischen Treuhandstellen hinterlegt werden und, soweit sie nicht zur Einlösung von Noten gebraucht werden, dort hinterlegt bleiben.

§ 8. Die Bank ist von allen Steuern des Reiches, der Länder und Gemeinden vom Vermögen und Einkommen sowie vom jetzigen und späteren Grundvermögen und vom Gewerbebetriebe befreit. Das gleiche gilt für die Devisenumsatzsteuer und alle sonstigen indirekten und Verkehrssteuern.

§ 9. Die Verwaltung der Bank liegt in den Händen eines Verwaltungsrates, bestehend aus einem Präsidenten und 15 Mitgliedern. Das Präsidium besteht aus einem Präsidenten und drei Stellvertretern. Der Präsident und der erste stellvertretende Präsident werden von der Reichsregierung ernannt. Von den 15 Mitgliedern ernennt fünf die Reichsregierung, fünf werden von den Treuhändern entsandt und fünf werden von der Generalversammlung gewählt. Der zweite stellvertretende Präsident wird von den fünf durch die Generalversammlung gewählten Verwaltungsmitgliedern und der dritte von den fünf durch die Treuhandstellen entsandten Verwaltungsmitgliedern gewählt.

§ 10. Der Verwaltungsrat ernennt die Direktoren der Bank. Die Mitglieder des Präsidiums und des Direktoriums vertreten die Bank rechtsgültig, und zwar je zwei von ihnen gemeinsam. Der Präsident und in seiner Behinderung der erste stellvertretende Präsident haben ein Vetorecht gegen alle Geschäfte der Bank, die gegen das Reichsinteresse verstoßen.

Die Geschäftsordnung der Bank wird vom Verwaltungsrat festgesetzt.

§ 11. Die Bank ist lediglich berechtigt, folgende Geschäfte zu betreiben:

1. An- und Verkauf von Edelmetallen;
2. Diskontierung von Wechseln mit höchstens drei Monaten Laufzeit und in der Regel drei, mindestens aber zwei zahlungsfähigen Unterschriften;
3. das Lombardgeschäft auf Grund beweglicher Pfänder; diese müssen bestehen aus marktfähigen Waren des Großhandels, Edelmetallen oder Wertpapieren, die auf Gold, von der Reichsregierung festzusetzende Valuten bzw. Devisen oder auf die eigenen Noten der Bank lauten. Die Fälligkeit der Lombarddarlehen darf drei Monate nicht übersteigen. Die Beleihungsgrenzen sind durch die Satzung zu regeln;
4. den Inkasso- und Scheckverkehr;
5. das Effektenkommissionsgeschäft;
6. das kurzfristige Devisengeschäft, dagegen das langfristige Devisengeschäft nur in den von der Reichsregierung festzusetzenden Devisen;
7. das Depositengeschäft bis zur Höhe des Grundkapitals zuzüglich des Reservefonds;
8. das Verwahrungsgeschäft.

Die Bank darf keine Wechsel akzeptieren und darf Waren oder Wertpapiere für eigene Rechnung im regelmäßigen Geschäftsverkehr nicht erwerben, darf auch keine Bürgschaften übernehmen.

§ 12. *Vom Tage der ersten ordentlichen Generalversammlung an* (also nach einem Jahre) sind die Noten der Bank jederzeit in Gold oder in den von der Reichsregierung festzusetzenden *Valuten* bzw. *Devisen einlösbar*.

§ 13. Die Leitung und die Angestellten der Bank sind ebenso wie die Treuhandstellen verpflichtet, *das Bankgeheimnis zu wahren*. Dahingehende Abmachungen sind in die Verträge mit den Treuhandstellen aufzunehmen.

§ 14. Die Bilanz und die Gewinn- und Verlustrechnung der Bank sind nach den Bestimmungen des deutschen Handelsgesetzbuches, jedoch in der eigenen Währung der Bank aufzustellen. Dabei gelten folgende Besonderheiten: Von dem sich bilanzmäßig ergebenden Reingewinn sind lediglich 5 vH dem Reservefonds zuzuführen. Von dem danach verbleibenden Reingewinn erhält das Reich zunächst 2 vH auf das eingezahlte Anteilskapital und die Anteilseigner bis zu 5 vH auf das eingezahlte Anteilskapital. Ein darüber hinaus verbleibender Reingewinn entfällt zur Hälfte auf die Anteilseigner, zur Hälfte auf das Reich.

§ 15. Die Bank ist berechtigt und auf Ersuchen des Reiches verpflichtet, *dem Reich* auf die ihm zustehende Gewinnbeteiligung *einen zinslosen Vorschuß zu geben bis zur Höhe von 20 vH des Grundkapitals der Bank*. Die Rückzahlung hat aus den jährlichen Gewinnanteilen des Reiches zu erfolgen.

§ 16. Die Reichsregierung ist ermächtigt, mit der Reichsbank Abmachungen zu treffen, wonach die Reichsbank ihre Einrichtungen der „Bank von Deutschland“ gegen ein entsprechendes Entgelt zur Verfügung stellt, und ein späteres organisches Zusammenarbeiten zwischen Reichsbank und Bank von Deutschland gewährleistet wird mit dem Endziel der Vereinigung beider Banken.

§ 17. Die Reichsregierung erhält das Recht, zum 1. Januar 1950 nach vorangegangener einjähriger Kündigung entweder die Liquidation der Bank zu verlangen oder die sämtlichen Anteile zu einem Kurse zu erwerben, der dem zwanzigfachen der in den letzten zehn Jahren des Bestehens der Bank gezahlten Durchschnittsdividende entspricht, mindestens aber zum doppelten Nennwerte. In beiden Fällen, der Liquidation oder des Erwerbes, geht der bilanzmäßige Reservefonds, soweit er nicht zur Deckung von Verlusten beansprucht wird, zur Hälfte an die Anteilseigner, zur Hälfte an das Reich über.

§ 18. Für die Dauer des Bestehens der Bank wird das Reich keinem Dritten das Recht zur Ausgabe von Noten geben.

# Anlage 23.

## Vorschlag Dr. Hirsch.

### § 1. Die Goldmark.

Die Währung des Deutschen Reiches ist die Goldmark. Diese entspricht dem Werte von 0,358 g Feingold. Gesetzliche Zahlungsmittel sind Reichsgoldmünzen und auf Goldmark lautende Reichsbanknoten (Goldnoten). Goldnoten dürfen nur auf Grund einer bei der Reichsbank bereit gehaltenen Deckung in Gold, goldgleichen ausländischen Zahlungsmitteln oder solcher auf Goldmark oder ausländische Goldwährung lautenden Handelswechseln ausgegeben werden, welche entsprechend den Vorschriften des § 17 des Bankgesetzes vom 14. März 1875 (RGBl. S. 177) in der Fassung vom 1. Juni 1909 (RGBl. S. 311) und unter Beachtung der Bestimmungen des unten folgenden § 4 ausgegeben werden.

### § 2. Umtausch der Papiermark zu festem Kurs.

Die Ausgabe anderer Banknoten ist der Reichsbank untersagt. Die Reichsbank ist verpflichtet, für je ... Millionen Mark in Reichsbanknoten und Darlehnskassenscheinen bisheriger Ausgaben (Papiermark) 10 Goldmark in Goldmünzen oder Goldnoten zu zahlen.

Die Reichsbank ist verpflichtet, für je ... Millionen Papiermark, die ihr nach dem 31. Januar 1924 zum Umtausch angeboten werden, einen mit der Zeit steigenden Aufschlag zu zahlen.

Der Aufpreis soll wenigstens die Hälfte desjenigen Reichsbankdiskontsatzes betragen, der an dem dem Umtausch vorangehenden Tage gilt.

### § 3. Nicht umgetauschte Papiermark bis 31. März 1924. Gesetzliches Zahlungsmittel.

Papiermarknoten sind bis zum 31. März 1924 gesetzliches Zahlungsmittel und mit einem Kurse von wenigstens ... Milliarden = 100 Goldmark anzunehmen.

Die Reichsbank ist berechtigt, die Papiermarknoten bereits zu einem früheren Zeitpunkt aufzurufen und einzuziehen.

Auf Papiermarknoten, die am 1. April 1924 nicht eingezogen sind, finden die Bestimmungen über die Scheidemünzen (§ 9 des Münzgesetzes vom 1. Juni 1909, RGBl. S. 507) entsprechende Anwendung. Die Ausführungsbestimmungen zu dieser Vorschrift erläßt die Reichsregierung bis spätestens zum 15. März 1924.

### § 4. Beschränkung der Notenausgabe.

Goldmarkhandelswechsel dürfen mittels Goldnoten nur bis zur Höhe eines Betrages diskontiert werden, der dem Betrage der bereits ausgegebenen Goldmünzen und durch Gold oder goldwerte ausländische Zahlungsmittel voll gedeckten Noten gleichkommt. Die Diskontierung weiterer Handelswechsel ist nur nach gemeinsamer Zustimmung des Kuratoriums und des Zentralausschusses der Reichsbank und bis zum 1. Januar 1926 außerdem nur bis zur Höchstgrenze von 1 Milliarde Goldmark gestattet.

### § 5. Der Währungsfonds.

Für Durchführung der Währungsreform, zur Sicherung der ausgegebenen Goldnoten und als Entgelt des der Reichsbank gewährten Notenprivilegs wird bei der Reichsbank ein Währungsfonds in Höhe von mindestens 1 Milliarde Goldmark errichtet. Um jeden diese Summe übersteigenden Betrag erhöht sich das steuerfreie Notenkontingent (§ 6).

Der Währungsfonds ist zu errichten

zu mindestens . . . Millionen Goldmark durch Bareinzahlung der Reichsbank in Gold oder goldgleichen ausländischen Zahlungsmitteln. Die Reichsbank ist berechtigt, zu diesem Zwecke ihren bei Inkrafttreten des Gesetzes vorhandenen Vorrat an Gold oder goldgleichen ausländischen Zahlungsmitteln zu verwenden und weitere Vorräte gegen Hergabe oder Belastung ihrer Vermögenswerte zu erwerben.

Zu höchstens . . . Millionen Goldmark durch Ausgabe von Aktien, die mittels Gold oder goldgleichen ausländischen Zahlungsmitteln einzuzahlen sind. Die Reichsbank ist berechtigt, diese Aktien unter Ausschluß des gesetzlichen Bezugsrechtes der bisherigen Anteilseigner an Konsortien, insbesondere an die bayerische, sächsische, württembergische und badische Notenbank abzugeben.

Zu höchstens . . . Millionen Goldmark durch Verkauf von verzinslichen Goldobligationen der Reichsbank. Der Zinsfuß der auszugebenden Goldobligationen wird von der Reichsbankleitung bekannt gemacht. Die Reichsbank ist berechtigt, zur Einzahlung auf Goldobligationen Papiermark mit einem von ihr festzusetzenden Aufpreis anzunehmen.

Der Währungsfonds ist in Höhe von mindestens 500 Millionen Goldmark bei Inkrafttreten, in Höhe von 1 Milliarde Goldmark spätestens vier Wochen nach Inkrafttreten dieses Gesetzes zu errichten.

Falls die Errichtung des Währungsfonds zu diesen Zeitpunkten nicht erfolgt, ist die Reichsregierung verpflichtet, eine Währungssteuer von den großen Vermögen in Höhe des fehlenden Betrages zu erheben. Die Reichsregierung ist berechtigt, mit der Aufbringung dieser Steuer die Verbände von Industrie, Handel, Landwirtschaft, des Bank-, Transport- und Versicherungsgewerbes zu beauftragen.

### § 6. Der Notensteuervorschuß.

Die Reichsbank entrichtet an die Reichsfinanzverwaltung als vorauszuzahlende Abschlagszahlung auf die Notensteuer sechs Monate lang vom Inkrafttreten des Gesetzes an einen Betrag von je 25 Millionen Goldmark.

Das steuerfreie Notenkontingent wird auf . . . Millionen Goldmark festgesetzt.

Anmerkung: Weitere Beträge, deren die Reichsfinanzverwaltung für die Übergangszeit, in der die Goldsteuer noch nicht laufen sollte, bedarf (z. B. zur Bezahlung von Sachlieferungen, Besatzungskosten usw.), muß sie auf unmittelbarem Wege bei den Banken (eventuell durch Verpfändung von Besitz) entleihen.

### § 7. Organisationsänderung der Reichsbank.

Die Reichsbank ist autonom.

Der Reichsbankpräsident wird nach Anhörung des Reichsbankdirektoriums auf Vorschlag des Kuratoriums der Reichsbank vom Reichspräsidenten ernannt.

Die Mitglieder des Reichsbankdirektoriums werden vom Reichspräsidenten auf Vorschlag des Kuratoriums der Reichsbank ernannt.

Eine Pensionierung des Reichsbankpräsidenten oder anderer Mitglieder des Direktoriums erfolgt auf Beschluß des Kuratoriums. Dieser Beschluß muß von drei Dritteln der Mitglieder des Kuratoriums gefaßt sein.

§ 8.

Die Aufsicht über den Reichsbankpräsidenten, das Reichsbank-Direktorium und die Geschäfte der Reichsbank führen das Kuratorium und die Generalversammlung bzw. der Zentralausschuß sowie die Deputierten des Zentralausschusses der Reichsbank.

Das Kuratorium besteht aus acht Mitgliedern, von denen drei von der Reichsregierung (je eines auf Vorschlag des Reichsjustizministers, des Reichswirtschaftsministers und des Reichsfinanzministers), zwei vom Reichsrat und drei vom Zentralausschuß ernannt werden. Die Mitglieder des Kuratoriums haben die Rechte und Pflichten von Mitgliedern eines Aufsichtsrats im Sinne der §§ 243—249 RGB., soweit nicht gemäß § 7 Beschränkung eintritt.

§ 9.

§ 23, Abs. 1 und 2[1], § 25, Abs. 1[2], § 26[3] sowie § 27[4] des Bankgesetzes vom 14. März 1875 treten außer Kraft.

§ 10.

Der Haushaltsvorschlag und die Einnahmen- und Ausgabenrechnung des Reiches, der Länder und Gemeinden sowie der übrigen öffentlichen Körperschaften werden vom 1. Januar 1924 an in Goldmark aufgestellt.

Bis zum 31. Oktober 1923 legt die Reichsregierung dem Reichstage einen Haushalt-Voranschlag vor, aus dem ersichtlich ist:

a) welchen Goldmarkbetrag der Reichshaushalt für den Rest des Rechnungsjahres 1923/24 in seiner bisher übersehbaren Höhe noch erfordert;

b) wie hoch der Goldmarkwert der Reichseinnahmen für den Rest des Rechnungsjahres zu veranschlagen ist;

c) auf welche Weise die Reichsregierung einen etwaigen Fehlbetrag auszugleichen gedenkt, insbesondere

1. welche Ausgaben, insbesondere auch auf Grund bereits erteilter gesetzlicher Ermächtigungen beschlossene, für eine begrenzte Zeitdauer unterbleiben müssen (inneres Moratorium);

2. welche weiteren Einnahmequellen zur Deckung eines etwaigen Fehlbetrages heranzuziehen sind;

3. welche Einnahmen künftig den Ländern und Gemeinden zu überlassen sind, sowie in welcher Weise die Länder und Gemeinden instand gesetzt werden sollen, ihre Einnahmen- und Ausgabenwirtschaft selbst zu regeln.

§ 11.

Das Gesetz tritt am 31. Oktober in Kraft.

## Richtlinien zu den Ausführungsbestimmungen zum deutschen Währungsgesetz.

In den Ausführungsbestimmungen zum deutschen Währungsgesetz ist zu erklären:

---

[[1] Betreffs Grundkapital. [2] Betreffs Aufsicht. [3] Betreffs Leitung. [4] Betreffs Reichsbankdirektorium.]

§ 1 (Heranziehung der Devisenbesitzer).

Zur Durchführung der Währungssteuer, die zu erheben ist, falls der Währungsfonds nicht in der vorgeschriebenen Zeit errichtet ist, kann die Reichsregierung Zahlung in Gold oder goldwerten ausländischen Zahlungsmitteln verlangen. Sie kann solche Zahlungsmittel von wirtschaftlichen Unternehmungen und Einzelpersonen einfordern; insoweit solche Unternehmungen oder Einzelpersonen hierbei über ihr der allgemeinen Belastung gleichwertiger Vermögen hinausgehendes Steuersoll belastet werden, sind sie in kurzfristigen Gold-Schuldverschreibungen des Reiches zu entschädigen. Die entsprechenden Beträge werden von allen Steuerpflichtigen, nötigenfalls unter Mithilfe der Verbände von Industrie, Handel, Landwirtschaft, Bank-, Transport- und Versicherungsgewerbe aufgebracht und gegen Rückgabe der Goldschuldverschreibungen zurückgezahlt.

§ 2 (Erweiterte Vollmacht des Devisenkommissars).

Zur Beschaffung der für die Errichtung des Währungsfonds erforderlichen goldwerten Zahlungsmittel werden die Durchführungsbestimmungen zur Verordnung des Reichspräsidenten über Devisenerfassung vom 7. September 1923 (RGBl. Teil I, S. 865) wie folgt verändert:

§ 1, Abs. 3[1] erhält die Fassung:

„Die Ablieferung von Zahlungsmitteln und Forderungen in ausländischer Währung kann nicht gefordert werden, soweit ihre Entziehung eine unmittelbare Gefährdung der Arbeitsmöglichkeiten eines deutschen Unternehmens zur Folge haben würde. Ob eine solche Gefährdung vorliegt, entscheidet zunächst der Kommissar für Devisenerfassung, auf Berufung entscheidet der Reichskanzler endgültig."

§ 1, Abs. 5 fällt weg[2].

§ 5 erhält folgenden weiteren Absatz:

„Der Kommissar für Devisenerfassung kann an Stelle der eidesstattlichen Versicherung die Ablegung des persönlichen Eides verlangen. Insoweit dies bei Einforderung goldwerter Zahlungsmittel zur Bildung des Währungsfonds erforderlich ist, kann die Ablegung dieses Eides insbesondere auch von den Leitern von Unternehmungen und von Angehörigen des Betriebes, insbesondere auch von Mitgliedern der Betriebsräte der betreffenden Unternehmungen gefordert werden."

§ 3 (Freigabe des Devisenverkehrs).

Nach Herstellung des Währungsfonds gemäß § 6 des deutschen Währungsgesetzes werden die §§ 2, 4, 5, 6, 7 und 8 der Verordnung auf Grund des Notgesetzes (Maßnahmen gegen die Valutaspekulation) vom 8. Mai 1923 (RGBl. Teil I, S. 275) aufgehoben[3].

---

[[1] Bisherige Fassung: „Die Ablieferung von Zahlungsmitteln und Forderungen in ausländischer Währung kann nicht gefordert werden, soweit diese nach der Feststellung des Kommissars in einem den Lebens- und Wirtschaftsverhältnissen des Verfügungsberechtigten notwendigen Umfange zu Verwendungszwecken gehalten werden, die nach der Devisengesetzgebung zulässig sind, insbesondere auch zur Abdeckung ausländischer Kredite."]

[[2] Inhalt: „Die Ablieferung ausländischer Wertpapiere kann nicht gefordert werden, soweit ihr Verbleib in der Hand des Besitzers im Interesse eines ausländischen Unternehmens oder der deutschen Wirtschaft liegt."]

[[3] „Damit werden nach erfolgten Beschlagnahmen zur Herstellung des Währungsfonds die dann noch bei Privaten vorhandenen Devisen und ausländischen Noten für den privaten Wirtschaftsverkehr allgemein freigegeben."]

§ 4 (Übergangswährung durch Goldanleihe).

Bis zur Herstellung des Währungsfonds können Stücke der wertbeständigen Anleihe des Reiches gemäß Gesetz vom 14. August 1923 (RGBl. Teil I, S. 777) zum Nennwerte auf alle Steuern und Abgaben des Reichs, der Länder und Gemeinden in Zahlung gegeben werden.

Der Reichsfinanzminister kann ferner bestimmen, daß Steuern und Abgaben bis zur Herstellung des Währungsfonds in Gold, goldwerten ausländischen Zahlungsmitteln oder in Stücken der wertbeständigen Anleihe des Reichs zu zahlen sind; er bestimmt, in welcher Weise die Umrechnung des Dollarwertes der wertbeständigen Anleihe des Reichs auf Reichsmark erfolgt.

§ 5 (Behandlung der Rentenmark).

Nach Herstellung des Währungsfonds gehen Rechte und Pflichten der deutschen Rentenbank, die gemäß der Verordnung über die deutsche Rentenbank vom 15. Oktober 1923 (RGBl. S. . . . .) entstanden sind, auf das Reich über.

Das Kapital der deutschen Rentenbank geht als Währungssteuer der bisherigen Anteilsinhaber auf das Reich über. Insoweit die Bestimmung des § 11 der Verordnung über die Errichtung der deutschen Rentenbank entgegensteht, wird sie aufgehoben.

Der Reichsfinanzminister bestimmt, wann und in welchem Verhältnis der Umtausch von Rentenmark gegen Goldnoten erfolgt. Eine Bekanntmachung hierüber ist spätestens bis zum 1. Oktober 1925 zu erlassen.

## Anlage 24.

### Schreiben des Reichswirtschaftsministers an den Reichsfinanzminister (Auszug.) (31. Oktober 1923).

Das Mißverhältnis zwischen Goldrechnung und einem wertunbeständigen Zahlungsmittel hat mit zur Schaffung der Rentenmark geführt. Es läge nun nahe, um die Übereinstimmung von Rechenwährung und Zahlungswährung herbeizuführen, eine Umstellung der Wirtschaft von der Goldmarkrechnung auf die Rentenmarkrechnung herbeizuführen. Hiervor muß ich nachdrücklichst warnen.

Die Rentenmarkrechnung ist nach der Auffassung aller Beteiligten als eine nur vorübergehende Lösung anzusehen, der mit größter Beschleunigung der Übergang zu einer richtigen Goldwährung folgen soll. Es wäre daher bedenklich, alle diejenigen Maßnahmen in die Wege zu leiten, die mit einer Umstellung auf Rentenmarkrechnung für eine längere Zeit verbunden wären. Als Beispiel sei Rentenmark-Bilanzierung und Rentenmark-Buchführung sowie Ausgabe von Rentenmark-Aktien sowie die Festsetzung der Steuern und Tarife sowie des Reichshaushalts in Rentenmark genannt.

Ich glaube, daß Sie mit mir eine solche Lösung nicht für zweckmäßig halten und bin daher der Auffassung, daß die Umstellung aller dieser Dinge auf Gold in jeder Weise zu fördern ist. Hierzu wäre man aber nur dann in der Lage, wenn tatsächlich auch die Kredite, die von der Rentenmarkbank über die Reichsbank der Wirtschaft gegeben werden, sich auf Goldgrundlage und nicht auf Grundlage der Rentenmark abwickeln. Wird die mehrfach der Wirtschaft gegenüber angekündigte Kreditgewährung auf der Basis der Rentenmark durchgeführt, so wird von vornherein ein Interesse der Wirtschaft an einem Absinken der Rentenmark geschaffen, da sie auf der einen Seite in Goldmark verdient und auf der anderen Seite in Rentenmark. Diese psychologische Einstellung der Wirtschaft muß, wenn man die Rentenmark überhaupt halten will, unter allen Umständen vermieden werden.

Daher halte ich es für unbedingt notwendig, von der Kreditgewährung auf Basis der Rentenmark loszukommen. Ich glaube, daß das in der Weise geschehen kann, daß man erklärt, die Kredite in Rentenmark aber nur auf Grundlage der Goldmark zu geben.

## Anlage 25.

## Abkommen zwischen Reichs- und Rentenbank betreffend Kreditversorgung der Privatwirtschaft. (1. Dezember 1923.)

Hinsichtlich der Kredite, die die Deutsche Rentenbank gemäß § 16, Ziffer 3 der Verordnung vom 15. Oktober 1923 an die Reichsbank zum Zwecke der Kreditversorgung der Privatwirtschaft zu gewähren berechtigt ist, wird zwischen der Reichsbank und der Deutschen Rentenbank folgendes vorläufiges Abkommen getroffen:

1. Die Deutsche Rentenbank gewährt der Reichsbank jeweils auf deren Anforderung Darlehen bis zur Gesamthöhe von zunächst 600 Millionen Rentenmark in Rentenbankscheinen; bei der Weitergewährung dieses Kredits an die Privatwirtschaft hat die Reichsbank Bedacht zu nehmen auf eine tunlichst gleichmäßige Berücksichtigung der Kreditbedürfnisse der Landwirtschaft und ihrer Gewerbe auf der einen Seite und der übrigen Erwerbsgruppen des Wirtschaftslebens auf der anderen Seite.

2. Die Reichsbank verzinst die entnommenen Darlehen jeweils mit 30 vH desjenigen Zinsfußes, den sie ihrerseits bei der Weitergewährung der Kredite in Rentenmark berechnet; die Reichsbank hat die Zinsen entsprechend den von ihr selbst ihren Schuldnern gegenüber eingehaltenen Zinsperioden vierteljährlich zu berechnen und innerhalb der ersten beiden Wochen jedes Kalenderquartals an die Deutsche Rentenbank abzuführen.

3. Die Reichsbank ist berechtigt, den ihr eingeräumten Kredit in beliebigen Teilbeträgen in Anspruch zu nehmen, die entnommenen Darlehen jederzeit ganz oder in von ihr gewählten Teilbeträgen zurückzuzahlen und aufs neue wieder anzufordern. Die Rückzahlung hat in Rentenbankscheinen zu erfolgen; die Reichsbank ist jedoch berechtigt, der Deutschen Rentenbank auch deren Rentenbriefe zum Nennwert in Zahlung zu geben.

4. Die Reichsbank wird die entliehenen Rentenmarkbeträge als Lombarddarlehen mit Entwertungsklausel an die Privatwirtschaft weiter gewähren; über die Art der Feststellung des etwaigen Entwertungszuschlages bleibt eine Vereinbarung zwischen der Reichsbank und der Rentenbank noch vorbehalten. Die Schuldner haben mindestens den empfangenen Rentenmarkbetrag zurückzuzahlen. Die Reichsbank wird die von den Darlehnsschuldnern gezahlten Entwertungszuschläge, und zwar sowohl aus denjenigen Krediten, die sie aus den Mitteln der Rentenbank als auch aus denjenigen, die sie aus eigenen Rentenmarkbeständen gibt, unter Abzug von 25 vH jeweils spätestens 14 Tage nach Eingang an die Deutsche Rentenbank abführen. Soweit Zinsen oder Entwertungszuschläge in anderen gesetzlich zulässigen Zahlungsmitteln entrichtet worden sind, braucht auch die Reichsbank nur in den empfangenen Zahlungsmitteln der Rentenbank gegenüber Zahlung zu leisten. Die Reichsbank wird die Darlehnsschuldner zur Zahlung der Zinsen und Entwertungszuschläge in effektiver Rentenmark ausdrücklich verpflichten. Die Schuldner sind berechtigt, statt der Rentenmark, soweit gesetzlich zulässig, Gold oder Devisen in Zahlung zu geben. Eine Haftung für den Eingang der Entwertungszuschläge trägt die Reichsbank nicht.

5. Der Lombardzinssatz für die von der Reichsbank aus den Mitteln der Rentenbank an die Privatwirtschaft gewährten Kredite wird von der Reichsbank nach Anhörung der Deutschen Rentenbank festgesetzt. Zu diesem Zweck wird

die Reichsbank den Präsidenten des Verwaltungsrats und den Vorstand der Deutschen Rentenbank zu den über Diskontänderungen und Änderung des Lombardsatzes beratenden Sitzungen ihres Zentralausschusses hinzuzuziehen und dem Präsidenten sowie einem vertretenden Vorstandsmitgliede je eine beratende Stimme für diese Sitzungen einräumen.

6. Den Privatnotenbanken dürfen im Geschäftsverkehr mit der Rentenbank keine günstigeren Bedingungen zugestanden werden als der Reichsbank.

7. Das Abkommen wird zunächst auf vier Monate, also bis zum 31. März 1924, geschlossen. Wird das Abkommen nicht einen Monat vor Ablauf gekündigt, so gilt es stillschweigend jeweils auf die Dauer eines weiteren Monats als verlängert.

## Anlage 26.

## Abkommen zwischen Reichsverkehrsminister und Reichsbankdirektorium betreffend nichtwertbeständiges Eisenbahnnotgeld. (4. Dezember 1923.)

Nachdem der Herr Reichsverkehrsminister erklärt hat, daß die Emission von auf Papiermark lautendem Eisenbahnnotgeld endgültig zum Stillstand gekommen sei, daß der Gesamtbetrag des ausgegebenen, auf Papier lautenden Notgeldes der Eisenbahn 114,7 Trillionen betrage, und daß dieser Betrag sich in Zukunft nur vermindern, aber nicht mehr vermehren könne, wurde zwischen dem Reichsverkehrsministerium, dem Reichsfinanzministerium und dem Reichsbankdirektorium folgendes Abkommen bezüglich des auf Papiermark lautenden Eisenbahnnotgeldes getroffen:

1. Das Reichsfinanzministerium übergibt der Reichsbank sofort einen weiteren Betrag von 75 Millionen Rentenmark als Deckung, so daß einschließlich der bereits hierfür zur Verfügung gestellten 15 Millionen Rentenmark die gesamte der Reichsbank zur Verfügung stehende Deckung 90 Millionen Rentenmark beträgt. Dieser Betrag ist zunächst in großen Scheinen à 5 Millionen Rentenmark zu liefern, die jedoch mit tunlichster Beschleunigung in umlaufsfähige Stücke umzutauschen sind.

2. Die Reichsbank wird auf Papiermark lautendes Eisenbahnnotgeld in Zahlung nehmen und auch Zahlungen auf Girokonto von dritter Seite — nicht aber von seiten der Eisenbahnverwaltung — annehmen. Das in ihren Kassen befindliche Notgeld wird sie an jedem Mittwoch und Sonnabend den Eisenbahnhauptkassen zur Einlösung in Reichsbanknoten präsentieren.

3. Sollte hierbei ein Betrag nicht eingelöst werden, so würde dieser verbleibende Betrag bis zu seiner Einlösung als ein der Reichsbahn gewährtes wertbeständiges verzinsliches Lombarddarlehen zu behandeln sein. Der Zinssatz entspricht dem üblichen Lombardsatz für solche Darlehen.

4. Die Reichsbank ist vom 15. Januar 1924 ab berechtigt, für einen bei der Präsentation seitens der Reichsbahn nicht eingelösten Betrag von Notgeld drei Tage nach der Präsentation sich in der Weise aus der oben genannten Deckung zu befriedigen, daß ein entsprechender Betrag von Rentenmark aus der Deckung entnommen und das Darlehen damit getilgt wird. Das auf diese Weise eingelöste Notgeld ist unter Zuziehung eines Vertreters der Reichsbank unverzüglich zu entwerten.

Erreicht der in den Kassen der Reichsbank liegende Betrag an Eisenbahnnotgeld die Summe von 40 Trillionen Mark schon vor dem 15. Januar 1924, so tritt die Berechtigung gemäß Absatz 1 in Höhe des 40 Trillionen übersteigenden Betrages alsbald ein. Die Verwertung ist jedoch erst nach Verlauf einer Frist von acht Tagen nach vorheriger Verständigung des Reichsfinanzministeriums und des Reichsverkehrsministeriums zulässig.

5. Die Reichsbank behält sich vor, das bei ihr befindliche Eisenbahnnotgeld jederzeit wieder in den Verkehr zu bringen. Auch ist sie selbstverständlich berechtigt, solches Notgeld zu Zahlungen an die Eisenbahnverwaltung zu verwenden.

6. Die in Ziffer 1 genannte Deckung haftet auch für jede sonstige Schuld der Eisenbahnverwaltung bei der Reichsbank, insbesondere für jeden Debetsaldo der Reichsbahn auf Girokonto bei der Reichsbank. Ein solcher Debetsaldo ist als wertbeständiges, verzinsliches Lombarddarlehen nach Ziffer 3 zu behandeln.

7. Dieses Abkommen ist von beiden Seiten mit 14tägiger Frist kündbar.

## Anlage 27.

## Schreiben des Reichswirtschaftsministers an den Reichsernährungskommissar. (19. November 1923.)

### I.

Die bisherigen Beratungen über die Beziehungen der Rentenmark zur Papiermark, die zwischen dem Reichsfinanzministerium und dem Verwaltungsrat der Rentenbank geführt wurden, haben zum vorläufigen Ergebnis geführt, daß im Interesse der Rentenmark eine Festlegung des Wertverhältnisses jedenfalls fürs erste zu vermeiden sei.

Ich kann diesem Ergebnis gegenüber meine Bedenken nicht verhehlen. Ich will davon absehen, daß ein schwankendes Austauschverhältnis zwischen Papiermark und Rentenmark, das Nebeneinanderbestehen zweier verschiedener Währungen — neben der Goldanleihe, der Dollarschatzanweisung, den wertbeständigen Konten usw. — bedeuten würde: mit allen rechtlichen, technischen und wirtschaftlichen Reibungserscheinungen, die ein solcher Zustand mit sich bringt.

Schwerer wiegt, daß einerseits die bereits begonnene Repudiation der Papiermark im Verkehr weiter um sich greifen, und daß weiter aus einer mangelnden Regelung des Austauschverhältnisses beträchtliche Gefahren für die Rentenmark selbst erwachsen dürften. Wenn nicht der Verkehr von selbst ein festes Austauschverhältnis herbeiführt, was aber doch unwahrscheinlich ist, so sind zwei Möglichkeiten gegeben: entweder die Papiermark entwertet sich stärker als die Rentenmark oder umgekehrt, sie wertet sich gegenüber der Rentenmark auf. Wenn der erstgenannte Fall eintritt, so ist das die relativ harmloseste Folge. Ja, auf den ersten Blick könnte es scheinen, als ob für die Rentenmark dadurch eine Stützung geschaffen würde, da ja nun die Papiermarkbesitzer zum Ausgleich ihrer Kassenbestände Waren oder Devisen verkaufen müßten. Immerhin aber liegen auch hierin schon Nachteile, die sich aus der Zahlungsmittelknappheit sowie aus der Notwendigkeit ergeben, die Lohn- und Gehaltsempfänger zu entschädigen. Bedrohlicher ist es aber für die Rentenmark, wenn sich die umgekehrte Entwicklung vollzieht, was bei der bisher in Aussicht genommenen Konstruktion des Zahlungsmittelumlaufs, nämlich Vermeidung weiterer Ausgabe von Papiermark und Belassung derselben in der Eigenschaft als gesetzliches Zahlungsmittel, leicht eintreten könnte. Eine Aufwertung der Papiermark bringt aber die Gefahr mit sich, daß Papiermark thesauriert und Rentenmark herausgeworfen wird. Die Folge müßte sein: Eine Entwertung der Rentenmark über die durch die Zahlungsbilanz gegebene Entwertung hinaus. Da nun eine Kursbildung der Devisen in Rentenmark unvermeidlich ist, und eine früher für möglich gehaltene Zwischenschaltung eines Prellbocks, sei es Goldnotenbank, sei es Papiermark, bei den Verhältnissen, wie sie einmal liegen, gegenwärtig nicht in Betracht kommt, so scheint mir die baldige Herstellung einer festen Relation von Papiermark zu Rentenmark notwendig zu sein.

II.

Was den Zeitpunkt der Herstellung einer festen Relation anlangt, so bin ich der Ansicht, daß zunächst eine Aufhebung des Einheitskurses, zumindest eine Aufgabe jeglicher Repartierung eintreten müßte, um dadurch der Goldmark bzw. Rentenmark ihren wahren Wert gegenüber der Papiermark zu geben und damit auch bestimmenden Anlaß zum Abbau der überhöhten Goldpreise der Waren zu geben. Es sollte zunächst eine weitere Heraufsetzung des Einheitskurses erfolgen, um dann die Kursbildung freizugeben.

Wenn man nicht ganz so weit gehen will, so kommt in Betracht, daß man zwar den Einheitskurs beibehält, aber ihn in wenigen Tagen so weit sich selbst überläßt, daß die Repartierungen aufhören bei entsprechendem Heraufgehen der Devisenkurse. Zur Erwägung stellen möchte ich auch, ob man nicht selbständige Einheitskurse an den Hauptprovinzbörsen (unter Ausschluß von Repartierungen) zulassen sollte, und weiter, ob nicht hintereinander mehrere parallele Einheitskurse notiert würden. Das letztere wäre so zu denken, daß alle Aufträge an der Börse auszuführen sind, daß dort etwa drei Stunden lang gehandelt werden kann, und daß dort vielleicht drei Kurse festgesetzt werden, innerhalb deren Umsätze zulässig sind. Das würde den Erfolg haben, daß bei den dann während der Börse eintretenden Schwankungen doch manches Devisenangebot herauskäme, das sonst vielleicht unterblieben ist.

III.

Nach Einsetzen des unrepartierten Handels, sei es mit, sei es ohne Einheitskurs, wird dann die feste Relation zwischen Papier- und Rentenmark für die Papiermark um ein weniges höher erfolgen dürfen, als den letzten Kursen entspricht.

IV.

Gleichzeitig mit der Freigabe der Kurse muß die Reichsbank im Rahmen ihrer Mittel Devisen zur Intervention zur Verfügung stellen. Die Reichsbank wird genauen Aufschluß über diese Mittel geben müssen. Anzustreben wäre, daß durch Intervention jedenfalls für die allernächste Zeit ein Kurs von 4,2 Rentenmark = 1 Dollar gehalten wird. Das wird aber nur möglich sein bei Verknappung der Rentenmark und Beachtung der unter V dargelegten Ausgabegesichtspunkte.

V.

Die Rentenmark muß vorläufig Seltenheitswert behalten; die Ausgabe darf, soweit sie nicht unmittelbar zu Gehalts- und Lohnzahlungen erfolgt, nur im Austausch gegen Gold- bzw. Sachwerte hergegeben werden. Ich habe die Reichsbank bereits ersucht, Rentenmark zur Vergütung von Exportdevisen bereitzustellen. Weiter kommt in Betracht, daß für die vom Reich der Reichsbank zur Verfügung gestellten Rentenmark Getreide oder auch andere Sachgüter wie Stickstoff, Kali erworben werden, jedoch nur bis zu der Grenze, wo dies ohne Hochtreibung der Preise erfolgen kann und auch, soweit eine Zentralstelle zu sachgemäßer Verwaltung und Verfügung über diese Waren in der Lage ist. Die Auszahlung von Rentenmark auf eine Papiermarkforderung, wie sie die Reichsbank in größerem Betrage einem Berliner Bankhaus gegenüber und vielleicht mehreren gegenüber vorgenommen haben soll, muß künftig unter allen Umständen vermieden werden. Der Seltenheitswert der Rentenmark und die Erhältlichkeit nur gegen Goldwerte wird die beste Stützung des Kurses sein. Erst nachdem Einigkeit über die Einfügung der Goldklausel bei Krediten besteht, sollten auch Kredite gegeben werden. Über diese Gesichtspunkte wird auch mit der Rentenmark zu sprechen sein.

Ich wäre dankbar für Bekanntgabe der dortigen Stellungnahme sowie für Beteiligung an den einschlägigen Verhandlungen.

## Anlage 28.

## Schreiben des Reichsfinanzministers Dr. Luther an den Reichspräsidenten. (30. November 1923.)

Nachdem der Reichsregierung am vorigen Freitag, 23. November, durch den Reichstag das Vertrauen versagt war und sie darauf die verfassungsmäßige Folgerung ihres Rücktritts gezogen hatte, sind die Mitglieder der zurückgetretenen Reichsregierung von Ihnen ersucht worden, die Geschäfte bis zur Bildung einer neuen Regierung weiterzuführen. Ich bitte Sie, mich von der Weiterführung der Geschäfte nunmehr zu entbinden.

Der Grund für diese meine Bitte liegt darin, daß angesichts der tatsächlichen finanziellen Verhältnisse des Reiches jetzt Entscheidungen getroffen werden müssen, die von einer nur geschäftsführenden Reichsregierung und einem nur geschäftsführenden Reichsfinanzminister nicht getroffen werden können, weil es sich um Entschließungen von höchster politischer Tragweite handelt. Besonders der Zeitpunkt, an dem die für das besetzte Gebiet zur Fortführung der Erwerbslosenfürsorge und Weiterleistung einiger anderer Zahlungen ausgeworfenen 100 Millionen Rentenmark erschöpft sind, rückt so nahe heran, daß nur eine verantwortliche Reichsregierung die erforderlichen Entschlüsse fassen kann. Durch den seitens des Reichstags herbeigeführten Rücktritt der Reichsregierung sind alle vorbereitenden außen- und innenpolitischen Schritte zur Regelung dieser überaus wichtigen, ihrem Wesen nach nur politisch zu lösenden Fragen ins Stocken gekommen. Auch die Zahlungen für die Besatzungsmächte, die überaus hoch sind, laufen während dieser ganzen Zeit ohne Deckung durch Übergangshaushalt weiter, während die verstrichenen kostbaren Tage gerade dazu hätten dienen müssen, je nach den Richtlinien der Politik Verhandlungen oder andere Schritte auf diesem Gebiete einzuleiten. All diese Verzögerung bedeutet obendrein für das besetzte Gebiet eine Fortdauer des bisherigen Zustandes der Unklarheit über das Ausmaß der Leistungen, die das Reich angesichts seines finanziellen Zusammenbruchs überhaupt noch bewirken kann. Das besetzte Gebiet hat aber ganz gewiß ein Recht auf Klarheit.

Für das finanzielle Weiterleben des Reiches, wenn auch auf schmalster Grundlage, ist es ferner von entscheidender Bedeutung, daß im Monat Dezember bereits nennenswerte Neueinnahmen fließen. Die sachlichen Vorbereitungen für solche Einnahmesteigerungen sind, besonders auch durch Verhandlungen in den Reichsratsausschüssen, zum Abschluß gebracht. Der nunmehr dringendst notwendige Entschluß über die weitere politische Behandlung der Angelegenheit kann aber nicht gefaßt werden, weil eine politisch verantwortliche Regierung nicht vorhanden ist. Auch alle Maßnahmen zur Ausgabebeschränkung, die ebenso dringend sind, ermangeln des erforderlichen Schwergewichts, seitdem sie nicht mehr von einer verantwortlichen Regierung getragen werden.

Das Gesamtbild unserer Finanzen aber ist, wie ich am Donnerstag, den 22. ds. Mts., im Reichstag ausführlich dargelegt habe, derart, daß ein Schwebezustand wie der jetzige die dringende Gefahr einer Vernichtung der letzten Hoffnungen bedeutet.

Da ich, der ich aus meiner amtlichen Arbeit heraus diese ungeheure Gefahr täglich wachsen sehe, meine Mitwirkung an dem durch das Fehlen einer verantwortlichen Regierung entstehenden Unheil, obwohl diese Mitwirkung nur die mehr passive eines geschäftsführenden Ministers ist, vor dem deutschen Volk, das durch den regierungslosen Zustand schwerste finanzielle Opfer bringt, nicht mehr tragen kann, so wiederhole ich meine Bitte um Entbindung von der Weiterführung der Geschäfte.

**Betriebswirtschaftliche Zeitfragen.** Herausgegeben von der **Gesellschaft für Betriebsforschung E. V., Frankfurt a. M.** (ehemals Gesellschaft für wirtschaftliche Ausbildung). Schriftleiter: Prof. Dr. oec. publ. **A. Heber**, Darmstadt, Technische Hochschule.

Erstes Heft: **Goldmarkbilanz.** Von Dr. **E. Schmalenbach**, Professor der Betriebswirtschaftslehre an der Universität Köln. Dritte Auflage. In Vorbereitung

Zweites Heft: **Wirtschaftsunruhe und Bilanz.** Von Dr. **Erwin Geldmacher**, Privatdozent der Betriebswirtschaftslehre an der Universität Köln. I. Teil: **Grundlagen und Technik der bilanzmäßigen Erfolgsrechnung.** Mit 15 Abbildungen. IV, 66 Seiten. 1923. RM 2.50

Drittes Heft: **Der organische Aufbau des industriellen Rechnungswesens, insbesondere die Zwei- und Dreiteilung der Abrechnung.** Von Diplomkaufmann **Hans Bergmeir.** IV, 56 Seiten. 1926. RM 3.90

Viertes Heft: **Goldkreditverkehr und Goldmark-Buchführung.** Von Dr. **W. Mahlberg**, Professor der Betriebswirtschaftslehre an der Handelshochschule Mannheim. Mit 12 Abbildungen. IV, 46 Seiten. 1923. RM 1.80

Fünftes Heft: **Die Verrechnungspreise in der Selbstkostenrechnung industrieller Betriebe.** Von Dr. **Theodor Beste**, Privatdozent der Betriebswirtschaftslehre an der Universität Köln. 68 Seiten. 1924. RM 3.—

Sechstes Heft: **Intensitätsmessung in der Industrie.** Von Dipl.-Ing. **W. Steinthal.** Mit 26 Abbildungen. 57 Seiten. 1924. RM 2.70

Siebentes Heft: **Der Einfluß des Beschäftigungsgrades auf die industrielle Kostenentwicklung.** Von **Herbert Peiser**, Mitglied des Vorstandes der Bamag-Meguin A.-G., Berlin. Mit 13 Abbildungen. 22 Seiten. 1924. RM 1.80

Achtes Heft: **Industrielle Selbstkosten bei schwankendem Beschäftigungsgrad.** Von Fabrikdirektor Dr.-Ing. **H. Müller-Bernhardt.** Mit 10 Abbildungen. 32 Seiten. 1925. RM 3.—

Neuntes Heft: **Die Platzkostenrechnung im Dienste der Betriebskontrolle und Preiskalkulation.** An Hand eines Beispieles aus der Praxis erläutert von Dr.-Ing. **Gottfried Kritzler**, Marine-Ingenieur a. D. Mit zahlreichen Formularen und einem vollständig durchgeführten praktischen Beispiel. IV, 60 Seiten. 1928. RM 4.50

GPSR Compliance

*The European Union's (EU) General Product Safety Regulation (GPSR) is a set of rules that requires consumer products to be safe and our obligations to ensure this.*

*If you have any concerns about our products, you can contact us on ProductSafety@springernature.com*

In case Publisher is established outside the EU, the EU authorized representative is:

Springer Nature Customer Service Center GmbH
Europaplatz 3
69115 Heidelberg, Germany

**Batch number: 10844675**

Printed by Printforce, the Netherlands